한 덩이 **고기도**
루이비통처럼 팔아라

한 덩이 고기도
루이비통처럼 팔아라

팔리는 아이템, 파워 브랜드, 열광하는 고객을 만드는 하이엔드 전략

이동철 지음

오오아

Part l

'귀하신 몸'이 대접받는다

'팔리는 아이템'을 만드는 하이엔드 전략

Part II

알리지 않는다, 알게 한다

'열광하는 고객'을 만드는 하이엔드 마케팅

Part III

우린 '노는 물'이 달라!
'파워 브랜드'로 키우는 하이엔드 브랜딩

* 일러두기
외래어 표기는 국립국어원 외래어표기법을 따랐다.
단 통용되는 기업명, 브랜드명, 제품명 등은 기존의 표기를 따랐다.

살아남고 싶다면……
이제 하이엔드, 하라!

전 세계에 수많은 정육점이 있지만 '루이비통Louis Vuitton 정육점'이라는 별칭을 갖고 있는 곳은 아마 이곳뿐일 것이다. 호주 시드니에 위치한 정육점 '빅터처칠Victor Churchill' 이야기다. 이 가게는 외관부터 남다르다. 마치 버버리Burberry나 루이비통 같은 명품 브랜드의 매장을 보는 듯하다. 문에 달린 소시지 모양의 손잡이만 없다면 깜빡 속기 십상이다. 가게 안으로 들어서면 고급스러우면서도 푸근한 인테리어가 눈에 띈다. 바닥은 이탈리아산 대리석, 벽은 히말라야산 암염벽돌을 사용해 세련된 이미지를 연출한 반면, 빨간색 육가공기계와 갈고리, 여물통 등을 비치해 마치 호주의 한 농장에 온 것 같은 친숙한 분위기를 자아낸다. 투명한 냉장고 안에는 건조숙성dry aging 고기들이 진열되어 있고, 쇼윈도에는 가축의 털과 가죽으로 만든 제품들이 장식되어 있다.

이곳을 방문한 사람들은 입을 모아 "빅터처칠에는 영혼이 있다"고 말한다. 그것은 140년에 가까운 오랜 역사에서 기인한다. 빅터처칠은 1876년에 문을 열었다. 당시엔 창업주인 제임스 처칠James

Churchill의 이름을 따서 '처칠스 부처 숍Churchill's Butcher Shop'이라고 지었다가, 2009년 호주의 육가공업체 '빅스미트Vic's meat'에 인수되면서 이름을 바꿨다. 빅스미트는 인수 후 가게의 진정성 있고 오래된 역사에 주목했다. 그래서 빅스미트의 CEO 빅터 푸하리치Victor Puharich를 기리는 동시에 창업주 처칠 가문에 대한 존경을 표하고자 빅터처칠이라 이름 지었고, 매장 한쪽 벽면에 브랜드의 역사를 그래픽으로 표현해놓았다.

루이비통을 파는 정육점, '빅터처칠'

빅터처칠이 단순히 고급스러운 인테리어만으로 고객을 사로잡는 것은 아니다. 가장 큰 힘은 다름 아닌 제품의 품질이다. 이 가게의 정직원들은 모두 세계 요리대회 수상자들이며, 파트타임 직원들 역시 요리에 조예가 깊다고 알려져 있다. 빅터처칠에 입사하면 각종 첨단 장비로 고기의 육질과 고기 요리를 연구할 수 있기 때문에 채용 공고가 나면 수많은 요리사들이 앞다퉈 지망한다. 그리고 빅터처칠은 이들을 활용해 트위터, 카페, 요리 관련 TV 쇼 등을 만들어 홍보한다.

'루이비통 정육점'이라고 불리는 빅터처칠은 남다른 인테리어부터 고객의 눈길을 사로잡는다.

(이미지 출처: www.victorchurchill.com)

빅터처칠의 수석 요리사들은 요리 프로그램을 통해 수많은 요리사들을 제자로 길러내고 있으며, 이렇게 빅터처칠을 거쳐간 요리사들과 수강생들은 열혈 충성고객이 되어 가게를 홍보하니 일석이조의 영리한 마케팅이 아닐 수 없다. 고급 인력을 쓰기에 파트타임 직원의 연봉이 1억 4천만 원을 넘지만, 이 또한 투자로 생각한다.

현재 빅스미트는 빅터처칠의 세계적 명성을 바탕으로 중국과 싱가포르의 최고급 레스토랑에 프리미엄 고기를 수출하고 있다. 즉 빅터처칠은 빅스미트 브랜드를 세계화하는 데 든든한 초석이자 강력한 무기인 셈이다. 빅터처칠 시드니 매장의 방문객은 매년 수만 명에 달하며 오프라 윈프리, 휴 잭맨 등 시드니에만 오면 가게에 들른다는 유명 단골들도 적지 않다. 빅터처칠에서 판매하는 고기의 가격은 일반 정육점에 비해 30퍼센트 정도 비싸다고 알려져 있으나, 도매도 겸하기 때문에 실제로 쇼핑해보면 가격이 그리 비싸지 않다는 느낌을 받는다.

기존 업계에서 사용하지 않던 고급화 전략으로 가게 자체를 당당히 명품 반열에 올린 빅터처칠. 한 덩이 고기도 루이비통처럼 판매하는 그들의 전략은 '하이엔드high-end'의 전형이라고 할 수 있다. 제대로 만들어 적당히 파는 것만으로는 승부를 볼 수 없는 시대, 우리에게 필요한 전략은 바로 하이엔드다.

보편적으로 쓰는 하이엔드는 비슷한 기능을 가진 제품군 중에서 기능이 가장 뛰어나거나 가격이 제일 비싼 제품을 말한다. 하지만 이 책에서 사용하는 하이엔드의 의미는 조금 다르다. 하이엔드는 저가 경쟁의 피바다에서 몸부림치는 로엔드low-end, 비슷한 기능을 가진 제품군 중에서 기능이 가장 떨어지거나 가격이 가장 저렴한 제품에서 벗어나, 대체 불가능한 존재가 되기 위한 과정을 뜻하는 동적인 개념이다.

'가격'은 '가치'의 다른 이름이다

하이엔드 전략을 실행하는 데 가장 중요한 것은 '가격=가치'라는 믿음이다. 인천 용현시장에 자리한 '콩사랑두부'는 고작 열 평밖에 안 되는 작은 점포지만 매출이 일반 두부가게의 두 배를 자랑한다. 두부 가격도 일반 두부에 비해 두 배 비싼데, 서민들이 주고객인 재래시장에서 가격을 두 배나 높게 받는다는 것이 언뜻 이해하기 어렵다. 하지만 콩사랑두부 이덕재 사장의 신념은 확고하다. 두 배 가격만큼 두 배의 가치를 주면 된다는 주장이다.

실제로 콩사랑두부는 일반 두부뿐 아니라 흑임자두부, 야채두부 등으로 고객이 그 가격을 충분히 수용할 수 있는 가치를 제공하고 있다. 소비자들은 건강에 좋은 흑임자두부와 아이들의 편식까지 해결할 수 있는 야채두부를 기꺼이 두 배의 가격을 치르고 구매한다. 모든 제품이 나오자마자 품절되기 일쑤다.

이러한 인기의 배경에는 두 개의 하이엔드 코드가 숨어 있다. '당일 제조, 당일 판매'와 '도매 금물'이 그것이다. 첫번째 원칙은 당일 제조한 최고로 신선한 제품을 고객에게 제공해야 한다는 신념이다. 두번째 원칙 역시 다르지 않다. 물건을 도매로 돌리면 시간이 지나도 두고 팔게 되므로, 첫번째 원칙을 지킬 수 없어서 나온 방침이다. 빅터 처칠과 마찬가지로 두부 한 모도 루이비통처럼 파는 전략, 즉 분명한 원칙을 지키며 브랜드 이미지를 관리하고 가격 이상의 가치를 제공하는 것, 이것이 로엔드에서 하이엔드로 갈 수 있었던 두 배 매출의 비결이다.[1]

하이엔드란 스스로의 힘으로 싸우는 '고슴도치 정신'

20세기 대표적 사상가인 이사야 벌린Isaiah Berlin은 인간을 여우와 고슴도치로 분류했다. 고슴도치와 여우가 싸우면 과연 누가 이길까? 일반적으로 생각할 때 교활하고 꾀 많기로 유명한 여우가 이길 것 같지만 승자는 늘 고슴도치다. 여우가 자신의 영리함을 바탕으로 여러 가지 방법을 고민할 때, 고슴도치는 자신의 유일한 무기인 가시로만 승부를 걸기 때문이다. 벌린은 "복잡한 세상을 단 하나의 체계적인 개념이나 기본 원리로 단순화하는 고슴도치형 인간이 큰일을 이룬다"고 주장했다.

고슴도치는 남에게 의지하지 않고 오직 스스로의 힘으로, 단순한 목표에 집중함으로써 우직하게 난관을 뚫고 나간다. 하이엔드 브랜드도 마찬가지다. 이들은 오직 자신만이 지닌 무기로 승부를 걸고, 스스로에게 대체 불가능한 가치를 부여한다.

2014년 초 스위스에서는 최저임금제를 정하는 국민투표가 화제가 됐다. 스위스 연방정부와 각 주정부가 최저임금 보장을 위한 집단 노동협약을 맺고, 이것이 어려운 지역에서는 시간당 최저임금제를 도

고슴도치는 오직 스스로의 힘으로 난관을 뚫고 나간다. 이것이 하이엔드의 본질!

©nena12 | morgueFile.com

입하도록 하는 것이 골자였다. 그런데 그 최저임금이 우리의 예상을 훌쩍 넘어선다. 월 기준 4천 스위스프랑(460만 원), 시간당 22스위스프랑(2만 5천 원)이다. 2014년 기준 시간당 최저임금이 5210원인 한국과 비교하면, 대략 다섯 배 많은 수준이다. 국민소득의 차이 때문이라고 생각할 수도 있다. 실제로 2013년 기준 스위스의 일인당 GDP는 8만 1323달러로 세계 4위를 기록했다. 하지만 아무리 잘사는 나라라도 최저임금을 정할 때는 심사숙고를 거듭할 수밖에 없다. 비즈니스 환경에 큰 영향을 미치기 때문이다. 스위스 정부가 최저임금 4천 스위스프랑을 국민투표에 부치기로 한 데는, 그만큼 줘도 경제가 견딜 수 있다는 판단이 자리잡고 있다.

스위스의 힘은 자국의 기업들에서 비롯된다. 라로슈La Roche, 네슬레Nestlé, 리치몬트Richemont, 스와치Swatch 등 이름만 들어도 쟁쟁한 이들이 모두 스위스의 기업이다. 이들은 탁월한 기술력과 결코 포기하지 않는 근성 있는 경영 철학을 바탕으로 각 산업 부문에서 상위에 자리하고 있다. 무엇보다 이들 기업이 고수익 산업을 기반으로 한다는 점을 주목할 필요가 있다.

고수익 산업을 추구하게 된 데는 열악한 환경에 대한 처절한 극복의식이 깔려 있다. 관광객 입장에서 스위스의 풍경을 보면 그렇게 아름다울 수가 없다. 녹색 대지 위의 주택들과 목장들은 정말 환상적이다. 하지만 그곳에 사는 사람들에게 스위스는 그저 척박한 땅일 뿐이다. 산이 전체 국토 면적의 70퍼센트가 넘는데다 높은 봉우리가 즐비하기 때문이다. 오죽하면 신이 너무 억세고 척박한 스위스의 환경을 보다못해 소와 양을 내려주었다는 말이 있겠는가. 과거 스위스 사람들은 아버지와 아들을 유럽 각국의 용병으로 팔아서 삶을 이어갔고 농사와 목축을 통해 근근이 생활을 꾸려나갔다. 이런 상황에서 벗어나기 위해서는 어떤 일이라도 해야 했다. 이후 그들의 노력은 크게 두 가지로 집약된다.

첫째, 험난한 산맥을 넘어야 하는 열악한 조건 때문에 운반하기 쉬우면서 수익이 높은 아이템을 찾아야 했다. 이에 알약, 시계 등이 선택됐는데, 노바티스Novartis 같은 굴지의 제약기업과 롤렉스Rolex, 오메가OMEGA 같은 유명 시계 브랜드가 탄생할 수 있었던 이유다. 실제로 스위스에는 긴 겨울을 이용해 새로운 부가가치를 만들어내는 개인 시계공들이 많다. 이들은 겨우내 작업해서 적게는 한 개, 많게는 서너 개의 시계를 만들어 내다파는데, 뛰어난 예술성과 희소성으로 개당 최하 3천만 원에서 많게는 1억~3억 원을 호가하는 경우도 있다고 한다. 한 사람이 3백 차례에 달하는 공정과 사투하며 만들어낸 제품이니 그 가격도 부족하다고 할 수 있지만, 어쨌든 한 사람의 힘으로 이루어낼 수 있는 부가가치로는 최고 수준이 아닐까 싶다.

둘째, 기존 강대국들이 산업 대부분을 장악하고 있어 그들만의 기술을 토대로 감히 넘볼 수 없는 품질력을 갖추려고 했다. 자연히 스위스는 한 단위를 팔아도 고수익이 남는 사업구조로 재편됐고, 그것이 오늘날 세계에서 가장 창조적인 사업군을 거느리게 된 배경이다. 스위스의 대표적인 산업은 나노와 바이오 기술이 요구되는 제약산업, 스위스은행Swiss Bank으로 대표되는 금융산업, 네슬레 같은 기업이 포진한 식료품산업 등 하나같이 고수익으로 대변되는 제품군이다. 기계산업 또한 아성을 떨치고 있는데, 인쇄기계 부문 5위, 섬유기계 부문 5위 등 주요 기계산업이 세계 10위 안에 포진해 있다. 어쩌면 스위스 기업들은 자신들이 탁월하지 않으면 아예 승부를 걸 생각조차 하지 않는다고 볼 수도 있다.

스위스는 유럽 최고의 혁신 국가로 꼽힌다. 일인당 국제특허 수, 수출 상품 중 고부가가치 상품의 비중, R&D 투자비 등 고수익을 보장하는 하이엔드 지표에서 모두 1위를 차지한다.[2] 스위스의 취업자 중 3분의 2 이상이 중소기업에 취직한다는 사실도 주목할 만하다. 그 기업들은 대부분 분야별로 세계 정상권에 드는 '고슴도치형 기업'으로, 임플란트 기술의 선도 기업 스트라우만Straumann, 특수섬유 분야에서 독보적인 입지를 자랑하는 란탈 텍스타일Lantal Textiles, 휴대용 정수물통 분야의 1위 카타딘Katadyn 등을 대표적으로 꼽을 수 있다. 그들의 제품은 고객과 시장에 매달리는 로엔드 제품이 아니다. 기술력과 품질을 바탕으로 고객을 리드하는 하이엔드 제품군의 구성, 그리고 이들이 가져다준 고수익이 곧 스위스의 GDP를 세계 최고 수준으로 올려놓은 비결이다.

대체 불가, 모방 불가, 측정 불가의 경지에 오르는 단 하나의 길

하이엔드는 단순히 제품이나 서비스에 국한되는 이야기가 아니다. 마케팅과 홍보, 브랜딩, 그리고 종국에는 지속 가능 경영을 이루게 하는 키워드다. 이 책에서는 이를 '하이엔드 제품' '하이엔드 마케팅' '하이엔드 브랜딩'이라는 카테고리로 나누어서 살펴볼 예정이다.

하이엔드 제품이란 '비싼' 제품이 아닌, '팔리는' 제품을 뜻한다. 그것이 기술이든 디자인이든 가치든, 자기만의 무기로 고객을 사로잡는 제품이 바로 하이엔드 제품이다. 모두가 전통과 역사로 승부할 때 '미래에서 온 시계'라는 콘셉트로 판을 뒤흔든 '웰더Welder', 우산을 비를 막는 도구가 아닌 패션 아이템으로 재정의하며 사우디아라비아의 왕가가 단체 주문할 정도로 품질과 디자인을 인정받고 있는 '파소티 Pasotti' 등이 하이엔드 제품의 대표적인 사례다.

하이엔드 마케팅이란 '파는' 마케팅이 아니라 '사게 하는' 마케팅이다. 고객의 관심을 넘어 환호와 열광을 끌어내며, 그 자체로 이슈가 되는 마케팅 전략을 의미한다. 소피아 로렌, 귀네스 팰트로, 샤론 스톤 등을 위한 헌정 컬렉션을 통해 자신들의 이름을 알린 주얼리 브랜드 '다미아니Damiani', 양은 타 브랜드의 절반이면서 가격은 두 배 비싼 '배짱 전략'으로 스스로 가치를 증명한 '레드불RedBull'은 하이엔드 마케팅의 전형이다.

하이엔드 브랜딩이란 '인기 있는' 브랜드를 넘어 '오래가는' 브랜드로 자리매김하기 위한 전략이다. 대표적인 사례로 "우리는 개를 세상에서 가장 소중한 존재로 만드는 데 사업의 전부를 바친다"라는 선언으로 고객의 마음을 단숨에 사로잡은 애견 사료업체 '페디그리Pedigree', 인간이 만들 수 있는 최고 수준의 품질에 대한 집착으로 견고한 신뢰를 쌓은 수제화 브랜드 '실바노 라탄지Silvano Lattanzi' 등을 꼽을 수 있다.

즉 하이엔드 전략이란 제품과 서비스, 마케팅, 브랜딩, 그리고 경영을 통틀어 자신의 가치를 대체 불가, 모방 불가, 측정 불가의 경지에 올려놓는 전략이다. 그 누구도 따라올 수 없는 나만의 가치를 만드는 단 하나의 길이라고도 할 수 있다. 자, 그럼 이제 본격적으로 하이엔드의 세상을 만나보자.

Part 1

'귀하신 몸'이
대접받는다

'팔리는 아이템'을 만드는
하이엔드 전략

팔리는 아이템의 비밀 01

모두가 '술'을 팔 때는
'밥'을 팔아야 한다

"전장에 나가면 이기거나 지는 것이 아니라 이기거나 죽는다."

독일의 명장 에르빈 로멜Erwin Rommel을 패퇴시킨 미국의 장군 조지 패튼George Patton의 말이다.

전장보다 더욱 치열한 전투가 벌어지는 비즈니스계에서도 마찬가지다. 무수한 제품과 서비스의 총성 없는 싸움에서는 성공하거나 실패하는 것이 아니라 성공하거나 자멸한다. 한 제품의 성패가 기업의 흥망을 좌우할 수도 있다는 뜻이다. 특히 기존 강자들이 맹위를 떨치고 있는 시장에 진입하는 새내기라면 '실패=죽음'이라는 공식에서 벗어날 수 없다. 그렇다면 방법은 하나다.

무조건 팔릴 것.

그런데 과연 어떻게 해야 팔릴 수 있을까. 인도에는 세상을 만든 3대 주신主神인 브라흐마, 비슈누, 시바가 있다. 브라흐마는 창조의 신, 비슈누는 유지의 신, 시바는 파괴의 신이다. 여기서 문제 하나. 셋 중에서 가장 인기 있는 신은 누구일까? 언뜻 생각하면 세상을 창조하는 브라흐마가 가장 중요하게 여겨질 듯하다. 하지만 그리스신화의 제우스에 비견되는 브라흐마는 그다지 주목받지 못하는 신세다. 아이러니하게도 가장 인기가 높은 것은 '파괴의 신' 시바다. 그가 기존의 것을 파괴해 토대를 마련해주지 않으면, 창조도, 이후의 유지도 불가능하기 때문이다. 사람들은 시바의 파괴를 보면서 야릇한 쾌감을 느끼는 한편, 파괴의 끝에 찾아올 새로운 세상의 빛을 감지한다.

조지프 슘페터Joseph Schumpeter는 저서 『경제발전의 이론Theorie der wirtschaftlichen Entwicklung』에서 자본주의의 역동성을 가져오는 가장 큰 요인이 창조적 혁신이라고 주장하며, 특히 경제발전 과정에서 기업가의 창조적 파괴 행위가 가장 큰 동력이라고 강조했다. 강자가 들끓는 시장에서 살아남기 위해선 '그들의 룰'이 아닌 '나만의 룰'로 싸워야 한다. 경쟁자들이 확고한 룰을 갖고 있을 때 오히려 차별화가 쉬울 수 있다. 기존의 법칙을 하나하나 파괴하는 방법으로 새로운 것을 만들어낼 수 있기 때문이다. YG엔터테인먼트의 양현석 대표는 한 인터뷰에서 "모두가 술집을 차리는 곳에서는 술집을 차리면 안 된다. 밥집을 차려야 한다. 반대도 마찬가지다"라며 YG의 성공 비결을 설명했다. 팔리는 아이템의 첫번째 비밀, 그것은 바로 창조적 파괴다.

전통 강자들을 '흘러간 노래'로 전락시키다!
미래에서 온 시계, '웰더'

시계업계는 전통이 중요한 산업이다. 오랜 역사가 곧 품질과 직결된다. 바셰론 콘스탄틴Vacheron Constantin(1755년 설립), 브레게Breguet(1775년 설립), 예거 르쿨트르Jaeger-Le Coultre(1833년 설립)처럼 2백 년 정도의 역사를 자랑해야 명함을 내밀 수 있다. 물론 '신참' 주제에 선전한 경우도 있긴 하다. 샤넬Chanel, 구찌Gucci 같은 디자이너 브랜드들은 색다른 디자인과 타 업종에서 쌓은 브랜드력으로 성공한 경우다. 주얼리 브랜드 카르티에Cartier는 자신들의 강점을 살려 보석이 박힌 시계와 보관 케이스를 디자인해 인기를 끌기도 했다. 하지만 워낙 전문성이 강한 분야라서 역사와 기술을 내세운 전통 브랜드들의 아성은 여전하다.

그런데 역사도 기술도 브랜드력도 갖추지 못한 한 회사가 혜성처럼 등장해, 좀처럼 변하지 않을 것 같던 시계업계의 판도를 뒤흔들어 놓았다. 그 주인공은 이탈리아의 시계 브랜드 '웰더'다.

웰더는 시계업계의 '합리적인 가격의 명품affordable luxury'을 지향하는데, 기존 브랜드와는 완전히 차별화된 포지셔닝을 취한다. 유명 시계업체들이 '과거의 전통'에 매달릴 때 웰더는 '미래'를 이야기하는 것이다. 기존 브랜드들은 장인들의 수공 작업이나 뛰어난 기술력 등을 마케팅 포인트로 삼아왔다. 예를 들어 바셰론 콘스탄틴은 오랜 시간 한곳에 앉아 작업에 몰두하는 장인들을 '작은 방의 기술자'라고 지칭하며 장인이 만든 작품임을 강조하고, 브레게는 '시계를 통한 문화적 영감과 기술적 충격'을 브랜드 철학으로 삼고 있다.

웰더는 다르다. 일단 이름부터가 그렇다. 웰더의 뜻은 용접공. 부속 하나하나를 한땀 한땀 정성 들여 조립한다고 주장해도 모자랄 판에 용접이라니, 엉뚱하다는 생각이 들기도 하지만 이름에 담긴 의미가 퍽 그럴싸하다. 인류는 탄생 이래 지금까지 사람들이 가진 느낌, 감정, 관심, 아름다움을 하나로 '용접'하면서 발전해왔다는 사실을 생각하며 시계를 만든다는 것이다. 그들에게 웰드, 즉 용접이란 과거와 미래를 잇고, 고객과 제품을 연결하며, 고객과 번영을 하나로 만든다는 의미로, 단순한 접착과는 차원이 다른 '강력한 일체화'를 뜻한다. 소비자의 니즈에 부합하는 시계를 만들겠다는 의지의 표현인 셈이다.

그렇다면 웰더는 어떻게 소비자의 니즈와 강력한 일체화를 이루는 제품을 만들고 있을까? 어떤 업계나 불문율처럼 여겨지는 원칙이 있다. 시계업계에서는 그것이 용두(태엽을 감는 꼭지)의 방향이다. 디자인과 기능이 각기 다른 시계들이 모두 용두만은 오른쪽에 둔다. 대부분의 사람이 오른손잡이임을 감안해 시곗바늘을 맞추기 편하도록 디자인한 데서 시작되었다. 하지만 시곗바늘을 맞추기 위해 용두를 돌리는 일은 어쩌다 한 번 있는 일에 불과하다. 오히려 원치 않는 자국을 손등에 남기거나 괜히 거치적거리는 경우가 많다. 그래서 웰더는 용두를 왼쪽으로 옮겨버렸다. 틀에 박힌 불문율을 과감히 깨고 고객의 불편을 해소한 것이다.

이것이 전부가 아니다. 웰더의 역발상이 돋보이는 점은 따로 있다. 그간 시계들은 Since와 설립 연도를 적으며 자신들이 얼마나 오래됐는지를 내세웠다. 명품 시계들이 보통 150년에서 180년 이상의 역사를 자랑하는 상황에서, 신흥 주자의 숫자는 초라하기 그지없을 수밖에. 그런데 웰더의 시계에는 'Since 2075'라고 적혀 있다. 아직 오지도 않은 2075년부터 시작된 시계라니, 미래에서 오기라도 했단 말인가? 그렇다. 사실 웰더의 창립 연도는 2007년인데, 어차피 밝혀봤자

웰더는 미래에서 온 시계라는 콘셉트로 전통 강자들이 군림하는 시계시장에 성공적으로 안착했다.

(이미지 출처: www.welder.it)

이득 될 것 없는 숫자를 과감히 버리고, '우리는 고객에게 2075년의 앞선 디자인을 제공한다'는 접근방법을 취한 것이다. 웰더의 고객은 아직 오지 않은 미래의 디자인과 기술력의 시계를 쓰고 있다고 주장하는 당당함이라니!

실제로 웰더의 시계는 〈에이리언〉과 같은 미래 공상과학 영화에나 어울릴 듯한 디자인이다. 그들은 "만약 당신이 타임머신을 타고 미래에 떨어진다면 오직 웰더만이 그 시대에 어울리는 디자인일 것"이라며 너스레를 떤다. 시계 케이스 역시 독특하다. 기존 케이스 디자인과는 확연히 다르다. 공구함을 닮은 이 케이스는 모두가 예쁘고 럭셔리한 디자인을 추구할 때, 마치 멍키스패너가 튀어나올 것 같은 엉뚱함으로 신선한 매력을 선사한다.

과거의 유산 대신 미래의 꿈을 이야기하고, 세련된 척 폼 잡는 대신 거칠어도 솔직한 모습으로 어필하는 브랜드, 웰더. 모두가 지켜온 불문율을 단숨에 격파하는 창조적 파괴와 기존 법칙들과 반대로 가는 창조적 역주행이 바로 전통 강자들이 버티고 있는 시장에 성공적으로 안착한 비결이었다.

다르거나 죽거나, 이것이 전장의 법칙

1975년 어느 날, 스위스 취리히에 기반을 둔 무역회사 데스코 폰 슐테스Desco von Schulthess에서 벌어진 일이다. 갑자기 중역 한 명이 사무실로 성큼성큼 들어왔다. 주변을 둘러보던 그는 자리에 앉아 있는 직원들 중 한 명에게 질문을 던졌다.

"거기, 자네 이름이 뭔가?"

"네? 저요? 저…… 모리스 라크루아입니다만……"

무언가를 골똘히 생각하는 듯 침묵하던 중역은 갑자기 크게 소리를 질렀다.

"좋아! 자네, 이리 좀 오게. 당장 계약서를 작성하자고."

영문을 몰라 어리둥절해하는 직원에게 중역은 로열티를 줄 테니 이름을 빌려달라고 말했다. 이렇게 다소 우습게 탄생한 시계가 바로 '모리스 라크루아Maurice Lacroix'이다. 브랜드명이라는 중요한 문제를 이토록 빨리, 별다른 고민 없이 결정하다니, 황당하게 느껴질 수도 있겠다. 하지만 이 에피소드는 모리스 라크루아의 경쟁력이 무엇인지를 단적으로 보여준다. 바로 '지금'이라는 키워드다.

명품 시계 파테크 필리프Patek Philippe의 슬로건은 '당신의 전통을 시작하십시오Begin your tradition'이다. 앞서 살펴본 것처럼 전통을 강조하는 기존 시계 브랜드들의 일반적인 접근이다. 반면 모리스 라크루아의 슬로건은 '당신의 시간은 바로 지금이다Your time is now'이다. 월터가 '과거'에 대항해 '미래'를 내세웠다면, 라크루아는 '전통'에 '지금'으로 맞불을 놓은 셈이다.

비단 기존 주자들과만 다른 전략을 택한 것이 아니다. 1975년에 태어난 이 브랜드는 업계의 관행이나 전통에 휘둘리지 않는 분명한 자기 주관으로, 비슷한 처지의 신생 주자와도 차별화를 꾀했다. 우선 이들은 디자인보다 무브먼트(시계가 작동하도록 하는 내부장치)에 대한 기술력을 중심으로 이성적인 시장에 소구했다. 보통의 경우 신진 브랜드들은 성능보다는 화려한 디자인으로 먼저 시선을 끌려고 한다. 초기부터 정면승부를 하기가 두려운 까닭이다. 반면 라크루아는 기술력으로 '맞짱'을 뜨는 전략을 택했다. 정면승부만이 브랜드의 생명을 장기적으로 담보한다고 생각했기 때문이다. 그들이 택한 첫번째 전장은 독일. 자신의 기술력을 알아볼 안목을 지닌 시장에서 승부를 봄으로써 낮은 인지도를 극복하고자 한 것이다. 라크루아의 예상대로 독일 소비자들은 신생 업체지만 무브먼트에서 탁월한 라크루아를 기꺼이 구매했고, 이렇게 유럽 시장 진입의 교두보를 마련할 수 있었다. 또한 라크루아는 기존 업체와의 결전을 위해 극단적인 효율화를 추구했다. 컴퓨터 제어공정 자동화나 설계 시스템을 적극 도입해 내실을 다졌다.

조지 패튼 장군이 주장한 '이기거나 죽거나'라는 전장의 법칙을, 모리스 라크루아는 '다르거나 죽거나'로 변주했다. 그들은 차별화에 대한 강박과 빠른 실행으로 단숨에 시장을 장악했다. 기존 강자들뿐 아니라 함께 시작한 신흥 주자들과도 다른 접근법을 취한 것이 모리스 라크루아의 성공 전략이다.

혼다이즘에 담긴 하이엔드 코드

기존과 다른 것. 기존에 없던 것은 높은 가치를 지닌다. 혼다Honda를 세계적인 자동차 그룹으로 성장시킨 창업주 혼다 소이치로本田宗一郞의 '혼다이즘'은 하이엔드 제품이 무엇을 추구해야 하는지 잘 정리하고 있다.

첫째, 남의 흉내를 내지 마라.
둘째, 관공서에 의지하지 마라.
셋째, 세계를 겨냥하라.
넷째, 만들어서 즐겁고, 팔아서 즐거우며, 사서 즐거운, 세 가지 즐거움으로 만들어라.

혼다는 여기에 '본업에 전념한다'는 장인정신까지 얹어 그의 사업에 전력을 다했다. 오늘날 혼다의 성공을 만든 것은 차별화, 자조自助, 세계화, 즐거움, 장인정신이라는 전형적인 하이엔드 정신이었던 것이다.

폐품이 명품으로 둔갑한 사연은?

비가 올라치면 도로를 다니는 트럭들은 모두 방수포를 치고 다닌다. 이 방수포는 먼지를 뒤집어쓰기 마련. 그런데 먼지 쌓인 그 천으로 가방을 만들어준다고 하면 어떨까? 한술 더 떠서 만약 돈을 내라고 한다면? 싼 것은 15만 원, 비싼 것 100만 원쯤? 백이면 백 그 더러운 천으로 만든 가방을 누가 사냐며 이상한 사람 취급을 할 것 같다.

하지만 스위스 가방 브랜드 프라이탁^{Freitag}은 이 말도 안 될 것 같은 비즈니스를 무려 20년간 큰 성공을 거두면서 만들어가고 있다. 무려 200여 개의 프라이탁 가방을 가진 사람이 있을 정도로 엄청난 마니아층을 거느리고 있으니, 그들의 성공에 이견을 표할 사람은 없을 것 같다. 이 엉뚱한 비즈니스의 비결은 바로 '모두가 피하는 것'을 '모두가 간직하고픈 것'으로 바꾼 관점의 전환에 있다. 사람들은 프라이탁을 재활용 테마의 대성공이라고 이야기하지만, 진정한 성공 비결은 명품 브랜드에서나 쓰는 전략을 활용한 남다른 하이엔드 코드에 있다.

재료를 조작하지 않는다는 진정성의 원칙이 그 첫번째 코드다. 프라이탁 관계자는 그들이 연 40만 개의 가방만 생산할 수 있다고 말한다. 원칙을 지키다보니 원재료가 제한되기 때문이다. 프라이탁은 실제 운송업체에서 사용했던 폐방수포만 고집한다. 4명 남짓한 담당 직원이 이 폐방수포를 얻기 위해 일 년 내내 전 세계를 돌아다녀도 400톤 정도 밖에 구할 수 없다. 그렇다고 모든 방수포가 프라이탁 가방이 되는 것도 아니다. 5년 이상 사용된 천 중 프라이탁의 개성을 표현하기에 적합한 프린트가 있는 천만을 구한다. 게다가 세탁, 건조, 재단 작업 등 모든 공정은 수작업에 의해 이루어지기 때문에 보통 가방 한 개가 제작되는데 2개월이 걸린다. 이런 꼬장꼬장한 원칙 덕분인지 프라이탁의 최초 가방인 '메신저 백'은 뉴욕현대미술관에 소장되어 있다.

두번째 코드는 관점의 재정의 작업이다. 우리는 새 제품을 살 때 흠집 없는 제품을 원한다. 하지만 프라이탁은 모두가 기피하는 흠집이 오히려 제품의 스토리가 된다고 재정의했다. 가방 곳곳에 흠집이 있는 프라이탁의 가방을 보고 있으면 수만 가지 생각이 떠오른다. 비가 오나 눈이 오나 밤낮, 사계절을 가리지 않고 도로를 달린 트럭의 방수포. 어느 항구의 대폿집에 앉아 있는 나이 많은 여주인처럼 왠지 은근한 포스가 느껴진다. 프라이탁에 있어 방수포의 빛바랜 글자, 흠집이 난 표면은 가치를 깎아먹는 스크래치가 아니라 가치를 더해주는 스토리다.

다른 가방들이 우아함, 세련미 등 기존 가치를 고수할 때, 프라이탁은 폐품, 재활용이라는 새로운 가치를 제시했다. 모두가 술을 팔 때 홀로 밥을 판 셈이다.

경계를 경계하라

폐품과 명품의 경계를 무너뜨리는 창조적 파괴로 성공한 프라이탁과 비슷한 사례가 또 있다. 영화 〈제5원소〉에서 밀라 요보비치가 입었던 밴디지 룩을 기억하는가? 테이프 같은 끈으로 가릴 부위만 살짝 가린, 옷이라고 하기도, 하지 않기도 애매했던 '옷 아닌 옷'은 디자이너 장 폴 고티에Jean Paul Gaultier의 작품이다.

항상 남다르게 승부를 거는 것으로 유명했던 장 폴 고티에는 2007년 새로운 남성 향수 '플뢰르 뒤 말'을 내놓으면서 또 한번 이슈의 중심에 섰다. 보들레르의 시 「악의 꽃Les Fleurs du Mal」을 살짝 변형해

'플뢰르 뒤 말'의 광고 포스터.
이 향수는 창조적 파괴의 전형이다.

서 지은 이름 '플뢰르 뒤 말Fleur du Male, 남성의 꽃'부터 특이하다. 하지만 그의 콘셉트는 무엇보다 창조적 파괴의 전형이다. 플뢰르 뒤 말의 용기는 근육질의 남자를 연상케 한다. 그런데 막상 향기를 맡아보면 좀 헷갈린다. 보통 남자 향수와 전혀 다른 향이기 때문이다. 용기를 보지 않고 향만 접하면, 여자 향수라고 착각할 정도다.

경계를 경계하는 파괴적 취향은 여기서 그치지 않는다. 그 유명한 마돈나의 코르셋 의상, 속옷과 겉옷의 경계를 파괴한 이 의상 역시 고티에의 손에서 탄생했다. 그는 이런 굽히지 않는 악동적 성향으로, 자신이 아니면 파괴할 수 없는 경계를 넘어 최고의 디자이너로 발돋움했다.

파괴란 변화와 도약을 위한 준비운동

샤넬 재팬은 사업 초기 브랜드력을 활용한 메이크업 상품에 주력했다. 하지만 이내 이 사업 모델이 한계에 다다르자, 일본의 시장 상황을 조사하고 분석한 끝에 메이크업에서 스킨케어 중심으로 방향을 전환했다. 스킨케어 제품은 메이크업 제품에 비해 사용량이 많기 때문에 고객의 구매 빈도나 금액을 올리기 쉽다. 이 중요한 순간, 샤넬 재팬의 리샤르 콜라스Richard Collasse 사장은 새로운 프로젝트를 추진할 핵심 조직을 발표한다.[1]

조직 이름은 '클래시clash팀', 즉 파괴팀이다. 콜라스는 창조의 시대를 열기 위해서는 파괴의 시바가 먼저 필요하다는 사실을 조직 내에 널리 공포한 것이다. 클래시라는 팀명에는 변화와 도약을 위해서는 샤넬에 만연한 나태와 교만을 파괴해야 한다는 메시지가 담겨 있었다.

샤넬 재팬의 희망을 담은 클래시팀은 고객에 대한 개별 대응력을 높이기 위해 CRMCustomer Relationship Management을 활용했으며, 치밀한 교육을 통해 고객별로 적극적인 개별 대응이 가능하도록 했다. 각 부문 책임자는 교체됐으며, 능력급을 도입해 적극적이고 성과를 내는 직원들에 대한 보상을 강화함으로써 새로운 조직문화를 구축했다. 파괴는 곧 새로운 시작이었던 것이다.

변화의 바람은 조직문화에서 상품으로 이어졌다. 샤넬은 클래시 프로젝트를 통해 양질의 우수한 인력을 대거 수혈해 조직의 체질을 바꿈으로써 강자로 우뚝 섰다. 크리스티앙 디오르Christian Dior, 이브 생로랑Yves Saint Laurent, 소니아 리키엘Sonia Rykiel 등 내로라하는 브랜드가 모두 스킨케어 분야에 뛰어들었지만, 장기간 최고의 지위를 유지하고 있는 브랜드는 샤넬뿐이다. 파괴라는 극단적인 카드로 조직의 DNA부터 바꾼 덕분이다. 파괴, 그것은 변화와 도약을 위한 준비운동이다.

무엇과도 바꿀 수 없는
존재가 되려면,
늘 달라야 한다.

– 코코 샤넬Coco Chanel

침대만 과학인 것이

아니다

기네스Guinness 맥주에 꽂혀 마트에 갈 때마다 기네스를 찾아 헤맨 적이 있다. 풍부한 거품이 다른 맥주와는 비교도 안 될 정도로 부드럽기 때문이다. 캔을 흔들 때마다 달그락거리는 소리도 특이하고, 보통의 맥주 색과 다른 진한 커피색도 인상적이다. 알고 보니 기네스에는 많은 '과학'이 숨어 있었다.

다양한 맥주를 파는 가게에 가면 각 맥주마다 전용 잔이 따로 있다. 기네스 역시 반드시 기네스 전용 파인트 잔에 마시기를 권하는데, 심지어 홈페이지에 전용 잔으로 마시는 방법을 설명하는 동영상까지 게시되어 있다. 약 120초 동안 두 번에 걸쳐 따르면서 2~2.5센티미터의 거품을 만들어내야 한다는 설명을 보면, 맛에 대한 기네스의 고집스러운 철학을 느낄 수 있다. 기네스 파인트 잔은 용량을 나타내는 파인트pint가 잔의 이름으로 굳어진 경우다. 유체역학적으로 치밀하게 계산해 디자인한 이 잔에 맥주를 따르면, 기네스만의 멋스러운 대류의 모습과 함께 미세하고 부드러운 거품이 풍부하게 일어난다.[2]

기네스 캔을 흔들어보면 일반 캔맥주와 달리 달그락거리는 소리가 들린다. 단순히 청각적인 재미를 위한 것이 아니다. 소리의 정체는 기네스가 생맥주의 신선함을 유지하기 위해 개발한 '위젯Widget'이다. 위젯이란 작은 플라스틱 캡슐을 말하는데, 그 안에 소량의 질소가 함유돼 있다. 캔을 따면 안의 압력이 갑자기 낮아져 캡슐이 품고 있던 질소가 방출되기 시작하고, 이로써 기네스만의 독특한 거품이 만들어진다.

기네스는 1988년 처음 위젯을 사용한 캔맥주 '기네스 드래프트Guinness Draught'를 출시했는데, 그 혁신적인 기술을 인정받아 1991년 영국 여왕으로부터 '기술 진보상Queen's Award for Technological Advancement'을 받았다. 또한 2003년 영국에서 실시한 설문 조사에서 지난 40년 동안 나온 제품 중 가장 뛰어난 발명품으로 기네스의 위젯이 선정되기도 했다.[3] 기네스는 위젯 개발에 무려 100억 원을 쏟아부었지만, 다른 맥주 회사에 위젯 기술을 판매해 손쉽게 개발비를 회수했다는 사실도 흥미롭다.

사실 1755년 아서 기네스Arthur Guinness가 회사를 창립한 이후 250년 넘는 동안 기네스는 여러 번 위기에 빠졌다. 특히 유사한 흑맥주들이 대거 등장하면서 고객들이 이탈하는 뼈아픈 시련을 겪어야 했다. 하지만 그럴 때마다 기네스는 제조방법을 혁신하는 등 각고의 노력으

기네스의 풍부한 거품은 기술을 넘어 과학의 경지를 보여준다.

(이미지 출처: www.guinness.com)

로 위기를 타개하며 브랜드를 지켜왔다. 팔리는 아이템의 두번째 법칙으로 '과학'을 이야기하는 이유다.

혀뿐 아니라 코로도 맛보는 커피, '일리'

이탈리아의 커피 브랜드 일리illy 역시 감성을 과학으로 풀어내 성공한 경우다. 사람들은 일리를 '롤스로이스Rolls-Royce 커피' '샤넬 커피'와 같은 별명으로 부르기도 하는데, 비싸게 대접받을 만한 '일리' 있는 커피라는 뜻이 담긴 것 같다.

일리의 강점은 독특한 '관觀'에서 온다고 할 수 있다. 일리는 커피를 '과학'으로 본다. 가장 감성적인 제품을 가장 과학적이고 체계적인 방법으로 접근하는 것이다. 보통 최고의 에스프레소를 추출할 때 원두 사용량, 수질, 추출 온도, 추출 압력 등 열 개 정도의 지표를 체크한다고 알려져 있다. 그러나 일리는 이보다 여섯 배 많은 60여 개의 항목을 체크한다. 맛에 영향을 미치는 요인들을 색상, 밀도, 점도, 거품의 크기와 지속성 등 60가지로 세분하여 관리하는 것이다.

혀를 내두를 정도로 철두철미하고 과학적인 분석과 접근은 창업주의 이력과도 관련이 있다. 1933년 일리를 창업한 프란체스코 일리 Francesco Illy는 기업가이자 과학자였다. 그는 일레타Illetta라는 기계와 질소압축공법을 개발했는데, 일레타는 보통의 증기 대신 압축공기를 사용해 훨씬 안정적인 품질의 에스프레소를 뽑는 기계다. 질소압축공법은 매장까지 균질한 제품을 보내기 위해 캔에 공기를 빼고 질소를 채우는 것이다. 이 질소 캔 덕분에 일리 매장의 커피 맛은 한결같기로 유명하다. 두 가지 모두 오늘날 일리를 떠받치는 주춧돌과 같은 기술이라고 할 수 있다.

　하지만 일리의 철학이 완성된 데는 2008년 타계한 2대 회장 에르네스토 일리Ernesto Illy의 역할이 컸다. 볼로냐 대학에서 화학을 전공한 그는 언뜻 보면 아주 단순하다고 할 수 있는 커피 추출 단계를 세세하게 분해했다. 원두 건조에서부터 마지막 물 내리기 단계까지, 화학자로서의 자질을 총동원해 맛과 향이 완벽하게 조화를 이룰 수 있는 방법을 끊임없이 연구했다. 일리는 완벽한 커피를 위해 4M을 중요시하는데, 미셸라Miscela라고 하는 커피 블렌드 기술, 마치나도자토레Macinadosatore라 불리는 분쇄기, 에스프레소 머신 마키나Macchina, 바리스타의 손을 뜻하는 마노 델 오페라토레Mano dell operatore가 그것이다. 그 유명한 모카자바Mocha Java도 예멘의 모카와 인도네시아의 자바 커피를 섞은 세계 최초의 블렌딩 커피라는 사실만 보아도 블렌딩이 얼마나 중요한지 알 수 있는데, 일리는 처음 블렌딩에서부터 마지막으로 추출하는 바리스타의 손이 할 일까지 분석해 컨트롤하기 때문에 최고의 커피를 만들어낼 수 있는 것이다.

　에르네스토는 아버지 프란체스코가 닦아놓은 하드웨어 위에 화학 기술을 활용한 절묘한 블렌딩을 얹어, 마치 꽃다발처럼 풍성한 맛과 향의 일리를 창조해냈다. 에르네스토는 에스프레소에 대해 화학적·수치적으로 명쾌하게 정의한다. 그가 내리는 화학적 정의는 '당질, 유기산, 단백질, 카페인 등이 녹아 있는 추출액 위에 미세한 기름 방울이 유화상태로 거품 층을 이루고 있는 음료'이다. 수치적 정의는 '커피 원두 50개를 분쇄해 얻어지는 7그램의 커피 가루에 섭씨 90도 이상의 물을 9기압의 압력으로 가해 30초 동안 추출한 30세제곱센티미터 분량의 음료'이다.

　심미 감상이 필요한 것들은 보통 세 단계의 음미를 거친다. 조향

사들은 향수 제조시 탑노트(최초 펌핑 후 30분까지 나는 향), 미들노트(펌핑 후 30분~4시간 사이에 나는 향), 베이스노트(가장 마지막에 은은하게 남는 향)를 어떻게 연출할 것인지 고민한다. 와인은 처음 혀에 닿는 맛, 입안에서의 향, 그리고 마지막에 남는 풍미 단계로 감상한다. 커피 역시 이러한 음미 심사에서 예외가 아니다. 한 잔의 커피가 살아남기 위해서는 무엇보다 원재료의 우수함이 가장 중요하다. 에르네스토 일리는 "에스프레소 한 잔을 만들려면 원두 50알이 필요한데, 한 알이라도 잘못되면 오믈렛에 썩은 달걀 하나가 든 것이나 마찬가지다"라면서 원두의 중요성을 강조했다. 이에 114단계를 거치는 품질검사 시스템을 도입했고, 향기를 연구하는 향기 전문 연구소까지 설립해 혀뿐 아니라 코로 마시는 커피를 만들기 위해 안간힘을 썼다.

미국의 패션 브랜드 코치COACH의 CEO 루 프랭크퍼트Lew Frankfort는 성공 비결을 묻는 기자의 질문에 "매직과 로직, 즉 감성과 이성의 결합"이라고 밝힌 적이 있는데, 과학적으로 접근하더라도 감성의 터치는 사업의 성공을 위해 매우 중요한 요소다. 일리는 철저하게 과학적으로 커피를 만들지만 실제 마케팅은 아주 감성적으로 실시해 매직과 로직 사이의 균형을 잡았다. 일례로 많은 예술가들과의 컬래버레이션collaboration을 들 수 있다. 제임스 로젠퀴스트James Rosenquist, 제프 쿤스Jeff Koons, 백남준 같은 재기 넘치는 팝 아티스트와 실험적인 거장이 일리와의 작업에 기꺼이 동참했다.

특히 스와치와 티파니Tiffany의 디자이너였던 마테오 툰Matteo Thun이 만든 일리 컬렉션 중 데미타스demitasse 잔은 독특한 디자인으로 유명하다. 데미타스는 프랑스어로 '반半'이라는 뜻의 데미demi와 '잔'이라는 뜻의 타스tasse의 합성어인데, 작은 커피잔 또는 이 잔에 제공되는 강한 커피를 일컫는 단어다. 이 잔을 들려면 손가락 하나를 손잡이에 끼우고 손바닥으로 마치 얼굴을 감싸듯 잡아야 하는데, 입술이 잔 가장자리에 닿을 때의 느낌이 마치 연인과 키스를 나누는 듯 감미롭다. 이렇게 커피부터 커피잔까지 모두 모여 하나의 '일리'가 되는 감각적인 체험을 소비자에게 제공하는 것이다.

체계적인 과학과 꼬장꼬장한 고집으로 작은 커피 하나를 수많은 단계로 구분하고, 감성으로 마지막을 마감해, 넘볼 수 없는 차이를 만들어내는 '일리 있는' 커피, 일리. 사랑과 인정을 동시에 받은 힘은 바로 매직과 로직의 절묘한 조화라고 할 수 있다.

하이엔드는 매직과 로직의 필요충분조건이 맞아떨어져야 비로소 비즈니스로 제 몫을 할 수 있다. 패션 브랜드 코치의 경우에는 데이터 마이닝data mining, 방대한 양의 데이터에서 유용한 정보를 추출하는 것을 통해 손님도 모르는 그의 방문주기와 선호도를 추정해 마케팅에 반영한다. "마치 좌뇌와 우뇌가 섞이듯, 고객들이 위대한 디자인의 감촉을 느끼면서 훌륭한 서비스도 함께 받도록 하는 것이 목표"라는 CEO 프랭크퍼트의 말속에 하이엔드에 대한 집념이 숨어 있다.

디자이너 마테오 툰이 디자인한 일리의 데미타스 잔.
커피의 맛뿐 아니라 커피를 마시는 경험까지 놓치지 않는
일리의 집요함이 엿보인다.

(이미지 출처: www.illy.com)

신기술로 팔리는 아이템을 만든 사례는 또 있다. 오리온 초코파이는 베트남에서 프리미엄 제품으로 통한다. 초코파이는 오리온의 한 연구원이 유럽을 여행하다 맛본 초콜릿 코팅 파이를 되살리는 연구를 통해 탄생했는데, 단지 초콜릿을 코팅했다는 독특한 이유만으로 최고의 반열에 오른 것은 결코 아니다. 그뒤에는 눈물겨운 과학적 노력이 숨어 있다.

초코파이는 전 세계를 대상으로 판매하기에, 추운 곳에서 딱딱해지지 않고 더운 곳에서 눌러붙지 않는 비장의 기술을 갖고 있다. 하지만 무엇보다 과자를 먹는 사람 입장에서 인정할 만한 기술은 '13퍼센트의 수분을 유지하는 기술'이다. 오리온 관계자는 "모든 공정을 끝낼 때 13퍼센트의 수분을 맞추면 방부제, 알코올을 전혀 넣지 않고도 장기 유통이 가능하다"고 말한다.[4] 13퍼센트 유지 기술은 쉽게 얻은 것이 아니다. 수술용 메스로 일일이 초코파이 각 부위를 분해하면서 수분 함량 10~15퍼센트 사이에서 곰팡이의 번식, 식감의 차이를 찾은 눈물겨운 노력의 결과다. 아무리 유통기한이 길어도 방부제를 사용했다면 누구라도 좋아할 리 없다. 오리온은 13퍼센트 기술을 통해 방부제 없이도 곰팡이가 잘 생기지 않는다는 장점을 강하게 어필할 수 있었다. 덕분에 베트남에서는 초코파이를 제사상에까지 올릴 정도로 특별하고 고급스러운 제품으로 여긴다고 한다.

제2차세계대전의 초기 전세는 군복이 갈랐다?

로직이 중요한 분야에 매직을 접목해 소기의 성과를 거둔 경우도 있다. 제2차세계대전 당시 슈트 브랜드였던 '보스Boss'의 창업주 휴고 보스Hugo Boss는 1931년 나치당에 가입한 후 1933년 히틀러를 직접 만났다. 당시 히틀러는 휴고에게 엉뚱한 주문을 했다. 사례는 얼마든지 할 테니 연합군보다 멋진 군복을 디자인해달라고 한 것이다.

당시 군복은 전투를 잘 수행할 수 있도록 하는 것이 최고의 디자인이라는 인식 아래 오로지 실용성에만 집중했다. 실제로 전쟁 수행에 가장 적합하다는 평가를 받았던 연합군측의 러시아 군복은 최악의 디자인이라는 평가를 받았다. 최고의 디자이너가 만든 독일군의 군복이 연합군의 군복보다 멋있는 것은 당연지사. 이는 히틀러가 생각한 것보다 훨씬 더 큰 효과를 가져왔다. 멋진 군복에 대한 찬사가, 게르만 민족의 우월성을 사기의 근간으로 했던 당시 독일군의 그릇된 자존심을 더욱 높이는 역할을 했던 것이다. 전쟁 초기 독일군 연승의 비결이 심리적 사기를 높였던 군복에서 왔다는 전문가들의 분석도 있다. 실용성이 최고인 군복에 감성적인 접근을 시도함으로써, 독일 지도부로서는 기대 이상의 성과를 거둔 셈이다.

'퐁' 하고 켜지는 순간 고객은 쓰러진다, '에스티듀퐁'

과학과 기술이 언제나 계획하에 이루어지는 것은 아니다. 역사적으로 놀라운 미래는 전혀 예상치 못한 사람, 엉뚱한 사물과의 만남에서 우연의 과실처럼 열리는 것을 수없이 보아왔다. 라이터, 필기구 등을 만드는 명품 브랜드 에스티듀퐁S.T.Du Pont의 역사를 따라가보면, 운명의 바람이 내미는 손을 흔쾌히 잡으면서 140여 년 이상 건재해왔다는 사실이 참 흥미롭다.

에스티듀퐁의 운명을 결정한 첫번째 바람은 구인광고의 어처구니없는 실수다. 오늘날 에스티듀퐁이 자랑하는 대표적인 기술은 전매특허 필살기라고 할 수 있는 천연 옻칠 기술인데, 바로 이 기술이 작은 실수에서 비롯됐다. 뤼시앙 뒤퐁Lucian Dupont과 앙드레 뒤퐁André Dupont은 제품 제작에 필요한 순금 도금 기술자를 구하기 위해 광고를 내기로 했다. 그런데 광고가 실린 신문을 펴본 형제는 깜짝 놀라고 말았다. 광고 문구에 오타가 있었던 것이다. 프랑스어로 도금 장인은 'plaqueur'인데, 'p'가 빠진 채 'laqueur'라고 적혀 있는 것이 아닌가. 'laqueur'는 천연 옻칠 장인을 뜻한다.

이 광고를 보고 찾아온 러시아 태생의 노보실체프Novossiltzeff는 대서양 횡단 유람선 노르망디호의 천연 옻칠 작업을 진행한 실력자였다. 뒤퐁 형제는 실수가 가져다준 우연한 만남을 그냥 넘기지 않았다. 그들은 우연이 필연으로 이어지기를 기대하며 노보실체프에게 정중히 작업을 의뢰했고, 이 옻칠 장인은 익숙하지도 않은 작업환경에서 무려 5일간의 치열한 작업 끝에 천연 옻칠 기법을 만들어냈다. 이후 후임자들이 노보실체프의 방법을 개선해 에스티듀퐁만의 고유한 기술 자산을 확보한 것이다.[5]

옻칠은 기술 자체의 섬세함 때문에 수작업이 불가피한 고가의 기술이다. 에스티듀퐁은 유럽에서는 동양의 명품 가구에나 쓰이는 최고의 기술로 알려진 옻칠 기법을 라이터에 처음 도입함으로써, '듀퐁 라이터'를 명품 반열에 올려놓았다. 이후 에스티듀퐁은 이 기술을 필기구에까지 적용해 브랜드 가치를 업그레이드하는 데 톡톡히 효과를 봤다. 비록 의도치 않은 실수로 시작되었지만, 제품에 새로운 기술을 도입해 성공한 사례라고 할 수 있다.

에스티듀퐁에 찾아온 두번째 바람은 액세서리를 대표 상품으로 내세운 임기응변 전략이다. 제2차세계대전이 시작되면서 모든 소재와 원료는 전쟁물자로 우선시되어 민간의 제품을 만들 재료들이 부족했다. 또한 전쟁중 불황 때문에 에스티듀퐁이 자랑하던 여행용 가방을 구매할 수요층도 급감해 브랜드는 존폐 위기에 빠졌다. 이 위기 상황에서 앙드레 뒤퐁의 눈에 들어온 것이 휴대용 가방에 부속품으로 붙어 있던 라이터 기능이었다. 그는 이 라이터를 가방에서 떼어내, 에스티듀퐁의 금세공 기술을 덧입혀 석유를 원료로 하는 최초의 휴대용 라이터를 만들었다. 이후 연이어 가스라이터까지 만들어 특허를 냈다.

또한 앙드레는 '비상하고 은밀한 코드'를 라이터에 심었는데, 바로 라이터를 열 때 나는 '퐁' 소리였다. 듀퐁 마니아들은 듀퐁 라이터 특유의 공명을 통해 에스티듀퐁 기술의 진수를 온몸으로 느낀다. 실제로 듀퐁 라이터를 사용하는 사람들은 이 소리가 말할 수 없는 매력을 갖고 있다고 말한다. 이 때문에 에스티듀퐁의 장인들은 완성품 단계에서 별도로 소리 공명을 체크하는 데 심혈을 기울인다. 듀퐁 라이터는 특유의 개폐음 덕분에 영화 〈007〉 시리즈에 단골로 등장했고, 한국에서도 영화 〈아저씨〉〈비열한 거리〉〈신세계〉 등에 소품으로 등장했다. 담배연기 자욱한 위스키 바에서, 또 어스름한 클럽에서, 눈으로 보지 않아도 청명하게 들리는 듀퐁 라이터의 소리는 묘한 매력을 풍겼다.

이처럼 신기술을 개발하는 데 그치지 않고 이를 일반 소비자가 알 수 있게 아이콘화하는 작업은 전략상 중요하다. 아사히 맥주가 제품을 잘 만들었다는 광고 대신 "신선하고 좋은 맥주 아사히는 앤젤링이 생깁니다"라는 카피 하나로 맥주시장에 돌풍을 일으킨 것도 같은 맥락이다.

제대로 물어야 제대로 된 답이 나온다, 관점의 힘

일리가 커피를 과학으로 보는 남다른 관점으로 성공을 거두었듯이, 관점의 차이는 생각보다 크다. 전 직장에서 친한 후배가 선배와 코드가 맞지 않는다며 자주 불만을 토로하곤 했다. 이유를 물어보니 업무 능력은 출중해 배울 것이 많은데, 매사에 부정적인 것이 문제라고 했다. 일하다가 난관에 부딪혀 조언을 구하면, 그 선배는 친절하게 잘 가르쳐주고는 마지막에 꼭 "인생 별거 있겠어? 그냥 되는대로 해"라는 말을 덧붙였다. 열심히 일하려고 의욕을 불태우다가 선배의 부정적인 한마디에 맥빠진 적이 한두 번이 아니라서, 어떨 때는 의도적으로 그를 피하게 된다고 했다. 그 선배는 모든 상황을 부정으로 끝맺는 '부정 컨버팅 습관'이 있었던 것이다.

반면 성공한 CEO들과 함께 대화를 나누다보면, 그들은 유독 '긍정 컨버팅 능력'이 뛰어나다는 사실을 알 수 있다. 어떤 부정적인 상황도 즉시 긍정으로 컨버팅하는 현명함과 유연성이 있다.

2007년 CEO 여러 명과 중국 출장을 간 적이 있다. 일정을 다 마친 뒤 귀국하려고 공항에 갔는데, 갑자기 비행기 운항이 취소됐다는 것이 아닌가. 중국 로컬 항공사는 지연이나 취소가 잦다는 말을 듣긴 했지만 시간 때문에 어쩔 수 없이 예약했던 것이 화근이었다. 항공사가 제공한 숙소로 옮겼지만 수속을 진행했던 나로서는 난감한 상황이었다.

그런데 CEO들은 하나같이 내 어깨를 두드리며 오히려 잘됐다고 기뻐했다. "중국에 더 있고 싶었는데 얼마나 좋은 기회냐"며, "다음날이 휴일이라 업무에는 별 지장 없으니 얼마나 다행이냐"며 오늘밤 신나게 놀자고 입을 모으는 그들을 보고 놀랄 수밖에 없었다. 아주 짧은 시간에 불쾌하고 불편한 상황을 신나는 이벤트로 만들어 즐기는 긍정 컨버팅 능력이 대단하다 싶었다. 그날 밤은 중국에서 보낸 그 어떤 날보다 유쾌하게 보냈다. 이처럼 사안을 어떤 관점으로 바라보느냐는 이후의 상황을 좌우하는 중요한 문제다.

캐나다의 장 크레티앵Jean Chrétien 총리는 스무 살 때 하원의원에
당선되면서 성공가도를 달린 불세출의 정치인이다. 그는 재무·법무·
외무 등 장관직을 열 번이나 맡고 결국 총리 자리에까지 올랐다. 재임
시에도 100억 달러의 무역 흑자를 내는 등 훌륭한 업적을 남겼지만,
그는 치명적으로 언어장애가 있었다. 그의 이런 단점은 늘 경쟁자들
에게 표적이 되었다. 어느 날 대중 앞에서 그가 유세를 할 때였다. 짓
궂게도 누군가가 그의 언어장애를 문제삼았다.

"한 나라를 대표하는 총리가 언어장애로 말을 잘 못한다는 것은
문제가 있지 않습니까?"

크레티앵은 1초도 망설이지 않고 이렇게 대꾸했다.

"저는 말을 잘하지 못하지만, 대신 거짓말도 하지 못합니다."

사람들은 그의 재치 있는 말에 감탄의 박수를 보냈다. 크레티앵
이 언어장애라는 부정적인 관점을 정직이라는 긍정의 관점으로 살짝
바꾸어 말한 것만으로 경쟁자들을 단숨에 제압했듯, 관점 전환의 힘
은 어떤 제품이라도 강자로 거듭나게 할 수 있다.

그렇다면 비즈니스에서 관점을 다르게 설정하려면 어떤 작업이
필요할까? 기아자동차의 디자인을 정상급으로 올려놓은 피터 슈라이
어Peter Schreyer 사장은 "제대로 물어야 한다"고 조언한다. [6]

"'어떻게 하면 멋진 자동차를 디자인할 수 있을까?' 고민할 것이
아니라, '어떻게 하면 더 편하게 만들 수 있을까?'부터 고민하는 게 바
람직합니다. 자동차와 마찬가지로 음식, 건축, 라이프스타일, 그리고
집안 꾸미기에 이르기까지 디자인은 삶의 일부분이기 때문입니다. 그
래서 디자인은 일종의 '태도'입니다."

질문이 답을 바꾼다. 제대로 된 질문은 제대로 된 답을 끌어내는
시작이다. 관점의 차이, 질문의 차이는 별것 아닌 것 같아도 때로 국

면을 바꾸는 기폭제가 된다.

일본의 세계적인 메이크업 아티스트 우에무라 슈植村秀는 1950년대 할리우드에서 메이크업 아티스트로 맹활약했다.[7] 이후 그는 수십년 메이크업 경력을 집대성해 자신의 철학을 담은 제품을 만들기로 한다. 거장의 첫번째 메이크업 제품은 과연 무엇이었을까?

1967년 우에무라 슈가 내놓은 첫 작품은 메이크업을 하는 제품이 아니라 메이크업을 지우는 클렌징 오일 '언마스크unmask'였다. 그는 그간 수많은 배우들의 얼굴을 분장하면서 제대로 지우지 않고 덧바른 메이크업의 부작용을 너무 많이 보아왔던 것이다. 즉 그는 '어떻게 하면 메이크업을 더 잘할 수 있을까?'가 아니라 '어떻게 하면 피부를 더 아름답게 가꿀까?'라는 제대로 된 질문을 던지고 새로운 관점에서 화장품을 바라본 셈이다.

언마스크는 오일 형태의 제품으로, 피부에 가하는 자극을 줄이고 두꺼운 메이크업도 잘 벗겨낸다. 쓰면 쓸수록 피부가 오히려 좋아진다는 반응이 퍼지자 판매가 폭발적으로 늘어났다. 심지어 배우 엘리자베스 테일러는 얼굴에 쓰는 언마스크로 목욕까지 했다는 일화도 있다. 우에무라 슈가 만든 화장품 브랜드 슈에무라Shu Uemura는 지금도 클렌징 오일 분야에서 독보적인 1위를 달리고 있다.

창조는 기획이나 의지만으로 이루어지지 않는다. 관점, 질문 등 먼저 바꾸어야 하는 것과의 고통스러운 정면승부가 창조의 진정한 서막이다.

**훌륭한 에스프레소는
혀에 그림을 그린다.**

– 에르네스토 일리, 일리 전 회장

최고의 맥주를 만들려면
당장의 이익보다는
완벽에 가까운 제조과정 개발을
최고의 목표로 삼아야 한다.

– 야코프 야콥센Jacob Jacobsen. 칼스버그Carlsberg 창업주

명품은 '단수單手'가 만든다

미국의 전 대통령 로널드 레이건의 어렸을 적 이야기다. 강한 미국을 만들었던 대통령 레이건의 단호한 모습과 달리, 어렸을 때 그는 아주 우유부단한 아이였다. 하루는 어린 레이건이 구두를 맞추기 위해 구둣방에 갔는데, 샘플 구두를 보고도 고르지 못했다. 두 가지 구두가 다 마음에 들었던 것이다. 결국 아이는 결정을 내리지 못한 채 집으로 돌아갔다.

레이건은 다음주에 다시 구둣방을 찾았지만 역시 결정하지 못했다. 하나를 포기하기가 너무 아쉬웠기 때문이다. 어린 레이건을 지켜보던 구둣방 주인이 빙그레 웃으며 말했다.

"로널드, 하나를 고르기가 힘든가보구나. 그렇다면 이러는 게 어떻겠니? 다음주에 오렴. 내가 구두를 맞춰놓을 테니."

레이건은 신나게 집으로 돌아갔고, 약속한 날짜에 구둣방을 찾았다. 레이건을 반갑게 맞이한 주인은 창고에서 아이의 구두를 가지고 와서 보여주었다. 하지만 구두를 본 레이건은 마치 울 것 같은 얼굴이 되어버렸다. 그 구두는 레이건이 선택하지 못했던 두 개의 구두가 하나씩 맞춰진 짝짝이 구두였던 것이다.

"로널드, 결정할 때는 단호해야 한단다. 결정하지 않으면 결국 이렇게 되지."

훗날 레이건은 짝짝이 구두의 일화를 언급하며 "그때 저는 내가 결정하지 않으면 다른 사람이 내 결정을 대신한다는 사실을 알게 됐습니다"라고 술회했다. 하이엔드 전략에서도 결정은 중요한 요소다. 무엇을 버리고 무엇을 취할 것인가, 즉 나만의 강력한 한 방을 무엇으로 결정할 것인가에 따라 승패가 결정될 수 있다.

사시미칼을 김장칼로 쓰고 있진 않은가

싸우는 기술 중에서 가장 활성화되고 집약적인 기술을 우리는 필살기라고 부른다. 헤드헌팅시장에서 가장 각광받는 사람은 IT, 재무, HR처럼 눈에 확 띄는 필살기, 즉 주 종목이 있는 사람들이다. 반면에 여러 대기업에 근무했어도 필살기가 없는 사람은 환대받기 어렵다. 브랜드도 마찬가지다. 밥 벌어먹고 살기에 괜찮은 제품들이 있다. 하지만 그런 제품들은 쉽게 모방되거나 추월당한다. 나만의 기술이 응축된 필살기가 있어야 독보적인 입지를 구축할 수 있다. 그렇다면 필살기의 조건은 어떤 것일까? 미야모토 무사시宮本武蔵는 『오륜서五輪書』의 '바람의 전략' 편에서 필살기에 대해 이렇게 이야기한다.[8]

"칼의 길이에 연연하지 마라. 칼 길이에 의지해 멀리서 이기려 하는 것은 마음이 나약한 탓이며 약자의 병법이다. 병법의 도를 깨달으면 칼 길이는 문제가 되지 않는다."

"칼의 강함에 의지하지 마라. 칼을 강하게만 치고자 하면 몸의 힘이 무너져 나쁜 결과가 온다. 또한 강한 군대로 강하게 이기려 하면 적도 강한 군대로 강하게 대치해 승부를 가리기 어려워진다."

이런 모든 것들을 고려한 필살기의 최종 조건은 바른 마음이다. 무사시는 내가 나의 몸과 마음을 바르게 하고 기다리면, 적의 마음이 비틀어지거나 평정을 잃게 돼 승리한다고 했다. 승리란 나의 필살기를 가지고 나의 길을 가면 굴러들어오는 것이라는 뜻이다. 하이엔드 제품들을 보면 이런 공식을 약속이나 한 듯 똑같이 따라간다. 현재에 만족하지 않고 필살기를 개발하면서 남을 신경쓰지 않고 정진한다. 마치 얼음을 부수면서 남극해를 나아가는 쇄빙선처럼 자기 항로를 헤쳐나가는 것이다.

여의도에 근무했던 2000년, 온라인 전문 증권사 키움닷컴증권의 탄생을 지켜보았다. 당시 대부분의 종합증권사들은 온라인 전문 증권사를 증권사로 생각하지도 않았다. 점포와 본사 조직을 당당하게 갖추고 해외영업까지 하는 종합증권사가 최고라는 도그마에 빠져 있었기 때문이다. 하지만 키움증권은 세간의 평가 따위에는 아랑곳하지 않고, 홀로 외길을 걸으면서 온라인 트레이딩에 모든 힘을 쏟았다. 이후 '온라인 하면 키움증권'이란 공식이 성립될 정도였다. 키움증권의 권용운 사장은 "그런 회의적인 분위기 덕분에 온라인 트레이딩을 위해서라면 대표부터 말단직원까지 하나가 됐다"고 술회한다.

'온라인 트레이딩'이라는 필살기 하나로 거친 환경을 헤치며 나아간 키움증권은 2014년, 창립 14년 만에 우리자산운용을 인수하는 쾌거를 이루었다. 종합증권사로 가기 위한 첫걸음을 뗀 것이다. 키움증권은 펀드시장에서도 남들과 다르게 자신들만의 무기인 온라인 펀드를 팔 예정이라고 한다.

바둑에서 단 한 수만 더 두면 상대의 돌을 따내는 상태를 일컬어 '단수'라고 한다. 필살기의 다른 이름은 바로 이 단수일 것이다. 산처럼 앞에 버티고 선 위기는 산 앞에서도 움직이지 않는 동중정動中靜의 마음가짐과 오직 한곳만을 노리는 강력한 단수에 빈틈을 내준다. 필살기와 정석의 힘으로 승부하는 사람이 가장 무서운 사람이다. 필살기에 대한 처절한 고민이 없으면 사시미칼을 건네도 김장칼로 쓰는 우를 범할 수 있다. 그렇다면 필살기는 어떻게 개발할 수 있을까?

사우디아라비아의 왕가에서 단체 주문하는 우산, '파소티'

인구가 5천 명밖에 안 되는 이탈리아의 작은 마을, 동화에나 나올 법한 작은 공방에서 한 부부가 우산을 만들어 팔았다. 이 부부는 스쿠터와 자전거로 직접 우산을 배달하러 다닐 만큼 열성적이어서 회사는 무럭무럭 성장했고, 이탈리아에서도 손꼽히는 우산 브랜드로 자리매김했다. 하지만 시간이 흘러 아시아에서 만들어진 저가 우산이 밀어닥치면서 위기가 시작되었다. 오랜 고객들마저 저가 우산을 사서 쓰는 바람에 회사는 점점 어려워졌지만 포기할 수는 없었다. 이 우산회사는 가족의 전부였고, 이 마을의 대표 상품이었기 때문이다. 그때 회사를 이어받은 부부의 딸은 절대 포기할 수 없다며 우산을 새롭게 만들어 팔기 시작한다. 그리고 오늘날 이 공방이 만든 우산은 한 개에 수십만 원에 달하는 가격으로 세계 곳곳에 팔려나간다. 세계 최고급 우산 브랜드 '파소티' 이야기다.

파소티는 1956년 이탈리아의 작은 동네 카스텔루초에서 시작한 우산 제조 브랜드다. 처음엔 내수 시장을 대상으로 탄탄한 수요를 자랑하며 승승장구했지만, 중국산 저가 우산이 수입되면서 사업이 갑자기 어려워지기 시작했다. 파소티는 가격을 첫손가락에 꼽는 고객들의 모습을 보면서도 고객을 탓하기보다 자신들이 뭔가 잘못했다는 결론에 이르렀다. 자신들의 우산을 사랑해주는 고객만 믿고, 고만고만한 품질의 제품을 관성적으로 내놓는 동안 고객들이 조금씩 변심하고 있음을 깨닫지 못했다는 반성이었다.

풍전등화의 위기 앞에서 파소티는 우산에 대한 근본적인 질문을 던지기 시작한다. '우산을 포기해야 하나, 아니라면 우리만의 우산을 어떻게 어필하지?' 그들은 기본적인 정의부터 새롭게 접근하기로 했다. 당시에는 우산이 비를 막아준다는 일차적인 효용만 부각돼 있었다. 태양이 작열하는 이탈리아에서 비 올 때만 쓰는 우산은 투자 대비 사용시간이 짧았다. 이에 파소티는 우산은 비를 막아주는 도구일 뿐 아니라 패션 아이템이기도 하다고 정의했다. 우산이 옷처럼 당신을 표현하는 수단이라고 접근해야, 고객의 사용시간도 늘리고 저가 수입 우산들과 차별화할 수 있다고 판단했다.

우산이 말 그대로 비를 막는 데만 쓰인다면 튼튼하고 견고한 제품으로 충분하겠지만, 패션 아이템이라면 문제가 좀 달라진다. 패브릭이 좋아야 하고, 디자인 또한 뛰어나야 한다. 실제 우산을 가지고 다녀보면 알 수 있듯, 우산을 펴서 비를 막는 시간은 극히 짧고 접어서 가지고 다니는 시간이 훨씬 길다. 우산이 단순히 비를 막는 도구를 넘어 패션 아이템이 될 수 있는 것은 바로 이런 이유 때문이다. 파소티는 손잡이, 우산 패브릭, 우산대, 우산 링까지 다양한 매력 포인트를 부각시켰다. 소비자들은 파소티의 변신을 보면서 그제야 우산에서 정말 중요한 것은 가격이 아니라 디자인이며, 우산이 자신을 표현하는 패션 아이템이 될 수 있다는 사실을 새롭게 깨달았다.

흔히 우리는 역경 없는 세상을 꿈꾸기도 한다. 하지만 성장의 역사를 보면 반드시 역경의 파도를 타고서야 큰 세계로 나갔음을 알 수 있다. 영화 〈폭풍 속으로〉의 엔딩에서는 50년 만에 한 번 온다는 거대한 파도를 찾아 바다로 나가는 서퍼의 모습이 나온다. 아마도 큰 사업을 꿈꾸는 사업가에게, 역경이란 서퍼들이 바라는 이 큰 파도와 같은 존재가 아닐까. 파소티도 그랬다. 사우디아라비아의 왕가에서 파소티의 우산을 단체 주문하고 팝스타 리한나와 제니퍼 로페즈가 그들의 뮤직비디오에 사용할 정도로 사랑받는 브랜드가 된 파소티. 만약 중국산의 공세로 인한 위기가 없었다면 파소티는 인구 5천 명의 마을에 머물러 그저 그런 브랜드로 남았을지도 모른다. 하지만 파소티는 저가 공세에 맞서 회사를 효율화하면서 그들만의 장점 찾기에 골몰했고, 심미성을 바탕으로 우산에서 지팡이, 파라솔 등 연관 영역까지 확대하며 최고급 우산 브랜드의 이미지를 강화해나갔다.

또한 창업주가 스쿠터를 타고 우산을 판매했던 초심을 되살려 모스크바, 도쿄 등 현지 전시회에 빠짐없이 발품을 팔면서 파소티 우산의 심미성을 알리는 데 주력했다. 파소티는 자사의 장점을 분석한 후 우산의 심미성과 미학적 아름다움을 극대화해 세계로 진출하기로 결정했다. 그들은 디자인, 패브릭, 장식, 우산대, 손잡이로 나누어 각 부분별로 최고의 매력을 부여했다.

먼저 디자인을 업그레이드해 단순히 튼튼한 우산이 아니라 눈이 즐거운 우산을 만들었다. 또한 우산 패브릭에서도 차별성을 강조했다. 파소티의 우산에서 호피는 평범한 디자인에 속할 정도로, 현대 미술회화에서나 볼 수 있는 화려하고 파격적인 색감의 다양한 패브릭이 존재한다. 외피와 내피의 이중 패브릭으로 우산살이 보이지 않는 것도 특징이다. 장식 또한 스와로브스키Swarovski와의 컬래버레이션, 로고가 음각으로 새겨진 골드 우산 링 등으로 독특한 디자인을 끌어냈다. 우산대는 하나의 나무로 만들어진 싱글스틱을 채택해 내구성을 강화함과 동시에 기술력을 확보했다. 손잡이는 유일하게 외주 생산하는 부분인데, 해골 모양의 손잡이처럼 오브제적인 성격까지 갖춘 수준 높은 미적 감각을 보여주고 있다. 이처럼 각 부분을 하나씩 떼어놓고 보아도 매력적인 구성들의 합을 통해 그 매력을 더욱 강화시킨 것이 파소티만의 특징이라고 할 수 있다.

현재 파소티 우산은 전 세계 50억 시장을 매혹시킨 글로벌 하이엔드 브랜드다. 제품의 95퍼센트를 해외에 판매하며, 판매 국가는 무려 55개가 넘을 정도다. 이전과 다른 접근, '기능'이 아니라 '디자인'이라는 필살기에 집중한 결과라고 할 수 있다.

파소티는 우산이 비를 막는 도구만이 아니라 패션 아이템이라고 새롭게 접근했고, 누구도 따라올 수 없는 디자인이라는 필살기를 개발해냈다.

(이미지 출처: www.pasottiombrelli.com)

답은 원점에서 기다리고 있다

두 남자 디자이너의 역사적인 첫 패션쇼. 하지만 그들의 시작은
우스꽝스러울 정도로 초라했다. 무대에 사용할 천이 없어 집에서 가
져온 침대 시트로 대신하고, 돈이 없어 피팅룸을 제공할 수 없는 상황
이어서 모델들은 곧 쓰러질 듯한 무대 뒤에서 옷을 갈아입어야 했다.
이 궁색한 패션쇼의 주인공은 바로 도메니코 돌체Domenico Dolce와 스테
파노 가바나Stefano Gabbana다.

두 사람이 의기투합해 만든 '돌체&가바나Dolce&Gabbana'는 아마도
현대에 떠오른 하이엔드 반열에서 아이디어가 가장 돋보이는 브랜드

이자 정체성이 탄탄한 브랜드 중 하나가 아닐까 한다. 브랜드 이름에 얽힌 에피소드도 재미있다. 이들은 둘이 작업하면서도 계산서를 따로 발행했는데, 일을 보던 경리가 복잡하다며 그냥 'Dolce & Gabbana'로 발행하면서 자연스럽게 브랜드명으로 굳어졌다고 한다.

돌체&가바나는 인간의 본질을 다시 보는 능력이 아주 놀랍다. 그들이 보는 사람에 대한 정의는 바로 '모든 사람들은 남성과 여성 호르몬을 동시에 가지고 있다'는 것이다.[10] 우리는 흔히 남자 또는 여자라며 도식화하고, 보통의 경우 남자와 여자는 각자 사회적으로 정해진 패턴에 따를 것을 심리적으로 강요받는다. 하지만 돌체&가바나는 인간에 대해서 다시 한번 본질적인 질문을 던진 후 자신들의 옷에 남성적인 요소와 여성적인 요소를 섞어놓았던 것이다. 필살기가 새롭고 참신한 발상이 아닌 본질로 돌아가는 전략에서 나올 수도 있음을 보여주는 사례다. 때로 답은 원점에서 기다리고 있는 법이다.

본질에 대한 고민으로 자신만의 필살기를 마련한 것은 보드카 역시 마찬가지다. 세계 프리미엄급 보드카 1위를 기록하고 있는 것은 바로 앱솔루트 보드카Absolut Vodka이다. 러시아산이 석권하고 있던 보드카시장에 스웨덴 출신의 앱솔루트 보드카가 등장해 강자로 우뚝 선 비결은 무엇일까?

앱솔루트가 출사표를 던질 당시 러시아산 보드카의 술병은 화려하기 이를 데 없었다. 길쭉하고 목 부분이 긴데다 상표에는 금색과 여러 색깔이 인쇄돼 있었다. 눈이 즐겁지만 뭔가 본질에서 멀어진다는 느낌을 가졌던 앱솔루트의 창업주 라르스 올슨 스미스Lars Olsson Smith는 스톡홀름 옛 시가지에서 먼지를 뒤집어쓴 18세기 약병을 발견하고 그 병을 쓰기로 했다. 출시 전 주변의 반응은 병이 너무 뚱뚱하고 짧으며 목 부분은 잡고 따르기에 불편하다는 우려가 대부분이었다. 하지만 앱솔루트는 그대로 출시했다. 기존과 다른 것에는 저항과 거부가 따를 수밖에 없다는 사실을 알았기 때문이다.

유사한 사례가 이미 있었다. 향수계의 지존, 전 세계 모든 여성들의 코끝이 기억하는 향수 '샤넬 넘버5' 역시 실험실의 시약병을 용기로 썼다. 다섯번째 시약병에 있던 향수가 마음에 들었던 샤넬은 그것을 그대로 들고 나와 친한 부인들에게 건넸고, 그것이 '샤넬 넘버5'의 시작이 되었다. 우리는 뭔가 거대하고, 의미 있고, 대단한 것으로 시작해야 한다는 강박관념을 갖고 있다. 하지만 앱솔루트와 샤넬은 때로는 가장 솔직한 것이 최고라는 사실을 알려준다.

앱솔루트는 한술 더 떠 라벨조차 붙이지 않고 제품을 출시하는 모험을 감행했다. 이에 대해 앱솔루트 회장의 변은 아주 단순하다.

"겉으로 보이는 것보다 속에 있는 알맹이가 더욱 중요하다는 생각을 보여주기 위해 로고와 상표를 과감하게 제거한 제품을 선보였다. (벌거벗은) 병 자체가 보여주는 것처럼 다양성에 대한 믿음, 인종·성별·성적 취향 등과 관계없이 인간 자체에 '라벨'을 붙이지 말고 바라보자는 의미를 담고 있다."

병은 그 자체로 앱솔루트가 말하고 싶은 정신이었다. 계급장 떼고 기술 떼고 진정한 가슴으로 이야기하는 것, 앱솔루트 보드카가 강조하는 이 정신이 진정한 럭셔리다.

이미지 출처: www.absolut.com

> ### '천사가 머무는 시간'을 거쳐 탄생하는 기타
>
> 폴 매카트니와 리치 블랙모어Ritchie Blackmore, 구와타 게이스케桑田佳祐 등 세계적으로 알려진 뮤지션들에게 큰 신뢰를 얻고 있는 야이리ㅊス 기타의 창업주 야이리 가즈오ㅊス一男. 그는 오래될수록 가치가 더해지는 진짜를 만들어야 한다고 말한다.[11] 실제로 그는 그렇게 하기 위해 좋은 나무를 찾아낸 뒤 5년에서 10년 정도 재워둔다. 그리고 조립을 끝내도 최소한 3개월은 품질 조정실에서 음악을 들려주며 숙성시킨다. 그는 이 과정을 '천사가 머무는 시간'이라고 이야기한다. 나무가 음악을 알아들을 거라고는 생각할 수 없더라도, 음악을 들려주며 천사가 깃들이기를 바라는 마음만으로도 악기에서는 효율만으로 만들어낼 수 없는 소리가 나오지 않을까.

다양함은 뿌리깊은 원칙에서 꽃핀다

과거 우리는 당연히 맥주는 보리로만 만드는 것으로 알았다. 하지만 요즘은 다양한 재료로 만든 실로 다양한 맥주를 즐기고 있다. 특히 밀로 만든 밀맥주는 특유의 달콤함으로 보리맥주 이상의 사랑을 받고 있다.

보리로 맥주를 만드는 것은 독일 맥주의 전통에서 나온다. 1516년 바이에른 지역의 지배자였던 빌헬름 5세는 맥주 제조에 보리, 홉, 물, 효모만을 사용하라는 '맥주 순수령'을 공표한다. 주식인 밀을 보호하기 위한 의도였다. 원래 취지는 정치·경제적 상황에서 시작되었지만 세월이 지나면서 이 순수령은 말 그대로 독일 맥주의 순수함을 유지할 수 있게 한 원동력이 됐다.

다양함을 추구하더라도 그 가운데 원칙이 뼈대처럼 서 있을 때는 고난과 좌절을 견뎌낼 수 있다. 독일이 맥주의 종주국으로 원칙을 지키고 다른 유럽 지역의 맥주들이 이를 바탕으로 변형 맥주들을 만들어

63

냄으로써, 우리는 오늘날 원칙이 있고 다양함이 공존하는 맥주의 세계를 향유할 수 있는 것이다.

스케이트보드를 탄 럭셔리, '슈프림'

여기 옷가게가 하나 있다. 개점시간은 오전 11시 30분. 하지만 새벽부터 많은 사람들이 줄을 서 있다. 심지어 전날 밤부터 기다리는 사람이 있을 정도다. 드디어 가게가 문을 열었지만 손님들은 바로 옷을 살 수 없다. 열 명 단위로만 가게에 들어갈 수 있다는 원칙 때문이다. 대기하는 손님들의 긴 줄은 저녁 7시 폐점시간까지 계속된다. 간신히 가게로 들어서면 다소 불량하게 생긴 점원들의 불친절한 응대가 기다린다. 원하는 제품을 물어보면 다 팔렸다며 딴것을 고르라고 하기 일쑤다. 구매할 수 있는 수량도 정해져 있어서, 한 아이템당 하나밖에 살 수 없다. 온갖 불편함과 푸대접에도 불구하고 손님들은 입장해서 물건을 살 수 있다는 사실만으로 크게 만족한다.

다소 이상한 이 가게는 뉴욕 스트리트 웨어street wear의 대표 브랜드 '슈프림Supreme' 매장이다. 슈프림은 L.A. 출신 스케이트보더 제임스 제비아James Jebbia가 뉴욕 스케이트보더를 타깃으로 출시한 브랜드인데, 비싼 가격과 한정된 유통채널에도 불구하고 미국에선 핫한 브랜드로 유명하다. 언론들은 제비아를 '맨해튼의 킹핀king pin'이라는 별칭으로 부른다. 슈프림은 어떤 필살기로 고객들을 열광하게 하는 하이엔드 브랜드가 될 수 있었을까?

슈프림의 필살기는 남들이 무시하는 틈새시장이었다. 제임스 제비아는 어릴 적 배우로 영화에 출연했고, 스투시Stussy라는 스트리트 패션 브랜드를 만들어 론칭해본 경험이 있는 다양한 경력의 소유자다. 스투시를 운영할 당시 그는 매장에서 일하던 직원들이 스케이트보드 타는 모습을 흥미롭게 관찰했다.

보통 보드는 조금 불량한 10대 중·후반의 청소년이 탄다는 고정관념이 있는데, 제비아는 19~25세에 해당하는 의외의 '헤비 에이지heavy age' 보더들이 존재한다는 사실을 발견했다. 그들은 경제력도 있고 패션감각도 뛰어나며 체제 비판적인 성격을 가진 의식 있는 젊은이들이었다. 따라서 그들은 10대 불량 청소년에게나 어울릴 법한 값싸고 저급한 품질의 보드용 옷에 만족하지 못하고, 그들만의 보드용 옷을 찾아 의류 매장을 기웃거렸다. 제비아는 이러한 니즈에 주목했다. 소비 능력도 없는 반항아로 치부되던 보더들을 더없이 소중한 자신만의 고객으로 설정한 것이다.

틈새시장을 노리고 1994년 뉴욕에 슈프림 매장을 오픈한 제임스 제비아는 자신의 특별한 고객을 '홀리기' 위해 품질에 촉각을 세웠다. 아무리 화려하고 눈에 들어오는 멋진 디자인이라고 할지라도 품질이 좋지 않으면 소용없기 때문이었다. 게다가 슈프림의 고객은 스케이트 보더, 열 번 넘어지더라도 훌훌 털고 일어나 기분좋게 거리를 활보할 활동성 넘치는 고객이었다. 따라서 슈프림은 셔츠 하나를 만들 때도 경쟁사보다 더 품질 좋고 두툼한 원단을 쓰고, 로고도 더 튼튼하게 박아넣었다. 이러한 품질관리에 대해 슈프림의 핵심 관계자인 에런 본다로프Aaron Bondaroff는 이렇게 고백한다.

"슈프림은 어제의 품질과 경쟁하기에, 제품의 품질이 매번 더 나아져야 한다는 심한 강박관념까지 느낄 정도다."

2012년 뉴욕타임스가 슈프림의 성공에 대해 인터뷰한 적이 있는데, 그때 제임스 제비아는 기본에 집중하는 철학을 강조했다.

"딱히 비결이랄 것은 없습니다. 좋은 제품을 만들고 팔기 때문에 비즈니스가 잘되는 것입니다."

아이러니하게도 제임스 제비아는 스케이트보드를 타지 못한다. 하지만 자신이 보드를 탈 수 없기에 보더들을 고용함으로써 전화위복의 계기를 마련했다. 슈프림의 첫 직원은 뉴욕에서 유명했던 스케이트보더, 지오 에스테베즈Gio Estevez였다. 그가 직원으로 입사하자 보더들은 슈프림을 남다르게 보기 시작했고, 그의 뒤를 이어 많은 보더들이 슈프림에서 일하게 됐다. 고객을 끌어들이기 위해 가장 영향력 있는 고객을 직원으로 확보한 전략이 제대로 빛을 발한 것이다.

야생마 같은 보더들에게 서비스 교육을 시킬 수 없다고 생각한 제비아는 그냥 그들이 하는 대로 내버려두기로 했다. 직원들은 친구들을 매장으로 불러들여 놀면서 자연스럽게 제품을 홍보하고 제품을 팔았다. 또 그들은 퇴근 후 슈프림 로고가 찍힌 옷을 입고 거리 이곳저곳을 누볐는데, 그 자체가 걸어다니는 광고판이었던 셈이다. 직원들은 순전히 재미 삼아 슈프림의 로고를 길거리에 붙이고 다니며 의도치 않은 광고를 시행하기도 했다. 그런 자유로운 분위기 속에 슈프림만의 문화가 자연스럽게 싹터 고객들은 슈프림을 자신들이 만들었다고 생각할 정도다.

고객의 눈높이에 맞춰 고객 입장에서 생각해보라는 기본적이지만 실행하기 어려운 지침의 힘은 슈프림의 사례에서 명백히 확인된다. 슈프림 매장의 문은 아주 넓다. 스케이트보드를 든 손님들이 드나들 수 있어야 하기 때문이다. 심지어 손님들은 보드를 타고 옷을 고르고, 직원들 역시 손님들이 부르면 보드를 타고 이동하기도 한다. 어차피 손님이나 직원이나 기본적으로 보더이기 때문에 전혀 이상할 것이 없는 광경이다.

슈프림은 20년 가까이 꾸준한 명성을 유지하며 성장하고 있는 브랜드다. 전문가들은 이제 슈프림을 '글로벌 컬트 브랜드'로까지 꼽는다. 대부분의 하이엔드 브랜드들이 그 가치를 인정받는 것은 그 브랜드가 갖고 있는 아이덴티티와 그를 알아주는 소비자들의 생태계 때문이다. 남들이 주목하지 않은 틈새시장에 진출해 성공을 거둔 슈프림은 기술과 디자인 요소만 필살기로 고민하는 우리에게 새로운 필살기의 가능성을 보여준다.

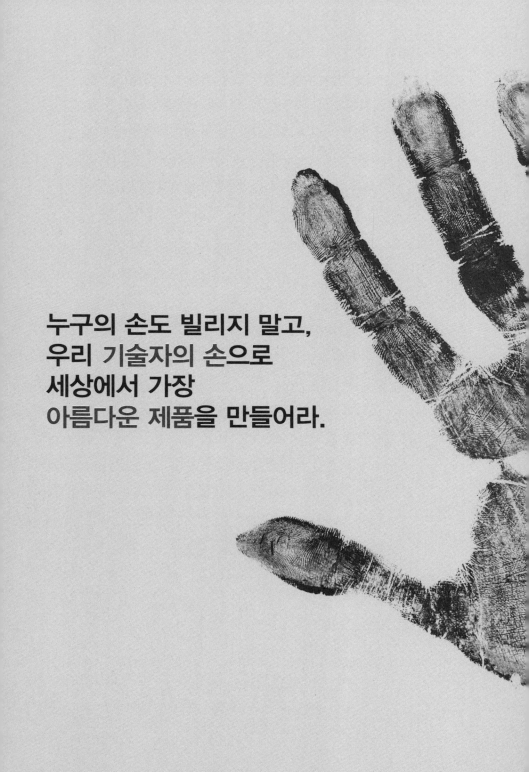

누구의 손도 빌리지 말고,
우리 기술자의 손으로
세상에서 가장
아름다운 제품을 만들어라.

누구나 따라 할 수는 있지만,
그 누구도 똑같이 만들 수 없는
제품을 만들어야 한다.

– 아메데오 테스토니Amedeo Testoni, 테스토니 창업주

빨리 싫증내라,
또 새로워질 수 있도록!

한 기자가 샤넬에게 물었다.

"식사로 무엇을 드시나요?"

"아침에는 치자꽃을, 저녁에는 장미꽃을 먹어요."

"연세가 어떻게 되시죠?"

"백 살, 아니 그날그날 달라요."

치자꽃의 꽃말은 순결이고 장미꽃의 꽃말은 욕망, 열정, 사랑이다. 아침에는 순결한 마음으로 상쾌하게 일어나 열일곱 소녀처럼 치장하고, 밤에는 파티에 가서 열정을 불태우며 뜨거운 사랑을 나누는 삶. 그녀를 깨우는 것은 치자의 순수함이고 그녀를 잠들게 하는 것은 장미의 열정이다.

매일 나이가 바뀐다는 샤넬의 이야기는 하이엔드 제품에 중요한 시사점이 된다. 고이지 않고 끊임없이 흐르는 것, 변화에 대한 강박과 새로움에 대한 집착은 하이엔드 제품을 만드는 지름길이다.

유행은 싫증에서 시작된다, '겔랑'

향수 명가 겔랑Guerlain이 유명한 이유는 조향방식이 그간 조향업자들이 해온 틀을 깨부술 만큼 늘 젊었기 때문이다. 이전까지 대부분의 조향사들은 특정 자연을 '모방하는 향'을 만들어냈지만, 겔랑은 기분이나 느낌에서 영감을 얻어 '분위기의 향'을 새롭게 만들어냈다. 그동안 향수의 향을 맡은 사람들이 "아! 장미군요. 아! 제비꽃이군요"라는 식으로 반응했다면, 겔랑의 향을 맡은 사람들은 "저녁의 달을 머금은 제비꽃의 향기군요"와 같은 식으로 설명하곤 했다.

이후로도 겔랑은 다양한 콘셉트의 향수를 선보였다. 푸치니의 오페라 〈나비부인〉에서 영감을 얻은 '미츠코Mitsouko', 『어린왕자』를 지은 생텍쥐페리를 위한 '볼드뉘Vol de Nuit' 등 제품마다 문학 또는 예술과 연계해 스토리를 만들어내며 그에 맞는 향을 조합했다. 뿐만 아니라 오리엔탈 향수(주로 동양에서 구할 수 있는 동물성 향료와 바닐라 향 등을 이용한 향수)의 모델이 되는 '샬리마Shalimar', 플로럴floral 오리엔탈 향수라는 새로운 개념을 제시한 역작 '삼사라Samsara' 같은 제품은 이전 향수 제조업체가 가지 않은 신대륙을 열었다.

겔랑으로부터 현대의 향수가 시작됐다고 보는 것은 바로 그간의

생텍쥐페리를 위한 겔랑의 향수,
'볼드뉘'의 광고 포스터.

조향 문법을 겔랑이 새롭게 바꾸어 썼기 때문이다. 겔랑은 그간의 고리타분한 제한에 전혀 얽매이지 않고 자신만의 길을 개척했고, 이후 그 길을 다른 회사들이 따라 걸으면서 유행의 선도자가 됐다. 겔랑은 원하는 향을 만들기 위해서 귀부인들이 질색해 금기시됐던 알데하이드 계열의 인공 향을 섞는 일도 망설이지 않았다. '베티버^{Vetiver}'는 정원사에게 영감을 받아 만든 향수로, 베이스노트 향기를 위해 담뱃잎과 후추, 고추 등을 원재료로 쓰는 파격을 구사했다.

새로움에 목말랐던 사람들은 겔랑이 열어주는 문을 통해 그간 맡지 못했던 향기의 대륙에 진입할 수 있었다. 패션 디자이너 톰 포드 Tom Ford가 "디자이너는 당대의 유행에 절어야 한다"라고 주문한 이유는 창조자들이 누구보다 유행을 빨리 경험하고 빨리 싫증내야 새로운 유행의 신대륙으로 재빨리 떠날 수 있기 때문이다. 늘 한발 앞서 새로운 자극을 찾아 떠난 창조자 겔랑은 이제까지 없던 곳까지 향기의 영역을 넓히는 불굴의 척후병이었다.

한시라도 변화하지 않으면, 금세 지루해지는 것이 인생

T. S. 엘리엇의 『황무지』는 그리스신화 속 쿠마의 이야기로 시작한다. 이탈리아 남부 소렌토 해안 근처 쿠마라는 도시에 '시빌'이라는 무녀가 살았다. 어느 날 그녀의 아름다움에 반한 아폴론이 다가와, 자신에게 사랑을 주면 소원을 들어주겠다고 말했다. 신전에 있던 먼지를 손에 가득 쓸어 담은 시빌은 "이 먼지 양만큼 영원한 생명을 주세요"라고 부탁했다. 아폴론은 흔쾌히 그녀에게 무궁한 생명을 주었다.

그런데 시빌은 아폴론의 갑작스러운 제안에 당황한 나머지 영원한 생명만 이야기하고 영원한 젊음을 부탁하는 걸 깜빡했다. 이 작은 실수 하나는 치명적이었다. 그녀는 영원히 살았지만 '영원히 늙어가며 쪼그라드는' 참혹한 운명의 주인공이 되어버렸다. 삶을 즐기게 하는 에너지 없이 그저 살아가는 운명이란 저주일 수밖에 없다.

늘 에너지가 넘쳐 '에너자이저 버니Energizer Bunny'라고 불리는 디자이너 마이클 코어스Michael Kors. 1981년 자신의 이름을 딴 브랜드 '마이클 코어스'를 창립한 그는 1997년부터 2003년까지 패션회사 셀린느Celine의 CDO로 경력을 쌓았다. 이 시기에 앞뒤 재지 않고 일에만 몰입하는 코어스에게 동료들이 붙여준 별명이 '에너자이저 버니'였다.

별명에 걸맞게 코어스는 상상을 초월할 정도의 에너지로 일에 몰입했다. 자신의 브랜드를 론칭했음에도 셀린느에 영입되자 회사를 위해 모든 것을 걸었다. 코어스가 작업하는 방식은 이전 디자이너들과 반대였다. 기존 디자인은 일반적으로 유럽의 디자인을 원류로 현대적인 방식을 가미했지만, 코어스는 미국의 실용적인 디자인을 원류로 하고 거기에 셀린느의 유럽 이미지를 입힘으로써 차별화에 성공했다.

먼저 그는 액세서리 라인을 빅히트시켰다. 액세서리accessory의 어원은 'access via series'로 '메인 브랜드로 가는 입구'라는 의미를 가지고 있다. 어원 그대로 액세서리를 통해 셀린느가 메인 브랜드로 입지를 다지는 데 기여한 코어스는 정상급 디자이너의 반열에 올랐다. 하지만 그는 자신의 성공이 결코 재능 덕분이 아니었다고 말한다.

"재능 따위는 믿지 않는다. 나는 그저 부지런히 열심히 해왔기 때문에 여기까지 온 것이다."

셀린느의 디자이너에서 물러난 이후에도 코어스의 질주는 멈추지 않았다. 그는 자신의 브랜드 마이클 코어스에 쉴 틈 없는 도전의 에너지를 불어넣으며, 회사의 상장을 추진했다. 매사에 결코 돌아가는 법이 없는 그는 상장 시기 역시 자신의 계획대로 밀어붙였다. 2011년 12월 금융위기 한복판에서 세계 경기가 꽁꽁 얼어붙었을 때, 주식을 상장한 것이다. 주변의 우려를 통쾌하게 불식시키고 주식은 상장 첫날 25퍼센트나 폭등했고, 시가총액은 무려 110억 달러에 이르는 대성공을 기록했다. 열정에 취해 하루하루를 축제로 만들어내는 코어스를 보면 독일 디자이너 카를 라거펠트Karl Lagerfeld의 명언이 떠오른다.

"내 인생 최고의 날은 아직 오지 않았다."

1933년생인 라거펠트의 이 말은 변화와 젊음을 추구하는 삶이 무엇인지 단적으로 보여준다.

젊음을 추구하는 삶에 가장 중요한 것은 돈으로도 살 수 없는 시간이다. IT업계에는 특이한 괴짜가 많지만, 가장 특이한 괴짜 중 하나가 바로 쇼핑몰 자포스Zappos의 CEO였던 토니 셰이Tony Hsieh가 아닐까 한다. 그는 8백만 달러의 수입을 걷어찬 일화로 유명하다.

마이크로소프트는 토니 셰이가 자포스 이전에 창립한 링크익스체인지LinkExchange를 인수하겠다고 제안하면서, 추가 단서를 달았다. 토니 셰이와 나머지 공동창업주 두 사람이 1년 동안 일을 도와주면 8백만 달러를 별도로 지급하겠다는 제안이었다. 1년에 80억 원이라면 꽤 괜찮은 조건 아닌가? 하지만 '거절할 수 없는 제안'을 두고 토니는 스스로에게 물었다. "Now what? What's next?"

답을 찾지 못한 토니는 "지루한 12개월을 견디느니, 차라리 8백만 달러를 잃는 게 낫다"며 링크익스체인지의 거래가 끝났을 때, 미련 없이 떠났다. 그리고 80억 원을 걷어찬 그 1년 동안 쇼핑몰 자포스의 씨앗을 뿌렸다. 이후 그가 자포스 매각에서 벌어들인 돈은 12억 달러(1조 5천억 원)였다.

버리고 나서야 살길을 찾다, '디오르'

변덕스러운 여자의 마음처럼 금방 싫증내는 것이 창조의 비결이라고 하지만, 그것이 기존의 것을 모두 버리고 외면해야 한다는 뜻은 아니다. 때로는 전통을 지키면서 그 위에 새로운 것을 얹는 전략도 필요하다.

일본 교토의 소바집 오와리야尾張屋는 전통 소바를 지키면서 새로운 메뉴를 추가하는 전략을 쓴다. 현재 가장 인기 있는 메뉴는 새로 개발한 5단 소바 '호우라이寶來 소바'다. 기존 메뉴는 물론 그대로 유지되고 있다. 일관성이란 무조건 기존의 것을 고수하는 자세가 아니다. 지킬 것은 지키면서 창조의 의무를 소홀히 하지 않는 것이야말로 진정한 일관성이다. 하지만 디오르는 그렇지 못했다. 이브 생로랑이 떠나고 난 뒤 창의력 빈곤에 허덕인 디오르는 크리스티앙 디오르에게 매달렸다. 출시된 향수들의 이름만 봐도 극명히 드러난다. 미스 디오르Miss Dior(1947년)부터 디오리시모Diorissimo(1956년), 디올링Dioring(1963년), 디오렐라Diorella(1972년), 디오르디오르Dior Dior(1976년)까지 모든 이름에 디오르 일색이다. 마치 디오르에게 사정하고 매달리며 절규하는 모습이 떠오를 정도다. 천하의 디오르도 수십 년 넘게 회사를 지켜줄 수는 없는 일. 소비자들은 디오르 우려먹기에 지쳐 외면하기 시작했다. 이름의 매력이 효력을 다해가며 브랜드도 위기에 처했다. 디오르는 과연 어떻게 했을까?

이 절체절명의 상황에 나온 향수가 바로 '푸아종Poisson'이다. 디오르에 매달리고 매달렸지만 소비자들에게 철저히 버림받은 디오르가 말 그대로 독기를 품고 만든 향수다. 이름을 바꿨음은 물론, 향신료 향을 충분히 사용해 개성 강한 향을 만들어냈다. 단지 화려하고 사랑스러운 여성의 모습이 아니라 치명적으로 매혹적인 여성의 모습으로 콘셉트를 완전히 바꿨다. 그간의 관습과 반대로 걸으며 디오르의 환영에서 독립해 스스로 서기를 선언한 것이다. 디오르를 버리고 나서야 비로소 살길이 열렸다.¹²

'나'를 버리고 '너'를 얻다, '트루릴리전'

트루릴리전^{True Religion}은 2000년대 초 프리미엄 진의 돌풍을 일으킨 브랜드다. 당시까지만 해도 리바이스^{Levi's}와 같은 일반적인 브랜드는 있었지만, 트루릴리전 같은 프리미엄 청바지는 많지 않았다. 트루릴리전은 청바지업계에 프리미엄 시장을 열어젖힌 원조 1세대인 셈이다. 이러한 트루릴리전의 성공엔 철저한 '버림'과 '비움'이 있었다.

첫째, 설립자 제프리 루벨^{Jeffrey Lubell}은 이전 방식을 '배척'하고 그만의 방식으로 디자인을 이끌었다. 보통은 소비자 반응을 조사한 뒤 디자인하는 경우가 많지만, 제프리는 먼저 독창적인 디자인의 청바지를 만든 뒤 그 상품을 가지고 직접 매장을 돌아다니면서 팔았다. 손님들보다 직원들이 먼저 그 청바지를 입게 한 것도 마케팅 전략이었다. 직원들이 입고 있는 청바지가 손님들의 눈에 띄기 시작하면서 서서히 홍보 효과가 나타나기 시작했다.

가격 전략 역시 다른 브랜드와 다르게 품질에 초점을 맞췄다. 2010년 코튼 가격이 상승했을 때, 대부분의 브랜드들은 원단 가격을 조금이라도 줄이기 위한 꼼수를 쓰기 시작했다. 폴리에스테르 등 인조섬유와 원단이 적게 들어가는 통이 좁은 디자인이 대거 등장한 것이다. 브랜드들은 그것을 트렌드라는 이름으로 포장하고 싶어했지만,

소비자들은 생각보다 훨씬 영리했다. 일례로 한 외식 전문가의 말에 따르면, 손님들은 자신들과 상관없는 가게 구석의 전등 하나를 꺼버린 것까지 인지할 정도로 민감하다고 한다. 그는 밑반찬으로 주던 계란프라이 하나 빼는 것도 신중에 신중을 거듭해야 한다고 조언한다.

소비자의 영리함을 인지하고 있던 트루릴리전은 전혀 다른 전략을 펼쳤다. 타 브랜드들의 '절약'을, 자신들의 청바지에 대한 진정성을 어필할 수 있는 절호의 찬스로 여긴 것이다. 트루릴리전은 이전보다 훨씬 질 좋은 코튼을 사용하고, 원단이 훨씬 더 많이 들어가는 부츠컷(부츠를 신기 편할 정도로 아래통이 넓은 진), 일자 형태의 디자인을 대거 론칭하며 '원단 낭비 마케팅'을 시작했다. 청바지 브랜드들이 저가 원료를 쓰자 실망했던 고객들은 원단을 아끼지 않고 최고 제품을 만드는 트루릴리전을 주목하기 시작했고, 트루릴리전은 일거에 프리미엄 진의 선두주자로 부각되었다.

소비자는 불황이라고 해서 무조건 저가 제품을 선택하지 않는다. 오히려 불경기는 여러 벌 살 돈으로 아주 좋은 한 벌을 사고자 하는 소비자들의 '빅팟 심리'가 더 크게 발생하는 시점이기도 하다.

모두가 같은 방향을 향할 때 과감히 다른 방향으로 틀어서 성공한 트루릴리전과 닮은 청바지 브랜드가 하나 더 있다. 피트^{fit}가 멋지고 염색이 환상적인 바지들이 대세를 이루고 있을 때 투박하고 낡은 청바지 하나가 미국을 뒤흔들었다. 주인공은 한국교포 리처드 김이 운영하는 인터내셔널 가먼트 피니시International Garment Finish다. 이 청바지는 제조공정이 특이하다. 먼저 멀쩡한 청바지를 중남미의 화산돌과 멕시코산 석재와 섞어서 세탁기에 돌린다. 세탁기에서 돌에 짓이겨진 물 빠진 청바지가 나오면 3교대로 돌아가는 150여 명의 직원이 손에 돌을 들고 청바지에 비비기 시작한다. 돌 구입비가 일주일에 4만 달러에 이른다. 멀쩡한 청바지를 이렇게 낡게 만든 타버니티^{Taverniti} 청바지는 하루에 5천 벌 이상 만들어져 무려 2백 달러 이상의 고가에 팔린다. 소비자들이 타버니티에 열광한 이유는 세련되고 정제된 인공 제품이 결코 줄 수 없는, 자연스러움의 프리미엄을 소비자들에게 선사하기 때문이다.

트루릴리전과 타버니티의 사례는 하이엔드에서 남들과 다른 자신만의 가치를 찾는 일이 얼마나 중요한지를 극명히 보여준다.

둘째, 트루릴리전은 홍보와 마케팅의 관점을 '나'에서 '타인'으로 전환했다. 우선 디자인의 관점을 내가 만족하는 디자인에서 남이 만족하는 디자인으로 바꾸었다. 나의 관점에서 보는 청바지의 앞모습이 아니라 남들이 보는 피트로 디자인의 초점을 바꾼 것이다. 이를 통해 트루릴리전은 뒤태의 실루엣이 예쁜 청바지로 널리 알려졌다.

또한 유명인을 활용한 광고에도 타인의 관점을 집어넣었다. 짙고 큰 선글라스를 쓰고 트루릴리전을 입은 유명인이 한 손에 커피를 든 채 어딘가 바쁘게 가는 모습을 찍은 여러 장의 사진이 언론과 인터넷을 통해 유포되자 고객들은 열광했다. PPL이 분명한데도 광고를 보는 것이 아닌 유명인을 관찰하는 듯한 느낌을 받았기 때문이다.

트루릴리전은 시간에 대한 관점도 바꾸었다. 모든 것이 시간 앞에 장사 없다지만 옷에도 시간은 제일 큰 적이다. 옷은 입고 벗고 빨면 빨수록 형태가 망가지고 낡는 것이 극명해지기 때문이다. 하지만 트루릴리전은 이를 역이용해, 시간이 갈수록 낡는 것에 순응할 것이 아니라 오히려 시간이 갈수록 더 멋있어지는, 아니 시간이 가는 것이 더 기다려지는 청바지를 만들기로 했다. 진정 가치 있는 것들은 시간이 지나면 가치가 더 올라간다. 와인, 치즈처럼 말이다. 그리고 이제 청바지도 그럴 수 있다는 사실을 트루릴리전이 보여준다.

트루릴리전의 뒷주머니에는 홀스 슈horse shoe가 있다. 안쪽으로 박음질되어 있어서 처음 입었을 때는 잘 보이지 않다가, 닳기 시작하면 로고가 비밀스러운 모습을 드러낸다. 시간이 갈수록 로고가 선명하게 드러나면서 더 멋있어지는 것이다.

셋째, 트루릴리전은 브랜드 자체 이미지를 내세우는 대신 국가와 연결된 이미지의 힘에 초점을 맞추었다. 프리미엄 브랜드에 국가이미지 효과는 생각보다 훨씬 중요하다. BMW 미니는 독일의 폭스바겐Volkswagen 소속이지만, 연 26만 대 생산이 가능한 영국의 옥스퍼드 공장에서 제조한다. 이유는 미니가 영국 브랜드임을 확실히 인지하고 있는 소비자들이 'made in England'에 더 높은 가치를 매기기 때문이다. 최근엔 독일, 네덜란드 등 다른 나라로 생산기지가 추가되는 추세지만 여전히 생산의 핵심 아이콘은 영국이다. 미니는 BMW가 로버그룹Rover Group을 인수할 때 같이 사들였지만 나중에 로버그룹을 포드Ford에 매각할 때는 미니를 빼고 넘길 정도로 애착을 가졌다. 2001년 이후 미니는 프리미엄 브랜드로 새롭게 재구성해 전 세계 시장에 선보였는데, 대성공을 거두어 2004년 18만 4천 대가 판매됐고, 2005년은

트루릴리전의 광고 화보.
트루릴리전은 '나'를 버림으로써 '너',
즉 '고객'을 얻는 전략을 취했다.

예약 판매로만 판매가 종료될 정도였다. BMW에서 미니의 가치는, 미니를 3만 대 판매한 수익이 GM에서 쉐보레 카발리에Chevrolet Cavalier를 20만 대 판매한 수익보다 많았다는 사실을 보면 알 수 있다.[13] 이 고수익 전략 중 중요한 슬로건이 바로 'made in England'였다. 고객들은 영국에서 제조한 미니여야 정통 미니로 인식했던 것이다.

청바지의 종주국은 어디일까? 단연코 미국이다. 따라서 미국의 이미지를 가장 강력하게 부각시키는 것이 이미지 레버리지leverage에 가장 좋다. 트루릴리전은 1960~1970년대 미국의 역동적인 이미지를 채용했다. 지미 헨드릭스라든지 재니스 조플린 같은 시대를 대표하는 스타일 아이콘들을 다시 불러들여 홍보에 사용함으로써, 청바지에 족보의 힘을 더해 더욱 강한 브랜드를 만들었다.

'파타고니아'가 자신들의 옷을 사지 말라고 광고한 이유는?

프리미엄 아웃도어 브랜드 '파타고니아Patagonia'는 2011년 뉴욕타임스에 광고를 실었다. 그런데 그 광고 문구가 좀 이상했다.
"Don't buy this jacket."
자사 최고 인기 상품인 재킷을 사지 말라니, 당혹스러운 광고가 아닐 수 없었다. 하지만 다음의 설명에 사람들은 고개를 끄덕였다.
"첫째, 이 재킷을 만들기 위해 135리터의 물이 소비된다. 45명의 사람이 세 컵씩 마실 수 있는 양이다. 둘째, 이 제품의 60퍼센트는 재활용으로 생산됐다. 이 과정에서 20파운드의 탄소가 배출됐는데, 이는 완제품 무게의 24배나 되는 양이다. 셋째, 이 제품은 완성품의 3분의 2만큼의 쓰레기를 남긴다."
파타고니아의 이 광고는 진정성으로 승부하는 대표적인 사례로 손꼽힌다. 파타고니아는 '제품'을 버리고 '진실'을 이야기함으로써 진정한 팬들을 확보했다. 이것이 이런 '자살 광고'에도 불구하고 파타고니아가 노스페이스North face에 이어 미국 시장 2위를 기록하고 있는 진짜 이유 아닐까.

무조건 페라리와 다르게, 무조건 페라리보다 좋게! '람보르기니'

한 청년이 있었다. 그의 이름은 엔초 페라리Enzo Ferrari. 그는 이탈리아 철강회사 CEO의 둘째 아들로, 이른바 재벌 2세였다. 그의 아버지는 둘째 아들 때문에 무척이나 골치가 아팠다. 가업을 이을 생각은 하지 않고, 자동차에 미쳐 있었기 때문이다. 집에 붙어 있는 날이 없을 정도인 레이싱 광 아들을 더이상 방치하면 안 되겠다고 생각한 아버지는 극단적인 조치로 금전적 지원을 끊어버렸다.

하지만 아이러니하게도 이때부터 페라리Ferrari의 역사가 서막을 열었다. 아버지가 지원을 끊자 엔초 페라리는 레이싱 자금을 마련하려고 자동차를 만들기 시작했다. 아버지의 한심하다는 눈빛을 이겨내기 위해 미친듯이 차를 만들고 트랙을 달렸다. 페라리의 차들은 F1 첫해인 1950년부터 매년 출전해 우승하면서 이름을 알렸다. 엔초는 세상을 떠났지만 페라리는 지금까지 F1을 한 번도 빠지지 않고 참석한 유일한 브랜드로, 창업주 엔초의 뜻을 기리고 있다.

또 한 남자가 있었다. 엔초 페라리를 젠틀맨 남진이라고 비유한다면 잡초 나훈아라고 비유할 만한 또 한 남자, 바로 페루초 람보르기니Ferruccio Lamborghini다. 전라남도의 갑부로 태어나 그 시절 딴따라의 세계로 입문한 남진과 〈잡초〉를 부르며 밑바닥에서 정상까지 오른 나훈아는 정말 상반되는 캐릭터이다.

페라리와 람보르기니가 딱 그러했다. 재벌 2세였던 페라리와 달리 람보르기니는 볼로냐의 가난한 농부의 아들로 태어났다. 기계 견습공으로 들어가 좌충우돌하며 기술을 배워가던 람보르기니는 농사일에 도움이 될까 싶어 트랙터를 만들기 시작했다. 그런데 이 트랙터가 람보르기니에게 행운을 가져다주었다. 제2차세계대전 이후 복구에 매달렸던 이탈리아에는 트랙터가 절실했다. 낡은 군용트럭을 개조해 만든 람보르기니의 트랙터는 그야말로 폭주기관차처럼 폭발적으로 팔려나갔고, 트랙터 황제가 된 람보르기니는 스포츠카를 사들이기 시작했다. 당연히 그에게는 페라리가 눈에 들어올 수밖에 없었겠지만 기계공 출신 람보르기니는 보통 고객과 달랐다. 그의 눈에 페라리의 기계적 단점이 보이기 시작한 것이다. 람보르기니는 평소 성격대로 다짜고짜 엔초 페라리에게 편지부터 보냈다. 이런저런 문제가 있으니 고치는 게 좋겠다고. 하지만 돌아온 것은 트랙터나 만드는 사람이 스포츠카를 말하지 말라는 냉정한 답변이었다.

람보르기니는 격분해 엔초 페라리에게 쳐들어가 만남을 청했다. 그러나 페라리의 사무실 앞에서 한참 동안 기다려도 문은 결코 열리지 않았다. 문전박대를 당한 람보르기니는 가슴에 불덩이를 안고 고향으로 돌아와 홧김에 스포츠카 회사를 차려버렸다. 람보르기니Lamborghini의 시작이다. 그러고는 페라리의 기술자들을 대거 영입해왔다. 조토 비차리니Giotto Bizzarini, 잔파올로 달라라Gianpaolo Dallara, 파올로 스탄차니Paolo Stanzani 등 쟁쟁한 기술자들을 모아놓고 람보르기니는 딱 한 가지 조건만 단호하게 이야기했다.

"무조건 페라리와 다르게, 페라리보다 좋게 만들어라."

이 주문은 두 차가 극명하게 달라지는 중요한 이유가 된다. 먼저 디자인이다. 페라리는 경주용 차답게 유려한 곡선이지만 람보르기니는 직선으로 쭉쭉 뻗은 투박함이 특징이다. 아마도 다르게 만들라는 강한 압박이 이런 차이를 가져오지 않았을까. 둘은 일부러 반대의 길을 고집해 어긋나가는 것으로 보인다. 페라리가 4단 트랜스미션이라면 람보르기니는 5단 트랜스미션을 채택하고, 페라리가 SOHC 엔진이라면 람보르기니는 DOHC 엔진을 선택하는 식이다.

그렇게 무조건 페라리와 다르게 나가던 람보르기니가 최후의 일격을 가한다. 바로 미드십 엔진midship engine 탑재방식이다. 보통의 경우 엔진을 보닛에 배치하는데, 람보르기니는 엔진을 차체 중간에 배치하는 놀라운 역발상을 보여주었다. 엔진이 전륜이나 후륜 쪽에 위치하면 차체의 무게 하중이 평형을 잃고, 차체의 상황 파악에도 불리한 면이 있다. 이전까지는 람보르기니가 페라리를 쫓아갔지만 이 미드십 방식을 훗날 페라리가 채택함으로써 람보르기니에 기술적 승리의 쾌감을 안겨준 첫 사례가 됐다.

이러한 두 브랜드의 보이지 않는 경쟁이 스포츠카의 발전을 이끌었다. 페라리가 스스로와 경쟁하는 패러곤paragon의 경쟁을 펼쳤다면, 람보르기니는 페라리와 무조건 다르게 가는 차별화 경쟁을 펼침으로써 상반된 두 브랜드가 등장하게 된 것이다. 만약 람보르기니가 경쟁에서 페라리를 이기기만을 원했다면, 오늘날의 브랜드들처럼 무조건 모방하는 식으로 덤벼들었을지 모른다. 하지만 람보르기니는 사업뿐 아니라 기술과 철학까지 철저하게 페라리를 이기고 싶어했기에 페라리와 또다른 모습으로 또다른 시장을 제패할 수 있었다.

영국에도 비슷한 사례가 있다. 영국의 페라리라고 할 만한 찰스 롤스Charles Rolls는 페라리처럼 레이싱을 좋아하던 자본가였다. 그는 자신의 차량을 제작하기 위해 동분서주하다 한 기술자를 만났다. 그가 바로 해리 로이스Harry Royce다. 하지만 두 사람은 이탈리아의 두 남자와 다른 길을 걷는다. 서로의 자본과 기술을 합치기로 의기투합하고, 회사 이름을 롤스로이스로 결정했다. 오늘날 하이엔드 자동차의 대명사 롤스로이스는 이렇게 탄생했다.

가끔씩 길에서 람보르기니를 마주칠 때면, 페루초 람보르기니의 삶을 생각한다. 특히 엔초의 사무실 앞에 쭈그리고 앉아 씩씩거렸을 람보르기니의 모습을 떠올리면 슬그머니 웃음이 나오기도 한다.

이제는 이 세상 사람이 아닌 엔초와 페루초. 두 사람은 어쩌면 하늘나라에서 만나 그때의 일을 이야기하며 한참 웃을지도 모르겠다. 엔초의 사무실 문 앞에서 람보르기니가 문전박대당하지 않았다면, 람보르기니가 황량한 볼로냐 거리에서 구겨진 자존심을 안고 복수의 칼을 갈지 않았다면, 세상은 이 독특하고도 완전히 다른 두 브랜드의 스포츠카를 가질 수 없었을지도 모르기 때문이다.

나이가 들면서
가장 큰 문제는
편안함을 느낀다는 데 있다.

편안함은,
적어도 내게는
지루한 것이다.

– 마리오 테스티노Mario Testino, 사진작가

담을 넘어야,

답이 보인다

최고 미술가의 딸과 유명 모델, 그리고 건축가가 바통을 이어받으면서 하는 일이라면, 얼마나 대단할까? 어찌 보면 연관이 없는 것 같은 그들을 이어준 일은 과연 무엇일까?

역사상 최고의 미술가로 꼽히는 피카소의 딸 팔로마 피카소Paloma Picasso, 이탈리아 피렌체 출신의 모델 엘사 퍼레티Elsa Peretti, 캐나다 출신의 세계 최정상급 건축가 프랭크 게리Frank Gehry, 이들은 모두 주얼리 브랜드 '티파니'의 보석 디자이너였다.

분야도 성별도 나이도 각기 다른 이들이 한 회사에서 디자인을 맡았다니, 다소 의아하게 느껴질 수도 있겠다. 하지만 바로 이처럼 분야를 가리지 않고 좋은 점을 흡수하는, '담 없는 열린 마인드'가 오늘날의 티파니를 만든 비결이다. 티파니는 제약에 얽매이거나 고정관념에 갇히지 않고, 새로운 것을 적극적으로 흡수했다. '담'을 넘어야 '답'이 보인다는 사실을 티파니는 자신들의 역사를 통해 증명한다.

'설마'와 '감히'를 버리면 새로움이 찾아온다, '티파니'

사실 티파니의 시작은 주얼리가 아닌 문구팬시 제품이었다. 친구 사이였던 찰스 티파니Charles Tiffany와 존 영John Young은 의기투합해, 1837년 뉴욕 맨해튼에 '티파니&영'이라는 문구팬시점을 열었다. 이들은 아무리 문구용품이라도 최고의 품질과 독특한 디자인만이 성공을 보장한다고 믿었다. 처음부터 당시로서는 획기적인 정찰제를 고집했다는 사실은 이들의 자부심을 방증하는 대목이다. 덕분에 첫날 매출은 5달러도 되지 않았지만, 그들은 자신들의 원칙을 흔들림 없이 밀고 나갔다. 이 원칙은 추후 티파니가 주얼리업체로 거듭나고서도 변함이 없었다. 아이젠하워 대통령이 부인의 선물을 구입하면서 은근히 가격 인하를 요구하자, 티파니는 단 한마디로 일축해서 정상가로 판매했다.

"링컨 대통령은 할인을 받지 않았습니다."

문구점을 운영하던 때부터 찰스 티파니의 눈은 이미 미래를 향하고 있었다. 그는 문구만으로는 큰 꿈을 이룰 수 없음을 깨닫고, 문구와 팬시 제품이라는 변방에서 힘을 키운 후 고부가가치 영역으로 사업을 확장할 웅대한 포부를 안고 있었다. 그리고 14년이 지난 1851년, 찰스는 드디어 뉴욕 최고 은세공업자인 에드워드 C. 무어Edward C. Moore의 업체를 인수하면서 주얼리업계에 데뷔했다. 주얼리 브랜드로 확장하는 과정에서 불협화음이 일자, 찰스는 존 영의 지분을 과감하게 인수해 회사명을 티파니앤코Tiffany&Co.로 바꾸었다.

찰스는 자신이 정통 주얼리어가 아니라는 한계를 냉정히 파악하는 것은 물론 취해야 할 방식도 정확히 알고 있었다. 그에게는 이슈가 필요했다. 존재감이 없는 티파니를 사람들의 뇌리에 각인시키기 위해, 그는 화제가 되는 보석이 매물로 나오면 공격적으로 사들여 이슈 메이커가 됨으로써 브랜드를 홍보했다.

그러던 중 티파니가 이름을 널리 알릴 수 있는 빅 이슈가 생겼다. 남아프리카공화국 원석광산에서 세계 최대 규모의 황색 다이아몬드 가 채굴돼 입찰에 부쳐진 것이다. 다이아몬드의 무게는 무려 287.42캐 럿, 가격은 1만 8천 달러에 달했다. 어느덧 65세가 된 찰스 티파니는 여전히 피 끓는 열정으로 이 다이아몬드의 매입을 지시했다.

그리고 1년간 이 원석의 가공에 대해 연구하면서 최고의 방법을 찾았다. 평범한 커팅 가공은 의미가 없었다. 찰스가 노린 것은 바로 세상이 놀라는 이벤트였기 때문이다. 당시까지 보통 원석은 58면 커 팅을 했는데, 티파니는 무려 82면 커팅을 감행했다. 이렇게 커팅된 다 이아몬드는 티파니만의 '티파니 세팅(육지 세팅, 백금으로 된 여섯 개의 발이 다이아몬드를 떠받치고 있는 티파니만의 디자인)'에 얹어 최고의 광 채를 사방에서 감상할 수 있도록 만들어졌다. 티파니의 세공 기술이 최고임을 여실히 증명한 사건이었지만, 그것보다 더 깊은 관심을 받 은 것은 티파니의 다이아몬드에 대한 철학이었다. 82면 커팅은 크기 가 아니라 광채를 위해 다이아몬드를 깎아야 한다는 티파니만의 철학 을 나타내는 아이콘이었다. 이 커팅을 통해 황색 다이아몬드는 최고 의 광채를 발휘할 수 있었고, 이후 세계 주얼리업계의 가공방식은 크 기에서 벗어나 광채라는 아름다움으로 패러다임이 바뀌어갔다.

찰스가 전통 주얼리업계에서 일을 시작했다면 이런 시도가 필요 없었을지도 모른다. 하지만 변방에서 중심으로 나아가기를 노리는 사 람에게는 기존의 룰을 원점에서 다시 보는 시도가 매우 유효한 전략 중 하나다. 티파니는 비주류인 자신들의 정체성에 대한 정확한 인식을 바탕으로 그들만의 새로운 정체성을 창조하기 위해 그들을 대변하는 아이콘들을 필사적으로 만들어냈던 것이다. 경험이 부족하다는 한계와 주변의 의혹 어린 시선이라는 '담'을 넘고자 노력한 결과 그들만의 '답'을 만들어낸 셈이다.

전 세계 고객들이 티파니에 빨려드는 이유는 바로 판타지를 자극하는 티파니만의 강렬한 인식의 아이콘 때문이다. 티파니 하면 티파니 블루, 티파니 세팅링Tiffany Setting Ring, 그리고 〈티파니에서 아침을〉이라는 영화를 쉽게 떠올린다.

특히 티파니 블루는 세상에서 가장 따뜻하면서도 세련된 색상이 아닐까 한다. 이 색깔은 색채학에 공식 색상으로 등록돼 있을 정도다. 티파니 블루의 선물 상자를 보면 아무리 둔한 사람이라도 경탄하지 않을 수 없다. 또한 티파니만의 기술력으로 세상을 놀라게 했던 티파니 세팅링은 최초로 다이아몬드를 반지에서 분리해 다이아몬드의 오묘한 광채를 만끽할 수 있게 한 작품이다. 아마 티파니가 반지에 묻어둔 다이아몬드를 꺼내어 올려놓지 않았다면 아주 오랫동안 우리는 다이아몬드의 얼굴 정면만 봐야 했을지도 모른다. 티파니의 강인한 제조 역량을 알 수 있음은 물론, 과감하게 다이아몬드를 반지에서 꺼낸 용기와 아이디어가 더 대단하게 느껴진다.

티파니 블루의 선물 상자를 보면 아무리 둔한 사람이라도 경탄하지 않을 수 없다.

(이미지 출처: www.tiffany.com)

1955년 티파니의 재정이 악화되자 월터 호빙Walter Hoving이 티파니를 인수했다. 호빙은 먼저 티파니에 대해 뼈를 깎는 과감한 구조조정을 실시했다. 하지만 디자인에 대해서는 전혀 달랐다. 보수적인 티파니의 디자인을 혁신할 필요가 있다고 판단해 과감한 투자로 거물급 디자이너를 영입했다. 호빙의 스타일은 자신이 잘 알지 못하는 주얼리 디자인 영역에 대해서는 전문 디자이너에게 모든 권한을 위임하는 것이었다. 그는 시시콜콜 디자인에 간섭하지 않았다. 다만 시대가 새로운 디자인을 원한다고 판단됐을 때는 디자이너를 적시에 교체함으로써, 9회 말 역전의 위기를 넘겨 게임을 마무리짓듯 티파니를 시대를 넘어서는 불멸의 브랜드로 만들었다.

이때 호빙이 영입한 디자이너들이 앞서 말한 팔로마 피카소, 엘사 퍼레티, 프랭크 게리다. 이들의 펄떡이는 창의성과 아이디어는 티파니의 비상을 돕는 날개가 됐다.

피카소의 막내딸인 팔로마 피카소의 경우는 특히 이채롭다. 보통 탁월한 예술적 업적을 나타낸 부모 아래에서는 두각을 나타내기가 힘든 법인데, 팔로마 피카소는 분야는 다르지만 주얼리 분야에서 큰 명성을 떨쳤다. 팔로마는 파리와 프랑스 남부를 비롯해 스페인과 스위스 등에서 어린 시절을 보냈는데, 이때의 다양한 경험이 훗날 보석을 디자인하는 데 좋은 참고가 됐다. 패션 디자이너로서의 경력을 쌓다가 의상을 장식하기 위한 액세서리로 라인스톤 목걸이를 만들어 달았는데, 이것이 의외로 전문가들의 호평을 받으면서 본인의 자질을 발견하고 보석 디자이너로 전환했다. 그녀는 화려하고 다채로운 유색의 보석을 활용해 글래머러스한 디자인을 만들어낸 것으로 유명하다.

엘사 퍼레티는 피렌체에서 태어나 패션모델로 활동하다 1974년 티파니에 합류했다. 그녀는 사과, 하트, 호리병, 콩, 눈물 등 일상에서 쉽게 볼 수 있는 것들을 사랑스러운 선과 형태로 구현하고자 했는데, 이러한 그녀의 컬렉션은 많은 사람들에게 인기를 끌었다. 관능적인 형태를 표현한 '오픈 하트Open Heart', 콩을 활용해 사랑스러운 디자인과 촉감을 추구한 '빈Bean', 소수만 즐길 수 있던 다이아몬드를 누구나 즐길 수 있게 한 다이아 민주주의 '다이아몬드 바이 더 야드Diamonds by the Yard', 신체의 일부처럼 팔에 달라붙는 '본 커프Bone Cuff' 팔찌 등이 그것이다. 특히 오픈 하트 컬렉션이 많이 알려져 있는데, 빈 공간을 지닌 추상적 형태가 특징적인 조각가 헨리 무어Hennry Moore에게서 영향을 받았다고 전해진다. 그녀는 패션모델 출신답게 보석은 착용하는 사람의 일부가 되어야 한다며, 피부에 닿는 느낌이 좋은 주얼리를 만드는 데 심혈을 기울였다.

프랭크 게리는 빌바오 구겐하임 미술관과 프라하 댄싱하우스 등을 설계하며 상식을 뛰어넘는 재료 사용과 기존 방식을 따르지 않는 디자인으로 전 세계적으로 알려진 건축의 대가다. 티파니와 만난 프랭크 게리는 그의 건축학적 특징을 그대로 반영했다. 건축의 무정형성(곡선, 비대칭, 비틀림 등)을 다채로운 소재(나무, 오닉스 등)를 사용해 표현했다. 그가 디자인한 티파니 라인에서도 여지없이 물고기가 나온다. 유대인인 게리의 할아버지는 안식일을 앞두고 미리 잡아온 물고기를 욕조에 풀어놓았는데, 이때 물고기의 움직임, 형태, 비늘 등을 관찰했던 기억이 게리가 물고기에 집착하는 이유라고 한다. 대표적인 라인은 물고기의 움직임을 추상화한 '피시Fish', 메탈을 변형시킨 '폴드Fold'가 있다. 댄싱하우스와 같은 건축물에서 찾을 수 있는 비틀림을 형상화한 '토크Torque' 라인도 유명하다.

티파니는 결국 자신만의 기술력과 아이덴티티에, 다양한 보석만큼이나 다양한 분야의 보석 같은 사람들을 디자이너로 영입함으로써,

한 덩이 고기 무이버통처럼 물어라

늘 싱싱한 젊음을 유지해왔다. 미술과 건축, 패션의 경계를 넘나드는 시도가 180여 년 역사의 티파니를 지금의 자리를 유지하면서 더욱 앞으로 나아가게 한 활기찬 지느러미 짓이었던 것이다.

시와 발레리나를 사랑한 시계

티파니가 건축, 패션 등 새로운 분야와의 융합으로 트렌드를 선도했듯, 특이한 콘셉트를 더해 매력을 창출한 브랜드가 있다. 생각해보자. 만약 아리따운 발레리나가 시간을 알려준다면 어떨까? 프랑스의 명품 시계·주얼리 브랜드 반클리프 아펠Van Cleef & Arpels의 전매특허인 '포에틱 컴플리케이션Poetic Complications'은 시와 시계가 만났다고 해서 붙인 이름이다. 반클리프 아펠의 니콜라 보스Nicolas Bos 회장이 직접 이름을 지었다.

포에틱 컴플리케이션이 적용된 시계에서는 하늘의 색깔이 시간에 따라 변하는 시계 안에서 연인이 함께 연을 날리고, 버튼을 누르면 발레리나의 치마가 살포시 올라갔다 내려앉으며 시간을 알려준다. 평소에는 전혀 시간을 보여주지 않는 꽃이 버튼을 누르면 꽃술이 열리며 살짝 시간을 보여준다. 그 자체로 참 낭만적인 시계다.

시와 만난 시계, 포에틱 컴플리케이션.

(이미지 출처: www.vancleefarpels.com)

컴플리케이션에는 복잡함이라는 뜻이 있는데, 시계업계에서는 그만큼 기능이 복잡하고, 제작과정에서 고난도의 공정 기술을 요구하는 시계를 말한다. 반클리프 아펠은 이처럼 복잡한 기술에 스토리 혹은 시적 상상력을 결합해 제품의 매력을 극대화했다.

거장과의 정면승부, '이브 생로랑'

디자이너 샤넬이 최고의 황금기를 구가하면서 승승장구할 때 샤넬의 대척점에서 강력한 라이벌 구도를 만들었던 디자이너가 바로 크리스티앙 디오르이다. 양강 구도는 어떤 시대 어떤 상황에서도 재미있기 마련인데, 샤넬과 디오르가 활동했던 때는 패션계의 황금기였다. 중성·실용의 샤넬과 여성스러움·화려함을 내세운 디오르는 정반대에 자리하고 있었다. 하지만 제2차세계대전 이후 샤넬이 패션계를 떠난 뒤, 디오르마저 갑작스럽게 죽음을 맞이하자 프랑스는 절망에 빠졌다. 그 어떤 디자이너도 두 거장의 뒤를 대신하는 것이 불가능해 보였다.

이 부담스러운 바통을 이어받은 사람이 바로 이브 생로랑이다. 결론부터 말하면 이브 생로랑은 첫 데뷔에서 파리를 구원했다는 평을 들으며 대성공을 거두었다. 그의 비결은 정면승부였다.

생로랑은 게이였고 우울증을 앓았으며 대인관계까지 문제가 있었지만 일에서만은 승부사 근성으로 제대로 싸울 줄 아는 사람이었다. 그가 스물한 살에 데뷔하면서 내놓은 향수가 바로 '파리Paris'다. 그를 띄워올릴 수도 침몰시킬 수도 있는 화려함과 잔인함이 공존하는 도시, 그 파리에 당당히 맞서면서 향수의 이름을 '파리'라고 지은 것이다. 그는 '파리'의 주요 성분으로 장미를 택했다. 리스크가 컸다. 장미

향은 평범하게 느껴지기에 이전까지 장미 향수가 성공한 사례가 거의 없었기 때문이다. 생로랑은 아무도 성공한 사례가 없다는 징크스 아닌 징크스까지 무릅쓰며 장미를 선택했다. 그에게는 믿는 구석이 있었다. 누구나 좋아하는 익숙한 것으로 승부를 걸되 익숙하지 않게 만들면 오히려 리스크를 줄일 수 있다는 믿음이었다.

향수 '파리'는 네 종류의 장미 향으로 블렌딩한 후 제비꽃 향을 넣었다. 이러한 조합은 프랑스의 자랑인 나폴레옹을 상징한다. 나폴레옹이 제비꽃과 장미로 만들어진 향을 좋아했기 때문이다. 그리고 화룡점정을 찍기 위해 프루티fruity 계열의 다마스콘damascone을 통해 사과 향을 첨가했다.[14]

사람들은 거장의 뒤를 잇는 신출내기가 어떤 세계를 보여줄지 불안해했지만 생로랑은 편안하고 익숙한 세계로 그들을 데려가 안심시킨 다음, 전혀 색다른 느낌을 주는 그만의 방법으로 파리 사람들을 부드럽게 정복했다. 생로랑은 2013년 향수 '파리' 출시 30주년을 기념해 '파리 프르미에르 로즈 2013Paris Première Rose 2013'을 내놓으면서도 장미, 제비꽃, 프루티 계열이라는 공식을 계승했다. 익숙함과 낯섦의 공존, 그리고 고정관념의 정면승부, 이것이 거장이라는 담을 넘은 생로랑의 전략이다.

97

빌리고, 비비고, 그래서 이기고!

삼성전자가 TV시장에서 소니를 제친 것은 와인이라는 색다른 콘셉트를 IT에 접목해 '보르도 TV'를 만들면서 가능했다. 통섭은 이처럼 비즈니스에서 확연한 차이를 만들어낸다. 제품에서 벌리기 힘든 기능적 차이를 인문학적 통섭을 통해 확실히 차별화시킨 사례는 얼마든지 있다. 통섭은 '복도'다. 우리는 어려운 개념을 통섭이라는 복도를 통해 쉽게 소비자에게 전달한다. 또한 통섭이라는 복도를 통해 전혀 새로운 재료를 조달함으로써 지금 손에 쥐고 있는 제품과 완전히 다른 새로운 제품을 창조해낼 수 있다. 비즈니스를 위한 통섭을 위해서는 몇 가지 방법이 있다.

첫째, 다른 시대와 통섭하는 것이다.

이미 역사에서 성공적이었던 사례가 후대에 반복될 경우 전혀 다른 신선함을 준다. 또한 그 사례는 역사라는 이름으로 대중들에게 이미 사전 학습돼 있어 실패 가능성이 상대적으로 낮다. 복고가 단지 그 시절의 사람들뿐 아니라 젊은이들에게까지 통하는 이유도 이런 사실에 기인한다. 명품 브랜드 '안나수이Anna Sui'의 창업자인 안나 수이는 열여섯 살 때부터 잡지 『보그』에서 모아온 그녀만의 '지니어스 파일(천재파일)'을 갖고 있다. 그녀는 디자인할 때마다 이 파일을 업데이트하고 넘겨보면서 '과거를 커닝'하는 것으로 알려져 있다. 그녀가 얻고자 하는 것이 바로 지나간 시대와의 통섭이다. 안나 수이는 이를 통해 클래식한 과거의 이미지와 현재의 통섭으로 환상적인 스타일을 만들어내 큰 성공을 거두었다.

사례는 또 있다. 브람스는 베토벤 사후 누구도 감히 베토벤의 교향곡을 넘어설 엄두를 내지 못할 때, 교향곡 작곡에 들어갔다. 결론부터 말하면 브람스는 큰 성공을 거두었다. 이때 브람스가 내세웠던 무기가 바로 시대와의 통섭이었다. 브람스는 누구도 생각지 못한 중세의 음악과 바로크 음악을 현재의 교향곡에 접목시켰다. 허를 찌른 그의 시도에 대중은 열광했고, 이 예상치 못한 조합의 신선함에 큰 갈채를 보냈다.

둘째, 다른 업종과 통섭하는 것이다.

한 업종에서 당연하게 여겨지는 것이 다른 업종에서는 완전히 낯설게 느껴지며 의외의 경쟁력을 가져오는 경우가 많다. 타 업종에서 탁월한 경쟁력을 갖는 원천이 있거나 현재 업종의 패러다임이 변화하고 있을 때는 그 답을 다른 곳에서 찾는 것도 방법이다.

이탈리아의 여행용 가방 1위 브랜드로 출발해 전 세계 시장에서 주목받는 기업 론카토Roncato의 대표작 '우노UNO'는 전 세계 52개국에서 팔리며 큰 히트를 기록했다. '론카토 우노'는 가방 전문 디자이너가 아니라, BMW와 페라리를 만든 자동차 디자이너 람베르토 안젤리니Lamberto Angelini가 만든 작품이다. 튼튼하고 실용적인 자동차처럼 만들어진 캐리어라니, 왠지 신뢰가 가지 않는가? 실제로 우노의 캐리어 잠금장치는 명차의 도어와 유사하게 만들어져 있을 정도다. 자동차라는 타 업종의 시각에서 가져온 차이는 론카토 캐리어만의 특징으로 소비자에게 어필하는 힘이 되었다.

셋째, 내 주위와 통섭하는 것이다.

통섭은 멀리 있지 않다. 꼭 다른 업종, 다른 시대의 사례를 연구해야 하는 것은 아니다. 바로 내 주변의 것들을 잘 관찰하는 것만으로도 얼마든지 통섭의 장점을 취할 수 있다. 코코 샤넬은 수녀원에 버려진 고아였지만 절망적인 환경에 결코 굴복하지 않고 오히려 두 눈을 부릅뜨고 주변을 관찰했다. 샤넬의 대표 색상인 블랙과 화이트는 어린 시절 버려졌던 수녀원의 수녀복에서 착안한 것이다. 귀족 출신 연인이었던 아서 카펠Arthur Capel에게서는 저지 드레스의 아이디어를 얻었고, 승마바지에서는 여성용 바지 정장을, 그리고 자주 갔던 레스토랑의 의자에서는 샤넬의 전형적인 퀼팅quilting 무늬를 베껴왔다. 심지어 선물받은 동백꽃 다발에서 오늘날 샤넬을 상징하는 카멜리아 문양을 디자인해냈을 정도니, 샤넬은 주변의 모든 것을 녹여 새것을 만드는 통섭의 용광로 자체였다고 해도 무방할 듯하다. 샤넬은 암담한 환경 속에서 모든 것을 빠르게 습득했으며, 이후 평민으로서의 근성과 수녀원의 간결함, 귀족들의 사치 등과 통섭함으로써 세계 최고의 디자이너가 될 수 있었다.

"내가 잘하는 게 아니라 남들이 못하는 것 같아요"

프라다Prada의 CEO 미우치아 프라다Miuccia Prada는 패션을 전공하지 않은 비전공자로 패션계의 최정상에 오른 입지전적인 인물이다. 프라다의 역사에는 두 가지 아이러니가 있다.

하나는 프라다를 창업한 그녀의 외조부 마리오 프라다Mario Prada가 극단적인 남성우월주의자였다는 사실이다. 그는 여자들이 매장에 들어오는 것조차 금지하는 보수적인 가풍을 이어나갔지만, 그의 사후 프라다의 후계자는 딸을 거쳐, 결국 그의 손녀인 미우치아에게로 이어졌다. 하지만 당시만 해도 프라다는 단 두 개의 매장을 갖고 있을 뿐이었고, 언제 사라질지 모를 고만고만한 소규모 가죽업체에 불과했다. 당시 이 정도 규모의 회사를 주목하는 이는 없었다. 하지만 미우치아는 10년도 안 되는 단기간에 프라다를 세계적 브랜드로 성장시키는 마법과 같은 일을 해냈다.

또하나의 아이러니는 미우치아가 패션에 대해 일자무식인 정치학도라는 사실이다. 그래서인지 그녀는 지금도 생각한 디자인을 스케치하지 않고 말로 불러준다고 한다. 그녀는 상상하고 직관하고 관조하는 능력을 통해 세계를 지배하는 패션 명품업계의 여왕이 된 것이다. 미우치아는 세계 패션업계를 향해 다소 오만할 정도로 당당하게 이야기한다.

"나는 이 분야의 최고입니다. 하지만 어떨 땐 내가 잘하는 것이 아니라, 다른 사람들이 못한다는 생각이 들 때도 있어요."

미우치아의 패션에 대한 학문적 무지는 오히려 그녀가 새로운 것을 창조할 수 있는 토양이 됐다고 보는 편이 정확할 것이다. 낙하산에나 쓰던 나일론을 소재로 선택한 프라다 토트백은 세계 핸드백계에 일대 센세이션을 불러일으켰다. 미우치아의 할아버지 마리오는 최고급 재료로 가방을 만든다는 자부심이 대단했지만 패션을 전공하지 않은 미우치아는 이런 기본적인 부분부터 의문을 품었다.

"왜 명품 백은 모조리 비싼 가죽으로 만들어야 하지?"

네 살 아이는 매일 평균적으로 4백 번 이상 질문을 한다고 한다. 패션을 전공하지 않은 미우치아는 어린아이의 시선으로 모든 것에 의문을 던졌다. 또한 그녀는 대학교 시절 사회주의 사상에 심취해 할아버지의 가죽 제품이 사치스럽고 비싸다는 생각을 해왔다.[15] 그래서 엉뚱하게도 할아버지가 귀하게 여기던 가죽 제품이 아니라 그 가죽 제품을 싸던 나일론 방수 천을 유심히 보기 시작했다. 천막이나 낙하산을 만드는 소재인 포코노pocono 원단이었다. 이 원단은 가죽처럼 고급스럽지는 않지만 실크처럼 가벼웠고, 눈이나 비를 맞아도 끄떡없을 정도로 내구성이 뛰어났다.

'그래, 이게 바로 내가 원하던 그 소재야.'

상상을 뛰어넘는 포코노백의 등장에 세계 여성들은 넋을 잃고 환호했다. 이러한 '마이웨이 철학'은 핸드백을 만드는 업체가 어떻게 옷을 만들겠느냐는 비아냥에도 아랑곳하지 않고 패션시장에 과감하게 진출해, 명실상부한 최고의 패션 디자인업체가 되게 한 원동력이기도 했다.

만약 미우치아가 "난 핸드백을 몰라. 나는 패션을 배우지 않았어"라며 포기했더라면 세계는 지금 프라다의 군더더기 없이 세련된 미니멀리즘이 주는 독특한 즐거움을 느껴보지 못했을지도 모른다. 패션을 모르는 정치학도의 과감한 결단들이 없었다면 오늘날 매출이 2조 원에 육박하는 이 명품 기업은 존재하지 않았을 테니까 말이다.

'없는 것'이 곧 '있는 것'이다, '페라가모'

'단점'을 '강점'으로 만든 미우치아 프라다처럼, '없는 것'을 '있는 것'으로 바꾼 또다른 사례가 있다. 무솔리니의 강력한 통치하에서 이탈리아는 모든 것이 부족했다. 하지만 페라가모Ferragamo에는 이 부족함이 새로운 창조를 가능하게 한 토양이었다. 쓸 만한 물자들이 대부분 전쟁용으로 징발당해 그동안 자신들이 사용하던 가죽과 금속을 사용할 수 없었지만, 페라가모는 이에 절대 굴하지 않았다. 그들은 사용 가능한 자료를 찾는 데 총력을 다했고, 그것을 제품화했다. 코르크로 만든 웨지힐, 나일론을 활용한 인비저블 샌들invisible sandal, 스웨이드 가죽을 패치워크한 구두 등이 모두 이때 탄생했다.

이전에는 '설마' '감히' 하며 구두에 사용하지 못했던 재료를 사용함으로써 구두의 세계가 오히려 풍성해졌다. 페라가모뿐만이 아니다. 금속이 없어 대나무로 손잡이를 만든 구찌의 뱀부백bamboo bag 역시 이때의 부족함이 만든 역작이다.

우유 장수가 만든 달콤함, '호가든'

호가든Hoegaarden 하면 그 특유의 향긋함과 달콤함으로 '유후' 소리를 내게 만들었던 첫 느낌이 떠오른다. 당시 고만고만한 맥주맛에 길들여져 있던 한국인들에게 '이런 맥주맛도 있네'라는 놀라움을 주었다. 게다가 눈처럼 내린 거품은 이전의 맥주와 확실히 다른 녀석이라는 느낌이 들게 했다.

벨기에의 맥주 호가든은 그 시작부터 호기심을 자극한다. 호가든의 창업자 피에르 셀리스Pierre Celis는 사실 맥주 제조업자가 아니라, 호가든 공장 옆에서 우유를 팔던 우유 장수였다. 1950년 호가든 지방의 '호가든 브루어리Hoegaarden Brewery'가 더이상 버티지 못하고 문을 닫아 밀맥주의 대가 끊길 위기에 처한 것을 본 셀리스는 밀맥주의 수요를 확신하며 자신만의 양조장을 만들고 호가든을 생산하기 시작한다.

오늘날 호가든은 벨기에 맥주기업 인터브루Interbrew 소속이지만, 셀리스의 과감한 결단이 없었다면 우리는 이 달콤한 맥주를 즐길 수 없었을 것이다. 셀리스는 호가든을 매각한 뒤 미국 텍사스 오스틴으로 건너가 형제 맥주인 셀리스 화이트Celis White를 만든다. 호가든의 제조기법으로 만들어 호가든의 뿌리가 강하게 느껴지는 맥주다. 오늘날 셀리스 화이트는 밀러 브루잉Miller Brewing에 속해 있다. 상황을 바꾸는 데 현재의 위치와 한 개인이라는 단점은 아무런 제한이 되지 않는 법이다. 벨기에의 우유 장수였던 셀리스 한 사람의 힘으로 오늘날 벨기에의 밀맥주는 세계적인 위치를 공고히 가질 수 있었으니 말이다.

셀리스의 삶을 보면서 아쉬운 부분은 바로 사업 확대 시점에 대한 대처였다. 호가든이 인기를 끌면서 독일과 프랑스의 맥주 애호가들이 몰려오자, 셀리스는 이를 수용하기 위해 재정적으로 무리하면서 공장을 확장했다. 이것이 독이 됐다. 설상가상으로 공장에 화재까지 일어나면서 결국 호가든은 인터브루의 손에 넘어갔다. 만약 셀리스가 무리하지 않고 천천히 공장을 확대했더라면, 수요에 응답할 것이 아니라 자신들이 만들 수 있는 양만 만들면서 천천히 갔다면, 오늘날 우리는 원조가 만든 더 깊은 맛과 향의 호가든 밀맥주를 즐길 수 있지 않을까. 특히 인터브루가 호가든 지역에 있던 공장을 옮기고 세계 각지의 제조업자들에게 제조권을 넘기는 대량 생산으로 바뀌면서, 이전 호가든의 강한 브랜드 아우라가 아쉬운 것이 사실이다.

명품은 '돈만 퍼붓는다'고 되는 것이 아니다, 안목의 힘

남자 사냥꾼에서 '제2의 다이애나'로 극적인 변신을 한 여인이 있다. 바로 프랑스 전 대통령 니콜라 사르코지의 부인 카를라 브루니 Carla Bruni다. 니콜라 사르코지와의 정상회담시 상대국에서 촉각을 곤두세운 것이 바로 영부인인 카를라 브루니의 참석 여부였다. 대중은 정상회담보다 카를라 브루니를 보는 것을 더 좋아했기 때문에, 정상회담의 흥행 여부가 브루니에게 달려 있다고 해도 과언이 아니었다.

하지만 처음부터 대중이 그녀를 좋아한 것은 아니었다. 아니, 아주 경멸에 가까운 조롱을 보였다. 과거에 에릭 클랩턴, 믹 재거를 망라하는 화려한 남성 편력 덕분에 '맨이터man-eater'라는 무시무시한 별명이 따라붙었고, 젊은 시절 찍은 누드 사진이 라이벌 영국 언론에 '프랑스 만세!'라는 타이틀로 실리기까지 했으니, 프랑스인들은 물론 그녀를 지켜보는 세계인의 시선은 냉랭하기 이를 데 없었다. 브루니는 이 상황을 어떻게 반전시켰을까?

브루니는 그녀에 대한 조롱에 아무런 반응도 보이지 않았다. 그녀는 그저 냉랭한 시선을 버려두고 조용히 첫 공식행사인 영국 방문 준비에 모든 에너지를 집중했다. 행사 당일 브루니가 리무진을 타고 행사장에 들어선 순간 언론은 그녀의 자태에 넋을 잃었다. 카메라 플래시가 쉴새없이 터졌고, 그녀의 우아한 패션은 다음날 대서특필되었다. 단지 외모 하나로 상황이 반전된 것이 아니다. 그녀의 행사 사진을 살펴보던 사람들은 브루니가 그들의 상상 이상으로 영리한 여성이라는 사실을 발견했다.

첫번째는 브루니가 착용한 크리스티앙 디오르 코트였다. 디오르는 제2차세계대전 이후 하늘 높은 줄 모르고 치솟던 샤넬을 격추시킨 강력한 브랜드다. 샤넬이 독립적인 여성을 강조했다면 디오르는 아름다움을 극대화한 디자인으로 여성들의 지지를 받았다. 당시 디오르의 디자이너는 영국 출신 존 갈리아노John Galliano였는데, 브루니는 영국인 디자이너가 만든 프랑스 대표 브랜드를 입음으로써 양국의 연대를 나타냈던 것이다.

두번째 포인트는 그녀가 착용한 귀고리였다. 프랑스 명품 주얼리 쇼메Chaumet는 프랑스의 자존심인 나폴레옹 황제와 얽힌 스토리가 있다. 젊은 시절 나폴레옹은 추위와 허기에 지쳐 거리를 떠돌다 한 가게 앞에 쓰러졌는데, 그곳이 바로 쇼메의 보석가게였다. 가게 주인은 젊은 나폴레옹을 부축해 가게 안으로 들인 다음 음식과 옷을 주었다. 이에 감격한 나폴레옹은 자신이 훗날 높은 자리에 오르면 쇼메를 꼭 찾으리라 다짐했다. 이윽고 황제에 등극했을 때 대관식의 보석 일체를 쇼메에 맡기면서 은혜에 답했다. 그녀의 귀고리는 바로 프랑스의 자존심과 약속의 실천을 상징했던 것이다.

세번째 재치는 플랫 슈즈였다. 대부분의 여성들은 중요한 행사 때 패션의 완성으로 하이힐을 신는다. 이날 완벽한 패션을 갖춘 브루니가 굳이 플랫 슈즈를 신은 이유는 남편에 대한 배려였다. 단신인 사르코지가 작아 보일까 염려돼 남편에게는 키높이 구두를 신기고 자신은 플랫 슈즈를 신었던 것이다.

　냉담했던 언론들은 브루니의 패션을 보고 그녀가 두 나라의 국가적 관계에 대한 이해, 프랑스 역사에 대한 깊이, 아름다움에 대한 안목, 그리고 배우자에 대한 세심한 배려까지 갖춘 기품 있는 여성임을 알게 되었다. 이후 분위기는 급변했고, '맨이터'였던 브루니의 별명은 180도 바뀌어 '제2의 다이애나'가 되었다. 브루니는 그녀를 맹목적으로 비난하는 세상에 자신의 안목으로 조용히 맞서 세상의 편견을 잠재웠다.

　또 한 명의 영부인, 미셸 오바마도 탐구해볼 필요가 있다. 영부인이 된 초기에 그녀는 좀 고전했다. 2010년 중국의 후진타오 주석 방미 시, 미셸은 중국인들의 취향을 신중히 고려해 그들이 좋아하는 붉은색 이브닝드레스를 골랐다. 하지만 이 옷을 입고 카메라에 잡힌 미셸은 미국 언론에 질타를 당했다. 그 옷의 디자이너였던 알렉산더 매퀸 Alexander Mcqueen이 영국인이었기 때문이다. 미국 섬유산업이 되살아나기를 고대한다고 말했던 영부인의 어이없는 선택에 미국 언론들이 난리를 피웠고, 미셸은 졸지에 개념 없는 영부인이 되었다.

　혹독한 신고식을 치른 미셸 오바마는 2011년 NBC 〈투데이쇼〉에 출연하면서 H&M의 원피스를 입고 나왔고, 2기 대통령 취임식에는 중저가 의류인 제이크루 J. CREW를 입었다. 그녀의 선택이 미국, 그리고 서민으로 바뀐 것이다. 이 선택으로 브루니 스타일, 재키 스타일과 완전히 차별화되는 미셸만의 서민적인 매력을 발산하면서 그녀는 순식간에 스포트라이트의 정점에 섰다. 미셸은 오바마의 효과적인 포지셔닝이 그간 소외됐던 서민과 비주류 소수민족에 있다는 사실을 정확히 간파하고 패션의 타깃을 정했던 것이다.

미국 패션계에는 '미셸 오바마 주가지수'라는 것이 있다. 미셸이 남편과 함께 유럽 투어를 하면서 입었던 옷의 브랜드를 하나로 묶어서 등장하기 시작한 이 지수는 당시 S&P 500지수 상승률의 2.5배를 초과할 만큼 실제 비즈니스에 미치는 효과가 가공할 만하다. 이 정도면 안목 하나의 영향이 얼마나 큰지 알 수 있지 않을까.

대부분의 혁신과 마찬가지로, 모두의 관심이 집중되고 사람들의 행동에도 깊은 변화를 요구하는 문제는 그 혁신을 받아들일 수 있는 여유와 깊은 의식을 가진 문화적 소양이 있는 사람들에 의해 실행에 옮겨지기 시작한다. 이들이 바로 전형적인 럭셔리 제품의 핵심 타깃이다.[16]

중세 유럽 귀족들에게는 네 가지 의무가 있었다. 그중 하나가 바로 럭셔리였다. 이는 돈을 흥청망청 쓰라는 뜻이 아니었다. 그보다는 여유와 재력이 있는 귀족이 앞장서서 새롭지만 비싼 것들을 안목을 가지고 소비하라는 말이었다. 귀족이 초기에 비싼 제작비를 감당하면서 소비하는 역할을 맡아주어야 제품의 가격이 떨어지고 수요가 확산돼 평민들이 소비할 수 있는 구조였기 때문에 고품격의 소비가 의무였던 것이다.

안목은 무엇으로 이루어지는가

토조 대첸커리Tojo Thatchenkery와 캐롤 메츠커Carol Metzker는 안목을 현재에 내재한 긍정적이고 생산적인 잠재력을 인식하는 능력이라고

정의하면서, 안목을 구성하는 세 가지 요소를 이야기한다.[17]

1. 재구성
2. 긍정성 인정
3. 현재에서 미래가 전개되는 방법의 인식

유럽의 럭셔리 매장에서는 중동의 부자가 방문하면 조용히 다가가 프랑스어로 말을 건다. 돌아오는 언어는 대부분 아랍어지만, 프랑스어로 말을 걸어주는 것은 당신은 안목 있는 사람이라는 무언의 인정으로 여겨져 부호들은 이 환대를 무척 즐긴다고 한다.

현대 소비자들은 역사상 어떤 시대보다 평등해지고 부유해졌다. 이는 그들의 문화적 수준이 구매력과 만나면서 더 좋은 상품을 구매할 요건들이 갖추어졌음을 의미한다. 즉 지금이야말로 시대적 변화에 따라 하이엔드 전략을 구사해야 하는 때다.

30년이 걸리더라도
명품 브랜드를 만드는 것은
매우 가치 있는 일이다.
명품 브랜드가 리스크를
막아줄 것이기 때문이다.

– 베르나르 아르노Bernard Arnault, LVMH 회장

우아함이란
구별, 자연스러움, 돌봄, 단순성,
이 네 가지의 바른 조합에서
만들어지는 것이다.
이를 벗어나면
가식만이 있을 뿐이다.

– 크리스티앙 디오르

Part II

알리지 **않는다**,
알게 **한다**

'열광하는 고객'을 만드는
하이엔드 마케팅

최고를 이기면,
최고가 된다

스위스는 초콜릿 후진국이었다. 벨기에, 프랑스, 이탈리아는 이미 오래전부터 초콜릿을 만들고 제품화해 큰 성공을 거두고 있었다. 이런 불리함을 딛고 오늘날 스위스는 이들 못지않은 초콜릿 강국으로 평가받는다. 후발주자인데다가 불리한 제작여건과 기술 등 열위의 조건을 스위스는 어떻게 극복했을까?

스위스의 최고급 초콜릿으로 평가받는 린트^{Lindt}의 마케팅을 보면 이들의 성공 비결을 알 수 있다. 쟁쟁한 회사들이 이미 시장을 지배하는 상황에서 뒤늦게 파고들어야 하는 린트는 고심했다. 그들은 평범한 구매상황에서 경쟁하면 자사의 상품을 팔기 어렵고, 설사 팔리더라도 경쟁 제품에 비해 높은 가격을 받기 힘들다는 현실적인 한계를 정확히 파악했다. 그래서 그들은 특정한 시점, 즉 소비자의 이성적 판단이 다소 느슨해지고 지갑이 가볍게 열릴 수 있는 시점을 노렸다. 린트가 선택한 것은 바로 크리스마스나 부활절과 같은 기념일이었다. 전 세계에서 부활절 초콜릿을 만든 회사는 린트가 최초였다.

린트는 부활절과 크리스마스 기념 초콜릿을 만들고, 한술 더 떠

이를 자국에 관광 온 여행객을 대상으로 팔았다. 특정한 기념일에, 스위스까지 여행 온 여유 있는 사람들 앞에 아름답게 진열된 스위스의 초콜릿은 다소 높은 가격을 지불하더라도 구매할 만한 매력적인 아이템으로 여겨졌다.

하이엔드 시장을 노리는 후발주자들에게 린트의 전략은 중요한 시사점을 제공한다. 좋은 제품을 만드는 것은 기본이고, 이를 고객들에게 알리는 마케팅이 필요하다는 사실이다. 열광하는 고객을 만드는 하이엔드 마케팅에는 무엇이 있는지 살펴보자.

'언니들'과 싸워서 이기는 법, '다미아니'

대련에서 가장 강한 사람은 힘이 센 사람이기도 하지만, 더 궁극의 영역은 힘을 빼고 유연하게 치는 사람이다. 주얼리 브랜드 다미아니처럼 말이다.

주얼리업계는 최신 트렌드에 민감하지만 은근히 나이 많은 언니들(?)이 많다. 카르티에는 1847년생, 미키모토^{Mikimoto}는 1893년생, 반클리프 아펠은 1906년생이니 모두 백 살이 넘었다. 하지만 다미아니는 젊다. 이탈리아 발렌차 포에서 처음으로 보석을 만든 것이 1924년이니, 기존 강자들이 볼 때는 피라미와 다름없다. 고고한 언니들 입장에서는 어리고 당돌한 후배의 출현인 셈이다. 하지만 이 후배의 전략이 보통이 아니다. 언니들보다 더 고고하게 굴면서 유명인들 관리도 잘한다. 기 센 언니들 속에서도 기죽지 않고, 때로는 세련되고 때로는 대책 없이 투박하게 들이대는 모습이다.

다미아니는 우선 언니들보다 콧대가 높다. 다미아니의 엔트리 레벨entry-level은 2백만 원부터 시작한다. 일반 브랜드들의 문턱이 백만 원인 것을 감안하면, 문턱이 높아도 너무 높다. 단지 콧대만 높은 것이라면 코웃음으로 넘겨버릴 수도 있지만, 무시하지 못할 실력이 있다는 사실이 더 얄밉다.

후발주자가 거목들이 즐비한 무대에 데뷔하려면 방법은 하나다. 실력을 객관적 지표로 검증받는 것. 신생 업체로서는 탁월한 디자인으로 승부를 건다는 목표도 너무 멀다. 탁월한 디자인의 기준이 모호해, 자신들이 아무리 뛰어난 상품이라고 홍보한들 고객들이 반응할지는 미지수이기 때문이다. 그래서 다미아니가 선택한 전략이 바로 시상대회 출품이었다.

다미아니의 창업주 엔리코 그라시 다미아니Enrico Grassi Damiani는 그 시절부터 다른 금세공업자들을 능가했다고 전해진다. 그의 아들 다미아노 다미아니Damiano Damiani, 그리고 이후 손자까지 3대가 기술적 전통을 잘 이어옴으로써 세계적인 주얼리 브랜드로 자리잡을 수 있었다. 기술의 혈통을 이어받은 브랜드는 보석업계의 아카데미상이라고 할 수 있는 드비어스 다이아몬드 인터내셔널 어워드De Beers Diamond International Awards를 무려 열여덟 번이나 수상했다.

엔리코 다미아니는 클래식한 전통의 디자인을 강조했다. 이것을 바탕으로 최상류층의 눈높이에 맞춘 최고의 제품을 만들어냄으로써 명성을 알렸다. 이러한 기술적 전통은 다미아노에 이르러 꽃을 피우면서 완전히 자리를 잡았다. 다미아노는 그의 선생들을 능가할 정도의 뛰어난 세공 기술로 유명했으며, 장인정신 못지않게 뛰어난 기업가적 마인드로 다미아니를 성장시켰다.

다미아노는 다이아몬드의 환상적인 시각 효과를 드러내는 반달 세팅법을 창조해냈으며, 아기자기하고 패셔너블한 진주 컬렉션을 유행시키는 한편, 새로운 연마 기술을 이용해 화이트골드라는 재료를 대중화시키는 등 획기적인 기술적 시도로 주얼리업계를 리드해나갔다. 현재 다미아니는 다미아노의 아내가 회장을 맡고 있으며 첫째 아들이 경영최고책임자, 딸이 스타일과 디자인·커뮤니케이션을, 둘째 아들이 상품 개발과 생산을 맡는 환상적인 시스템으로 사업을 확장해 나가고 있다.[1]

성장을 위한 첫번째 전략이 시상대회였다면, 두번째 전략은 바로 유명인사다. 중세와 근대의 트렌드세터가 왕족과 신흥 부자였다면, 멀티미디어가 발달한 현대에는 배우나 가수 등 연예인이다. 단지 그들의 안목이 높아서만은 아니다. 그들이 입는 옷과 스타일은 주변 스태프의 안목까지 더해진 것이어서 한 개인이 택하는 수준과는 차원이 다르다. 그것을 알기에 대중은 이들의 선택에 열광한다.

다미아니는 헌정 컬렉션을 통해 유명인사를 브랜드에 끌어들였다. 우선 소피아 로렌을 위한 '소피아 로렌' 컬렉션은 은은한 원형 핑크골드에 다이아몬드를 얹은 제품이다. 두번째 귀네스 펠트로의 '에클리세ᵉᶜˡⁱˢˢᵉ' 컬렉션은 작은 물방울이 사랑스러운 디자인이다. 마지막으로 샤론 스톤의 '마지ᵐᵃʲⁱ' 컬렉션이 있다. 마지는 스와힐리어로 '물'

한 덩이 고기도 루이비통처럼 팔아라

'마지' 컬렉션의 광고 포스터.
다미아니는 헌정 컬렉션을 통해
유명인을 브랜드에 끌어들였다.

을 뜻하는데, 이 컬렉션의 수익금 일부는 아프리카 '클린 워터 프로젝트'에 기부된다.

마지에 이르러 다미아니를 보면 창의력을 또하나의 강력한 무기로 성장시켰음을 알 수 있다. 마지에서도 다미아니는 파격을 감행한다. 금을 그냥 쓰지 않고 불에 그슬려서 사용한 것이다. 그을린 금은 묘한 야성을 발산한다. 그래서 '마지'를 착용하면 아프리카의 황혼이 손가락에 걸리는 듯한 착시에 빠진다. 또한 다이아몬드도 독특하게 해석했다. 누가 뭐래도 다이이몬드는 세팅과 찬란한 광채가 특징 아니던가. 하지만 다미아니는 의도적으로 이를 무시했다. 마지에 쓰이는 다이아몬드는 다듬기 직전의 러프 다이아몬드다. 광채는 한 꺼풀 밑에 숨어서 보이지 않는다. 그을린 금과 광채가 보이지 않는 원시 다이아몬드는 이전에는 절대 볼 수 없었던 디자인이다. 한마디로 모든 기존 브랜드들이 다이아몬드의 세팅과 광채를 두고 서로 최고라며 싸울 때, 가만히 있던 막내가 "언니들 잠깐, 나는 거기 끼이지 않을래요" 하며 가버리는 꼴이다.

마케팅적으로 연상하는 이미지를 보면 다미아니는 자신이 갖추어야 할 요조숙녀의 모습을 정확히 알고 단계를 밟아가는 듯 보인다. 소피아 로렌과 같은 우아함을 갖춘 후 귀네스 팰트로의 사랑스러운 이미지를 구현하고, 샤론 스톤의 당돌하면서도 의식 있고 길들여지지 않는 투박한 원형을 자신의 브랜드에 녹여넣은 것이다.

다미아니가 우군을 구축하는 방식 역시 틀을 깬다. 기존 브랜드들은 자신들의 전통과 아우라를 강요한다. 결코 입 밖으로 표현하지는 않지만, 그래도 소비자들에게 따라오라는 인상을 강하게 주는 것이 사실이다. 하지만 다미아니는 이 부분에서 더 현명했다. 고객과 같이 가는 동행 전략을 펼친 것이다.

브래드 피트와 제니퍼 애니스톤의 결혼식 때, 다미아니는 그들에게 "같이 만들지 않을래요?"라고 제안했다. 비록 아마추어지만 디자인 파트너로 인정한 것이다. 이 시도는 아주 성공적이었다. 두 사람의 결혼반지의 이름은 '디사이드 링D-side ring'이다. 거의 모든 결혼반지들은 예외 없이 다이아몬드가 위에 있다. 하지만 이 반지는 다르다. 다이아몬드가 반지의 옆부분에 세팅돼 있다. 브래드 피트의 반지에는 10개, 제니퍼 애니스톤의 반지에는 20개가 박혀 있다. 또한 반지와 펜던트에는 함께 디자인했다는 문구co-designed by Brad Pitt&Damiani가 새겨져 있다. 사실 부부는 보이지 않는 곳에서 서로를 빛내주는 존재가 아닐까. 그런 측면에서 디사이드 링은 결혼의 의미를 새롭게 해석해 디자인에 반영하며 의미 있는 차별화를 끌어냈다는 생각이 든다.

주얼리 브랜드들은 각자 나름의 제작원칙을 따르고 있을 것이다. 다미아니 역시 자사의 제작원칙을 갖고 있다. 까다로운 보석 선별, 정교한 세공, 고전에 바탕을 둔 혁신적인 디자인이 다미아니의 세 가지 원칙이다. 다미아니는 특히 혁신적인 디자인으로 눈길을 끄는데, 그것이 그리 낯설게 느껴지지 않는 이유는, 바로 고전을 재해석하되 혁신을 가미하는 전략 때문일 것이다. 평범한 결혼반지의 경우에도 육지六指 링을 만든 후 다이아몬드 부분에 링을 한번 더 두르는 식이다. 때론 차별화에 대한 강박관념처럼 보이기도 하지만, 어쨌든 다른 반지들과는 분명히 다르다.

젊은 세대답게 다미아니의 마케팅은 상당히 역발상적이면서도 견고하다. 기존 업체들이 단순히 그들의 전통에 기댈 때, 다미아니는 새로운 시도와 전략으로 시장을 리드하고 있는 것이다.

차이를 알아야, 차이를 좁힐 수 있다

리츠칼튼Ritz-Carlton 역시 대회를 통한 마케팅 전략을 펼친 대표적인 사례다. 1980년대 미국은 일본에 밀려 거의 전 산업이 초토화되었다. 진주만 폭격은 아주 잘 막아냈지만 상품으로 덤벼드는 2차 공습은 막아내지 못한 셈이다. 일본에 번번이 밀리던 미국은 반격할 기회만 노렸다. 그 반격 중 하나가 바로 맬컴 볼드리지상Malcolm Baldridge National Quality Award이다.

맬컴 볼드리지상은 미국이 이를 악물고 전개한 품질 향상 운동 중 하나다. '일본이 하는데 미국은 왜 못하는가'라는 통렬한 반성 아래 상무장관 맬컴 볼드리지가 주창해 만든 상이다. 볼드리지는 학계 및 다양한 산업 분야의 리더로 팀을 구성한 뒤, '세계 일류'라는 탁월한 품질 슬로건을 제시했다. 탁월함을 무기로 일본의 저가 대량 공세에 대응하겠다는 선언이었다.

리츠칼튼은 이런 점에 공감해 1991년 맬컴 볼드리지상에 도전해 한 차례 고배를 마신 뒤, 1992년 볼드리지상의 트로피를 획득했다. 당시 품질 및 프로그램 담당 부사장인 존 티머만John Timmerman은 참가 의의를 '격차의 확인'이라고 설명했다.

"우리는 우리의 비즈니스 모델과 볼드리지상 평가 기준의 중대한 차이를 확인했죠. 이 차이를 메우면 우리 회사가 탁월한 성과를 거두고 지속적으로 발전할 수 있을 것이라고 생각했습니다."[2]

즉 리츠칼튼은 탁월한 품질의 기준을 구체적으로 알기 위해 볼드리지상에 도전한 것이었다. 그뒤로도 칼튼은 볼드리지 프로세스를 정례화해 지속적으로 탁월한 품질을 유지했다. 최고가 되려면 일단 최고와의 격차를 가시적으로 확인해야 한다. 그들이 원하는 최고 기준과의 격차를 조금씩 없애면서 원하는 목표에 다가서는 동안 리츠칼튼은 호텔업계 최고의 브랜드로 성장했다. 리츠칼튼은 탁월함의 대상을 선정한 후 그것을 격차의 차이라는 내부적 목표로 구체적으로 전환한 다음, 차이를 없애는 데 주력했던 것이다. 리츠칼튼의 업그레이드 전략을 정리하면 다음과 같다.[3]

1. 높은 탁월함의 기준을 찾는다. 리츠칼튼의 경우에는 '세계 제일'을 지향하는 맬컴 볼드리지상이었다.
2. 기준과 부딪쳐 기준과의 구체적인 차이를 확인한다. 리츠칼튼은 볼드리지상을 수상한 다른 회사들을 각 부문별로 비교해, 그 격차를 구체적으로 확인했다.
3. 격차의 차이를 없애는 것으로 목표를 정한다. 대상에 집중하기보다 격차의 해소에 초점을 맞춘다. 따라잡을 대상을 너무 의식하면 그 대상이 성공한 전략이 크게 보여 정작 목표가 흐려지기 쉽다. 현재 위치에서 어떻게 그 격차를 없앨 것인지 고민하면서 나만의 전략으로 이를 극복해야 한다.

에라수리스의 추격 전략, '베를린의 심판'

후발주자로 견고한 룰을 깨는 가장 쉬운 방법은 '아마도 계급장 떼고 맞짱 떠보자'는 전략 아닐까. 어차피 져도 잃을 게 없고, 이기면 횡재하는 셈이니 말이다.

와인의 역사에 이런 맞짱 승부가 두 번 있었다. 두 번 다 큰 이슈를 불러일으켰다. 첫번째는 '파리의 심판'이라고 불리는 것으로, 1976년 5월 26일 프랑스 와인과 캘리포니아 와인이 블라인드 테스트로 맞붙은 승부였다. 당시 평론가들은 프랑스 와인의 압도적인 우세를 낙관

했지만, 예상을 깨고 레드와 화이트 와인 부문에서 모두 캘리포니아 와인이 1위를 차지해 프랑스 와인업계를 큰 충격에 빠뜨렸다. 이 승리로 캘리포니아 와인은 세계적인 명성을 얻게 됐고, 이 파리의 심판을 주제로 한 영화 〈와인 미라클〉이 제작되기까지 했다.

두번째는 '베를린의 심판'이라고 불리는 승부로, 칠레 와인과 프랑스 와인이 2004년 베를린에서 맞붙은 블라인드 테스트였다. 이 승부는 에라수리스Errazuriz라는 칠레 브랜드가 주도했다. 당시 세계 와인업계의 선두주자들은 견고한 와인 평가의 벽 안에서 편안하게 시장을 주도하고 있었다. 와인 평가방식은 크게 세 가지로 이루어졌다. 첫번째는 프랑스 와인 인증 A.O.C와 같이 정부나 생산자에 의한 것이고, 두번째는 로버트 파커Robert Parker와 같은 와인 전문가가 직접 평가하는 것, 세번째는 와인 가격에 의해 평가되는 가격 패러다임이었다. 세 가지 모두 후발주자에게는 극히 불리한 방식이었다. 따라서 후발주자인 칠레 와인 에라수리스에는 꼭 깨뜨리고 넘어야 할 통한의 세 가지 벽이었다.

에라수리스는 돈 막시미아노 에라수리스Don Maximiano Errazuriz가 1870년에 설립해 140여 년의 역사를 자랑하는 브랜드로, 칠레에서는 대통령의 와인으로 불릴 만큼 폭넓은 인지도를 자랑했다. 1990년 칠레 정부는 시장 개방과 더불어 칠레 와인의 해외 마케팅에 돈을 쏟아부었지만 거의 성과를 보지 못했고, 에라수리스 역시 낮은 국가 이미지 때문에 오랜 시간 고전중이었다. 어떻게든 이 악순환의 고리를 끊어야겠다고 결심한 에라수리스의 에두아르도 차드윅Eduardo Chardwick 사장은 칠레 전통의상을 입고 전 세계를 돌아다니면서 블라인드 테스트라는 정면승부의 날을 세웠다.

차드윅은 1976년 파리의 심판을 기획한 와인 평론가 스티븐 스퍼리어^{Steven Spurrier}를 섭외해 두번째 심판인 베를린의 심판을 준비했다. 독일 베를린의 리츠칼튼호텔에서 열린 품평회에서 1위는 에라수리스의 비녜도 차드윅^{Viñedo Chadwick} 2000년산에 돌아갔다.[4] 파리의 심판 때처럼 베를린의 심판 이후 분위기는 일변했고, 칠레 와인은 세계로 뻗어나가는 데 강한 동력을 얻었다.

2013년 서울 힐튼호텔에서도 에라수리스가 주관한 테이스팅 투어 중 하나로 'The Berlin Tasting Seoul 2013' 행사가 열렸다. 이 행사에서는 에라수리스의 돈 막시미아노^{Don Maximiano} 2009년산이 우승을 차지했고, 2위 역시 에라수리스와 로버트 몬다비^{Robert Mondavi}가 제휴·생산한 세냐^{Seña} 1997년산이 수상하는 기염을 토했다.

싸움은 내 구역에서 하는 것이 당연히 유리하다, '테슬라 모터스'

한때 애플^{Apple} 마니아들 사이에서 애플의 차세대 혁신 비즈니스 모델이 자동차라는 말이 떠돌았다. 당시에는 설마 하는 분위기였지만, 지금 보면 말이 되는 것이 사실이다. 2014년 초 전문가들은 애플이 미국의 전기자동차 제조업체 테슬라 모터스^{Tesla Motors}와 기술 제휴를 맺을 것이라고 전망했다. 그런데 테슬라의 전략은 좀 독특하다. 기존 자동차 사업자와 같은 로엔드 전략이 아니라 하이엔드 전략으로 시장에 진입한 것이다. 테슬라 모터스가 언니들, 아니 형들과 싸우는 전략은 다음과 같다.

테슬라 모터스는 영화 〈아이언맨〉의 실제 모델인 엘론 머스크^{Elon Musk}가 JB 스트라우벨^{JB Straubel} 등 다섯 명과 함께 순수 전기자동차를 생산하기 위해 설립한 회사다. 회사명은 교류유도 전동기를 발명한 미국의 전기공학자 니콜라 테슬라Nikola Tesla를 기리기 위해 그의 이름에서 따왔다고 한다. 테슬라는 2010년 나스닥에 상장됐고, 놀랍게도 그해 도요타Toyota의 캘리포니아 공장을 인수해 양산체제에 돌입함으로써 "테슬라는 벤처이며 결코 대중 양산 차를 생산하지 못할 것"이라던 전문가들의 코를 납작하게 만들었다. 또한 전기자동차라는 특수한 환경을 활용한 하이엔드 전략을 구사함으로써 전략적으로 강력한 경쟁우위를 구축했다. 그들의 전략은 무엇이었을까?

첫째, 그들은 자신만의 고도에서 시작했다. 전기차가 한 번 충전으로 440킬로미터를 달린다는 사실이 믿어지는가? 테슬라 모델S는 이 거리를 주행해낸다. 우리는 보통 전기자동차 하면 소형이고 느리며 오랜 시간 움직이지 못할 것이라고 생각한다. 현재 GM의 볼트Volt, 닛산Nissan의 리프Leaf 등 일반 전기차들은 그렇다.

하지만 테슬라 모터스는 다소 위축된 전기자동차의 운명을 거부하며 그들의 경쟁상대는 스포츠카인 포르쉐Porsche와 페라리라고 대담하게 공표하는데, 이것은 결코 허세가 아니다. 테슬라 로드스터Roadster의 경우 제로백, 즉 정지상태에서 100킬로미터까지 도달시간이 3.7초로 페라리 F430을 능가하며 포르쉐 911과 대등하다. 가격 또한 12만 달러로 포르쉐 터보의 13만 달러와 유사하다. 즉 기존 업체들이 대중차를 지향하며 '선 규모, 후 수익'의 로엔드 전략을 취할 때 테슬라는 스포츠카를 타깃으로 '선 수익, 후 규모'의 하이엔드 전략을 취한 것이다.

테슬라가 스포츠카의 하이엔드 포지셔닝을 취함으로써 얻은 장점은 막대하다. 브래드 피트, 조지 클루니, 아널드 슈워제네거 같은 할리우드 스타들과 IT 거물들이 초기에 테슬라 자동차를 구입함으로써 엄청난 홍보 효과를 거두었다. 또한 높은 가격에서 나오는 높은 이익으로, 창립한 지 10년 만에 순이익을 실현하는 기적을 이루었다. 미국 역사상 신생 자동차업체가 10년 만에 흑자를 낸 것은 가솔린 자동차업체를 포함해 테슬라가 유일하다. 그 전략적 선택은 시장에서도 높게 평가받아 중국의 저명한 자동차 전문가인 어우양밍가오歐陽明高 교수는 "중국의 토종 자동차기업이 테슬라와 같은 자동차를 만들지 못하는 건 기술이 아니라 전략적인 문제"라고까지 이야기했을 정도다. 테슬라는 여세를 몰아 대중 자동차라는 대평원으로의 진출을 꾀하고 있다.

둘째, 벤치마킹 대상을 기존 업계가 아닌 '애플'로 정해 자동차 업계에서는 '낯선' 전략을 구사했다. 테슬라는 애플을 공공연하게 적극적으로 벤치마킹하고 있다. 애플의 맥하드웨어 그룹 더그 필드Doug Field 부사장을 영입하는 등 기존 회사들과는 확실히 차별화된 관점으로 시장에 접근했다.

테슬라는 내부의 패드를 통해 모든 장치를 컨트롤한다. 외관 디자인은 심플하고 유려하다. 그러면서도 사용자의 체험과 느낌을 중요시하는데, 일례로 테슬라의 손잡이는 주행중에는 차 속으로 숨었다가 터치하면 돌출된다. 일반적으로 자동차 대리점이 위치하는 대로변 대신 쇼핑몰에 테슬라 스토어를 설치해 고객이 체험할 수 있도록 한 것도 애플의 홍보 전략을 그대로 가져온 것이다. 전기자동차의 최대 고민이라고 할 수 있는 배터리 문제는 노트북에서 쓰는 소형 배터리를 연결하는 방법을 채택했는데, 이 역시 애플에서 벤치마킹한 것이라고 볼 수 있다.

결국 애플 벤치마킹 전략은 자동차를 보는 관점을 운송수단에서

IT 제품 또는 디자인이 가미된 기호품으로 변경시킴으로써, 기존 자동차와는 완전히 다른 위치를 확보할 수 있게 된 출발점이었다.

셋째, 이용할 수 있는 무기를 자신만의 전장에서 완전히 재구성했다. 기존 업체들이 엔진으로 싸울 때, 테슬라는 전장을 엔진에서 배터리 기술로 옮겨놓았다. 전문가들은 공공연하게 테슬라의 핵심 역량이 배터리 기술에 있다고 한다. 테슬라는 기존 전기차업체들이 숙명처럼 받아들였던 배터리 용량의 한계를 간단히 해결해버렸는데, 그 방법이 대단한 것이 아니라서 더 의외다.

테슬라는 기존 노트북에서 쓰는 소형 배터리를 통해 문제를 해결했다. 최첨단 테슬라 전기자동차의 심장이라고 할 수 있는 배터리는 놀랍게도 1970년대에 발명된 18650배터리다. 이는 직경이 18밀리미터, 길이가 650밀리미터이기 때문에 붙인 이름인데, 테슬라는 이 18650배터리 6861개를 병렬과 직렬로 연결해서 쓴다. 배터리 용량이 85킬로와트이며 한 번 충전으로 426킬로미터의 주행이 가능하다.

우리는 흔히 문제의 해결을 첨단 기술에 미루지만 테슬라는 현존하는 기술만으로도 얼마든지 첨단을 만들어낼 수 있음을 보여준다. 테슬라의 배터리 관련 기술은 시장에서도 인정해 GM이 이 배터리만 대량으로 구매했을 정도다.

테슬라는 구조적으로도 전혀 다른 우위를 구사한다. 테슬라의 트렁크에는 아이들이 탈 수 있는 시트가 마련돼 있다. 그렇다면 짐은 어디에 실어야 할까. 바로 전면부 보닛 아래 프렁크라고 불리는 트렁크에 실으면 된다. 기존 가솔린 차량에 비해 엔진이 상대적으로 작고 배터리를 바닥에 깔아, 생각지도 못했던 실용성을 확보한 것이다. 사람들은 기존 자동차들과 비교되지 않는 특이한 장점을 지닌 테슬라 자동

최고를 이기면, 최고가 된다

차의 매력에 빠질 수밖에 없다.

2013년 상반기 테슬라는 포르쉐 파나메라Panamera, 아우디Audi A8 등이 팔리는 대형 럭셔리 카테고리에서 판매량 1위를 차지하는 기염을 토했다. 이쯤 되자 기존 자동차업계는 당황하는 기색이 역력했다. GM은 테슬라의 잠재적인 위협에 대응이 필요하다고 경종을 울리며, 캐딜락Cadillac 전기차로 테슬라에 맞불을 놓겠다는 전략을 발표했다.

기왕이면 달을 쏴라, 제프 베조스의 '문샷 싱킹'

대서양 심해에 있던 우주선의 로켓이 한 남자의 끈질긴 노력에 의해, 마침내 2013년 3월 바다 밖으로 인양됐다. 그의 이름은 제프 베조스Jeff Bezos, 그리고 이 로켓은 최초의 유인 우주선 아폴로 11호의 제5호 엔진으로 알려졌다. 아마존Amazon의 창업자로 유명한 제프 베조스는 정부의 지원도 전혀 없이 사비로 이 로켓 인양 작업을 진행한 것으로 알려졌다. 그는 왜 굳이 거금을 들여서 로켓을 바다에서 끌어올렸을까?

이 고철 덩어리는 베조스에게 단순한 로켓이 아니었다. 1961년 소련의 스푸트니크Sputnik가 달로 갔던 '스푸트니크 쇼크'는 미국을 큰 충격에 빠뜨렸다. 미국인들은 이 쇼크를 단순히 우주개발 차원의 열세로 받아들이지 않고, 미국 전체가 소련에 뒤진 것이라는 패배의식에 사로잡혔다. 바로 이때, 젊은 케네디는 놀라운 선언을 했다.

"국민 여러분, 앞으로 10년 이내에 미국은 인간을 달로 보내겠습니다."

실현 불가능할 것 같은 엄청난 선언이었지만, 꿈꾸는 대통령의 한마디는 전 미국을 흥분시켰고, 모두가 한마음으로 달로 달려가게 만들었다. 마침내 1969년 7월, 미국의 아폴로 11호는 케네디의 선언대로 달나라로 향하고 암스트롱은 역사적인 첫발을 내디뎠다. 기계를 보내는 것과 사람을 보내는 것은 차원이 다르다. 게다가 소련에 한참 뒤진 미국의 우주공학 기술로는 불가능해 보였던 꿈이다. 무인 우주선이 아니라 유인 우주선을 보낸다는 상상을 뛰어넘는 생각으로, 케네디는 미국을 최고 우주강국으로 올려놓았다. 케네디의 선언은 상상할 수 없는 높이의 생각이 상상할 수 없는 현실을 만들어낸다는 '문샷 싱킹moon shot thinking'의 전형적인 사례.[5] 케네디는 1962년 9월 12일 라이스 대학에서 그 유명한 달 탐험에 대한 연설을 한다.

"우리는 달에 가기로 했습니다. 이것이 쉬워서가 아니라 어려운 일이기 때문에, 이 목표는 우리의 에너지와 기술 수준을 정비하고 그 한도를 측정할 기회가 되기 때문에, 우리가 기꺼이 받아들일 도전이고 뒤로 미루기 쉬운 도전이며 우리는 물론 다른 이들도 성공하고자 하는 도전이기 때문에, 다음 10년이 시작되기 전 달에 가기로 했습니다. (…) 에베레스트 산에서 사망한 영국의 유명한 탐험가 조지 말로리George Mallory에게 예전에 누가 왜 산에 오르느냐고 묻자, 그는 '산이 거기 있으니까'라고 대답했습니다. 우주가 거기 있기 때문에 우리는 갈 것입니다."

제프 베조스는 언론과의 인터뷰에서 "어릴 적에 아폴로 11호를 보면서 꾸었던 꿈이 오늘날 아마존을 만들었다"고 밝혔다. 즉 그가 사비를 들여 로켓을 인양한 이유는 미국의, 그리고 세계의 젊은이들에게 아폴로 11호가 주었던 문샷 싱킹을 선물하고 싶었기 때문이다. 구글Google의 창업주 래리 페이지Larry Page는 한술 더 뜬다. 그는 "큰 생각을 하라, 목표를 향해 돌파하는 문샷 사고를 해야 한다"고 직원들을

강하게 압박한다. 자그마한 개선 정도가 아니라 목표를 향해 생각의
범위를 뛰어넘는 문샷 싱킹이 곧 문제의 근본적인 해결책이 된다는 것
이다.

돈키호테를 닮은 한 지방 병원의 문샷

1960년 대전 외곽에서 정형외과로 시작한 한 지방 병원의 문샷은
바로 세계 최고의 병원이라고 불리는 미국의 '메이요 클리닉Mayo Clinic'
이다. 미국 중북부 미네소타 주에 있는 메이요 클리닉은 각국의 부호,
중동의 왕가는 물론 최고의 VIP들이 줄지어 찾는 병원으로 유명하다.

그렇다면 이 세계 최고의 병원을 정조준한 지방 병원은 어딜까?
바로 대전 선병원이다. 지방에 있는 병원이라고 우습게 볼 일이 아니
다. 대전 선병원의 응급의료센터는 보건복지부 실시 응급의료기관평
가에서 응급실 전담 의사·전담 간호사 인력, 급성심근경색 환자 치
료, 급성뇌혈관질환 환자 검사 신속성 등 각 항목에서 최고 점수를 받
으며 100점 만점으로 전국 최고 수준을 기록했다.

입원 환자의 25퍼센트가 외부에서 오며, 열 명 중 한 명은 KTX를
타고 일부러 서울에서 찾아오는 환자들이다. 중증 응급 환자가 입원
실로 옮겨지기까지 체류시간은 보통 대학병원이 5.9시간인 데 비해,
선병원은 0.98시간에 불과하다. 또한 응급실의 응대도 인턴이 아니라
과장급 교수가 맡는 것으로 알려져 있다. 이 병원은 2004년 작고한 창
업주 선오영 박사가 아들 삼 형제를 불러들이면서 시작됐다. 차남 선
두훈 이사장, 셋째 선승훈 원장(의료원장), 넷째 선경훈 원장(치과원장)
등이 선병원에 모인 것이다.

이들 삼 형제는 미국의 메이요 클리닉 같은 병원을 만들자는 문

샷을 먼저 그렸다. 이에 따라 '환자 중심 병원, 찾아오는 병원'을 만들자는 거대한 계획이 시작됐다. 그들이 세계적인 병원을 만들자는 꿈을 이야기했을 때 사람들은 실소를 했다. 외국인 자체가 오지 않는 곳에 무슨 세계적인 병원을 만들겠다는 것이냐는 비웃음이었다. 하지만 현재 선병원은 괄목할 만한 성장을 이루었다. 고객만족도 평가에서는 삼성서울병원, 서울아산병원과 같이 A를 받는가 하면, 암수술 잘하는 병원 1위에 뽑히기도 했다.⁶ 또한 치과병원은 교정, 보철, 구강외과 등 각 분야에 전문의 26명이 포진한 대학병원급이다. 국내 최대 규모의 치과병원으로, 수도권에서 환자들이 대거 찾아올 정도다.

이들의 꿈은 당차고 대담하다. 선승훈 의료원장의 말이다.

"KTX 때문에 지방 환자가 서울로 다 빠져나간다고 걱정하는데, 우리가 열심히 하면 반대로 KTX 타고 서울 환자들이 우리에게 몰려오는 것을 볼 수 있을 것이다."

감히 상상치 못한 별을 생각하며 시작하는 문샷 싱킹이 바로 멋진 미래의 시작이다.

나는 내 과거의
관리인이 되고 싶지 않다.
나는 오로지
미래에만 관심이 있다.

– 카를 라거펠트, 패션 디자이너

열광하는 고객의 법칙 02

세상의 여자는 두 부류로 나뉜다, 내 여자와 그냥 여자

좋은 제품은 어떤 것 중 하나의 개념이다. 하지만 사랑받는 제품은 유일한 개념이다. 세계 최고의 명품 그룹 LVMH^{Louis Vuitton Monët Hennessy}의 베르나르 아르노 회장에게 기자가 물었다.

"세상의 명품이란 명품은 다 즐겨보셨을 텐데, 당신이 생각하기에 세상에서 가장 호사스러운 것이 무엇인가요?"

아르노 회장의 답은 의외로 간단했다.

"아내가 연주하는 피아노 소리를 들으며 샴페인을 마시는 순간이지요."

사랑하는 아내, 그리고 음악과 함께 즐기는 그 순간이 바로 명품이라는 말이다. 세상에 여자는 많지만 사랑하는 아내는 딱 하나다. 세상의 여자는 그래서 '내 여자'와 '그냥 여자'로 구분되는 것이다. 제품의 세계도 마찬가지다. 사랑의 영역으로 들어가면 그것은 '그 제품'과 '그 제품이 아닌 제품'으로 나뉜다. 어떤 제품이 없다고 소비자가 대체재를 찾을 수 있다면, 그것은 진정한 하이엔드 제품이 아니다. 고객에게 '그것이 아니면 안 되는 것'만이 하이엔드 제품이다.

지금은 삼성의 스마트폰이 상당한 위치를 차지하고 있지만, 불과 3년 전만 해도 아이폰의 위력에 어쩔 줄 몰랐던 것이 사실이다. 삼성 내부에서는 삼성전자가 망할지도 모른다는 위기감까지 느낄 정도였으니 그 위협은 상상을 초월했다. 아마도 일관생산체제를 갖고 있는 삼성이 아니면 대응이 힘들었을 것이다. 당시 삼성전자의 담당자가 털어놓았던 여러 이야기 중에서 웃음이 나면서도 가장 공감이 갔던 말이 있었다.

"그간은 경쟁사 제품을 쓰는 소비자에게 조사를 하면 됐습니다. 뭐가 좋으냐고 물어보면 이것저것 딱딱 집어서 이야기해주니까 그것보다 더 잘 만들고, 새로운 기능을 집어넣으면 이겼거든요. 그런데 아이폰은 미치겠습니다. 그냥 좋답니다. 그냥 좋다는 것에는 답이 없네요. 왜 여자친구나 남자친구 이야기할 때 약간 몽롱한 것 있지 않습니까? 그런 눈빛이 되는데, 정말 환장하겠습니다. 좀 절망적일 때도 있고요. 솔직히 이건 상대가 좀 다르다, 그런 느낌이 듭니다."

애플이 럭셔리 상품에만 쓰는 하이엔드 전략을 썼다는 것을 마케팅 분야의 사람들은 대부분 알고 있다. 고객을 사랑에 빠지게 만드는 마케팅은 하이엔드 마케팅의 최고 경지라고 해도 과언이 아니다.

주인공은 오직 당신뿐, '보테가 베네타'의 구애법

소비자에게 '내 제품'과 '그냥 제품'이 나뉘듯, 기업 역시 '내 고객'과 '그냥 고객'을 나눌 필요가 있다. 그리고 '내 고객'을 철저히 주인공으로 만들어야 한다.

유럽에 갔을 때, 현지에서 강력하게 추천하는 브랜드가 있었다.

추천 사유는 단지 세관에서 모르는 브랜드라는 것. 그것은 바로 보테가 베네타Bottega Veneta였다. 모두 그 브랜드를 잘 몰랐을뿐더러 가격도 가격인지라 그냥 웃으며 지나갔지만, 이 에피소드가 보테가 베네타의 정체를 말해준다. 보테가 베네타는 로고가 없다. 브랜드를 확인할 수 있는 방법이 없다. 샤넬의 커다란 'C'는 지구상에 모르는 사람이 없을 정도지만 보테가 베네타는 과연 무엇으로 알아봐야 할까? 보테가 베네타의 광고는 보테가의 철학을 말해준다.

'당신의 이니셜만으로 충분할 때When your own initials are enough.'

보테가 베네타는 가방이고 가죽 제품이지만 제아무리 비싸고 좋아도 제품은 제품일 뿐, 주인공은 바로 당신이라는 뜻이다. '보테가'라는 말은 의외로 많은 곳에서 눈에 띈다. 샴페인에서도 보테가를 본 적이 있다. 보테가는 아틀리에, 공방이라는 뜻으로, 보테가 베네타는 '베네토 장인의 아틀리에'라는 의미다. 비싸기로 치면 쉽게 가까이 할 수 없는 브랜드지만, 철학을 보면 한없이 낮고 겸손한 자세가 보인다.

그런데 로고 없이 사업한다는 것이 쉬울까? 보테가 베네타의 디렉터인 토마스 마이어Thomas Maier는 정말 힘들었다고 실토한다. 하지만 '로고는 고객이다'라는 보테가 베네타의 정신은 보테가 베네타의 DNA를 강화시켰다. 토마스 마이어가 의지한 네 가지 축은 '최상의 품

보테가 베네타의 광고 화보.
보테가 베네타의 제품엔 로고가 없다.
주인공은 브랜드가 아니라
고객이기 때문이다.

질과 소재, 뛰어난 장인정신, 현대적인 기능성 및 유행을 타지 않는 디자인'이었다. 로고 뒤에 숨을 수 없기에 이 네 가지에서 확실한 차이가 나야 했다. 한마디로 '민낯'으로 승부를 보는 브랜드이기에, 더욱 노력하고 가꿀 수밖에 없었던 것이다.

이탈리아 전통 공예 기법으로 만든 카바백cabat bag은 이런 정신의 결정판이다. 한줄 한줄 엮어서 만든 카바백은 전체를 하나의 패턴으로 연결해 이음새가 없는 것이 특징이며, 안감을 대지 않아 가죽의 질감을 안팎으로 동일하게 느낄 수 있다.

또한 보테가 베네타는 원칙을 통해 그들의 가치를 지켜나간다. 아무리 유명인이라고 해도 가격 할인이 없으며, 무료 증정 또한 없다. 직원들에게 가격 할인이라는 쉬운 칼을 주기보다 비첸차의 공방으로 초대해 제작과정을 관람시켜줌으로써 브랜드에 대한 자신감과 확신을 더 강한 무기로 쥐여준다.

보테가 베네타는 광고도 강하다. 최고의 사진작가를 통해 예술작품에 가까운 사진을 찍어낸다. 2010년에는 미국 포스트모던 회화의 대표작가인 로버트 롱고Robert Longo와 작업했고, 2011년 S/S시즌에는 독학으로 사진을 배워 정상에 오른 레트로의 대가 알렉스 프레이저Alex Prager와 협업했다. 어떤 광고에는 로고도 없다. 보테가의 팬들은

로버트 롱고와 작업한
보테가 베네타의 광고 사진.
한 편의 예술작품을 보는 듯한
느낌을 준다.

로고 없는 카바백을 보듯, 아무런 단어도 없는 팸플릿을 보며 그들만이 알 수 있는 감상을 서로 공유한다.

실제로 최근 하이엔드 제품의 구매 패턴이 변하고 있다. 초기의 입문형 구매를 통과한 소비자들은 이제 지나친 로고 플레이에 식상함을 느낀다. 로고의 대명사였던 루이비통 역시 메인 제품을 로고가 없는 에피Epi 라인으로 내세울 정도다.

왜 중국 부모들은 바비인형을 사지 않을까

2009년 미국의 완구업체 마텔Mattel은 의기양양하게 중국으로 입성했다. 유럽과 미국에서 선풍적인 인기를 끌며 중국 내에서의 인지도도 높았으니 충분히 그럴 만했다. 당시 마텔은 중국 상하이에 6층짜리 대형 플래그십 스토어(체험판매장)를 열면서 마케팅에 박차를 가했다. 하지만 기대에 찼던 첫출발과 달리 마텔은 단 2년 만에 중국에서 철수하는 수모를 겪었다. 당시 마케팅 전문가들은 마텔의 실패 요인에 대해 서양 취향의 바비인형이 중국에 먹히지 않았다고 이야기했지만, 교육 전문가들의 의견은 좀 달랐다. 교육에 열성적인 중국 부모들이 바비인형을 공부시간만 뺏는 제품으로 인식해 자녀들에게 사주지 않았다는 것, 즉 중국의 학부모 공략에 실패했다는 것이다. 전문가들은 "중국에서 교육과 놀이란 마치 물과 기름 같은 관계다. 마텔이 새로운 문화 아이콘을 만들지 못하면 성공하기 어려울 것"이라며 마텔의 마케팅에 근본적인 변화를 요구했다.

마텔은 수년간 절치부심한 뒤 다시금 중국 시장에 도전했다. 이번에는 바비 솔로이스트를 출시하면서 피아노 악보 등을 같이 제공하는 전략으로 중국의 타이거맘Tiger Mom. 호랑이처럼 자녀를 엄하게 교육하는 아시아 엄마

들을 공략하기로 한 것이다.

제품이 소구되는 지점에도 로엔드와 하이엔드가 있다. 장난감시장에서는 재미, 쾌락, 타임 킬링이 로엔드 개념이라면 교육, 학습, 타인 배려와 같은 개념들이 하이엔드 개념이다. 마텔의 재미 위주의 전략과 반대로 가고 있는 브랜드가 바로 플레전트 롤런드^{Pleasant Rowland}가 설립한 플레전트 컴퍼니^{Pleasant Company}다. 지금은 마텔에 인수됐지만 출발은 바비인형과 완전히 달랐다. 플레전트 롤런드는 본디 사업가가 아니었다. 그녀는 열 살짜리 조카에게 크리스마스 선물을 사주고자 했지만, 당시 백화점에는 끔찍한(그녀의 표현이다) 캐비지 패치키즈^{Cabbage Patch Kids}(양배추인형)가 장난감 매장을 점령하고 있었다. 그녀는 그 양배추인형을 조카에게 결코 사주고 싶지 않았다. 초등학교교사, 출판업자 등으로 일한 경력이 있는 그녀는 양배추인형이나 바비인형 같은 단순한 재미 위주의 로엔드가 전부는 아닐 거라는 확신을 가졌다.

롤런드는 1984년 콜로니얼 윌리엄스버그에 갔을 때, 조지 워싱턴을 비롯한 미국의 역사적 영웅들에 대한 이야기가 가득한 것에 큰 감명을 받았다. 윌리엄스버그에서의 역사적 감명과 크리스마스 때 쇼핑의 악몽은 그녀에게 새로운 아이디어의 스파크를 튀게 했다. 그녀는 그동안 인형업계가 관행처럼 갖고 있던 통념을 바꿔버렸다.

첫번째, 타깃 연령을 바꾸었다. 인형은 유아나 유치원 연령대의 여자아이들이 갖고 노는 것이라는 선입견에서 벗어나 7~12세 소녀들의 집단을 타깃으로 했다. 롤런드가 출시한 '아메리칸 걸'의 대성공 이후 대부분의 업체들이 연령대를 아메리칸 걸처럼 올려 잡았다.

두번째, 인형에 역사와 지식을 구성 요소로 집어넣었다. 에듀테

인먼트 개념을 집어넣은 것이다. 소녀들은 인형과 함께 책을 구매해 학습함으로써 자신들이 속해 있는 시대와 환경을 배울 수 있었다. 가장 눈에 띄는 것이 '아메리칸 걸 컬렉션' 라인의 인형들이다. 이들 인형들은 미국 역사 속에 살았던 소녀들을 콘셉트화한 것으로서, 인형을 통해 미국 역사를 자연스럽게 익히고, 소품들을 통해 역사 시대를 실제처럼 느낄 수 있게 한다. 아메리칸 걸 인형들은 족보처럼 자신에 대한 스토리를 담은 책을 갖고 있어, 아이들이 그 책을 읽으면서 인형을 자신과 동일시하게 된다. 예를 들어, '몰리'는 1944년에 태어난 톡톡 튀면서 애국심 넘치는 소녀라는 콘셉트로, 몰리를 통해 자연스럽게 제2차세계대전에 대해서 알고, 몰리의 옷차림과 소품들을 통해 당시의 생활상과 가치관을 배울 수 있다.

세번째, 인형만 파는 것이 아니라 다양한 주변환경들까지 팔았다. 아메리칸 걸을 소유한 아이들은 옷, 소품, 애완동물까지 마치 사람에게 하듯 인형에게 모든 것을 해줄 수 있다. 따라서 인형 이외의 부가적인 소품들을 팔 수 있는 시장을 열었다.

아메리칸 걸이 마텔에 인수된 이후의 행보에 논란이 있는 것은 사실이다. 부유한 집안의 아이와 그렇지 못한 아이들 간의 계층화 또는 지나친 자본주의를 부채질한다는 지적 같은 것들이다. 그러나 모든 인형들이 단순히 재미와 귀여움이라는 로엔드로 접근해 수십 년간 같은 것을 소비자들에게 주었던 인형시장에서, 역사와 교육이라는 시각을 제공한 아메리칸 걸의 접근방식은 새로운 하이엔드 시장의 발견이라는 측면에서 평가할 필요가 있다. 미국 언론들은 플레전트 롤런드를 통해 전혀 새로운 시장이 열렸다고 이야기한다. 아메리칸 걸은 이전에 시장이 전혀 주목하지 않았던 '사춘기 이전 소녀들'을 마케팅 전면에 부각시켰다. 이들은 인형과 책을 넘어 음악과 연예산업에서도 중요한 소비자로 등장해 미국에서만 무려 연간 930억 달러에 이르는 시장을 만들어냈다. 하이엔드를 지향한 한 기업가의 집념이 얼마나 큰 영향을 줄 수 있는지 보여주는 사례다.

안티가 백 명이라도 열성팬이 한 명만 있다면, 간다

뱅상 바스티앵Vincent Bastien HEC 파리 대학 교수는 중요한 것은 제품의 포지셔닝이 아니라 사랑이라고 강조한다.

"럭셔리는 포지셔닝하지 않는다. 기존 마케팅은 포지셔닝이 중요하지만 럭셔리는 포지셔닝하는 대신 오히려 '나는 누구다'라고 얘기한다. 다른 대상과의 위치를 비교하기보다 '나는 누구다'라고 규정하는 것이다. 이렇게 함으로써 그 브랜드를 사랑하는 사람들이 생긴다. 루이비통은 루이비통을 사랑하는 사람에게 물건을 판다. 즉 브랜드를 사랑하는 사람들을 통해 사업이 확장되는 것이다."

진정으로 사랑받는 브랜드는 소비자에게 팔려가는 것이 아니라 소비자와 결혼해야 한다.

아모레퍼시픽의 서경배 사장은 '필실천必實踐 정신'을 강조한다. 이는 도전하고 실천하라는 의미다. 아모레의 향수 '롤리타 렘피카Lolita Lempicka'의 비상은 한 번에 이루어진 것이 아니다. 여러 차례 쓴 도전을 '필실천'한 끝에 이루어진 것이다.

처음에는 누구나 생각할 수 있는 뻔한 전략으로 일단 도전했다. 1988년 대리점 유통방식으로 프랑스 시장에 국내 자체 브랜드 '순Soon'

을 내놓았다. 하지만 브랜드 인지도에 대한 한계에 부딪혀 1995년 사업을 접을 수밖에 없었다.

다음에는 '메이드 인 프랑스' 브랜드로 도전했다. 현지 법인 PBS를 설립하고 '리리코스Lirikos'라는 자체 브랜드로 상품을 출시했는데, 이는 한국 브랜드가 가지는 한계를 넘기 위한 고육책이었다. 전략은 좋았지만 결과적으로 실패했다. 프랑스 시장에서 색조 화장품과 향수가 주력 상품인 상황을 고려하지 않고 강점인 기초 화장품으로 승부를 건 것이 실패 요인이었다. 기초 화장품은 보통 쓰던 것을 습관적으로 사용하는 경향이 강하다. 반면 향수나 색조 화장품은 더 좋은 것, 새로운 것을 시도하는 경향이 강해 시장을 파고들기가 상대적으로 쉽다. 자사가 공략하는 상품이 '시도형'인지 '습관 고수형'인지 파악하는 것은 신규 사업 진출에 중요한 열쇠다.

하지만 두 번의 실패는 아주 값진 자산이 되었다. 두 번의 실패가 세번째 도전에 대한 강한 확신을 주었던 것이다. 실패하는 원인을 정확히 알고 도전하는 세번째 시도는 모든 것을 걸게 하는 정신적 힘이 되었다.

'삼인행 필유아사三人行 必有我師'라는 말이 있다. 세 명이 길을 가면 그중에 반드시 나의 스승이 있다는 말이다. 특히 하이엔드 시장의 경우에는 눈을 뜨고 찾아보면 그 길을 먼저 걸어간 선도 사례를 쉽게 찾을 수 있다. 아모레퍼시픽에는 시세이도Shiseido가 그런 경우였다. 아마도 시세이도가 없었으면 롤리타의 성공은 훨씬 더 뒤로 밀렸을지 모른다. 같은 아시아권 코스메틱 기업이라는 유사점도 있었다. 시세이도는 일본 시장에서의 성공을 바탕으로 세계 4위에 오른 화장품 브랜드지만, 글로벌 시장에서의 위상은 낮은 편이었다. 자존심 회복을 위해 시세이도는 프랑스 시장을 노크했는데, 이때 취한 전략을 아모레는 그대로 벤치마킹했다.

시세이도는 1990년 프랑스 향수회사 BPI를 설립하고, 1992년 미야케 이세이三宅一生, 1993년 장 폴 고티에라는 디자이너의 향수를 내놓았는데, 이것이 시장에서 제대로 통했다. 시세이도를 예의주시하던 아모레는 그 사례를 벤치마킹해 디자이너 향수를 내놓기로 하고, 한발 더 나아가 시세이도와 차별화하는 방법으로 여성 신진 디자이너를 내세우기로 결정했다. 디자이너 롤리타 렘피카는 남자 디자이너가 득세하는 프랑스 시장에서 여성 디자이너라는 희소성이 있었다. 인지도가 높지 않다는 약점은 오히려 참신함이라는 강점으로 평가됐다. 또한 이는 유니섹스 일색인 시장에 여심을 깨우고자 하는 의도가 숨어 있는 절묘한 전략이었다. 큰 성공은 패러다임의 변곡점에서 자주 찾아온다. 유니섹스 일색의 시장이라는 패러다임에 압도당하지 않고 자신만의 전략을 쓴 것이 아모레의 숨은 성공 요인 중 하나다.

우리는 흔히 너무 골몰하거나 많은 의견을 반영한 나머지 대단한 찬성도 격렬한 반대도 없는 회색의 선택을 하는 실수를 범한다. 어쩌면 이것이 가장 큰 실패를 방치하는 길인지도 모른다. 롤리타 렘피카의 사례는 예리한 선택이 얼마나 중요한지를 알려준다. 롤리타 렘피카의 향수를 처음 출시했을 때 아모레는 너무 양극화된 시장의 반응에 크게 당황했다. 좋아하는 사람은 열광적으로 좋아하는 반면, 싫어하는 사람은 극단적인 혐오감까지 드러냈다.

당시 파리는 유니섹스 분위기가 대세를 이루고 있었다. 롤리타 렘피카 팀은 대세를 따라가서는 승산이 없다고 판단해, 오히려 여성성을 강조하는 방향으로 베팅했다. 향수는 롤리타와 같이 소녀적인 달콤한 감초꽃 향에, 렘피카가 연상하는 관능적인 오리엔탈 플로럴

이 조화를 이루는 '여성'의 향수였다. 유니섹스 일변도에 질린 여성들은 환호했지만 여성권익주의자나 활동성향이 강한 여성들은 이 여성적인 향수에 극도의 반감을 나타냈다. 선택의 고비에서 아모레는 그간의 방식과 전혀 다른 선택을 했다. 열광적으로 좋아하는 소비자들에게 운명을 맡기기로 한 것이다. 그들은 혐오감이 느껴질 수 있다는 취약점을 무릅쓰고 마니아적이고 개성적인 향을 과감히 선택했고, 이 선택은 대성공을 거두었다.

광고 전략 역시 대세를 거슬렀다. 롤리타 렘피카의 광고를 진행한 사치&사치^{Saatchi & Saatchi}는 일반적인 매스미디어에는 광고를 하지 않고, 대신 디자이너 같은 전문가가 보는 잡지에 광고를 집행했다. 또한 롤리타 가든에서 옥외 행사를 실시하면서 대통령 영부인들과 유명인사들을 초청하고, 패션쇼장에 부스를 마련해 홍보하는 등 타깃형 홍보 전략을 펼쳤다. 어떤 고객이 처음 그 상품을 쓰느냐는 제품의 이미지 구축에 중요한 요소다. 아모레는 마니아적이며 취향의 수준이 높은 20대를 타깃으로 삼았다. 따라서 유통 채널도 클럽 오브 엑설런스^{club of excellence}와 같은 퍼퓨머리와 백화점을 위주로 한 셀렉티브 유통 전략을 폈다. 롤리타 렘피카는 기획 단계부터 매장 진열을 염두에 두어 패키지 디자인을 눈에 띄는 녹색으로 정하고, 많은 향수들 사이에서 진열 위치까지 선정하는 등 치밀한 준비를 했다. '승부는 고객의 손에 선택되어 계산대에 올라갈 때까지'라는 정신이 롤리타 렘피카 성공의 또하나의 숨은 주역이다.

오직 히스패닉을 위한 옷, 제니퍼 로페즈의 도전

열성팬 한 명을 위한 브랜드는 또 있다. 제니퍼 로페즈가 만든

J.LO가 그 주인공이다. 제니퍼 로페즈의 아버지는 컴퓨터 기술자이고, 어머니는 유치원 교사였다. 이들은 둘째 딸인 제니퍼가 변호사가 되길 원했다. 그런 제니퍼가 배우, 가수를 꿈꾸며 단역 출연을 시작하자 크게 실망했다.

"너는 히스패닉이야. 백인들 앞에 서는 것은 가망 없어. 그것보다 변호사가 돼야 해."

미국에서 소수민족의 설움을 누구보다 절실히 느꼈던 부모는 그녀가 변호사나 의사, 정치인이 되지 않으면 자신들이 처한 상황을 답습하게 될 것이라고 염려했다. 하지만 부모의 우려와 달리, 제니퍼 로페즈는 히스패닉을 대변하는 최고의 문화 아이콘이 되었다. 그녀는 자신이 믿었던 문화의 소프트파워로 부모님이 믿었던 법과 정치의 하드파워를 통쾌하게 눌러버렸다.

"만약 제가 변호사가 됐다면 배심원들 앞에서 춤을 추었을지도 몰라요."

제니퍼는 어렸지만 자신이 무엇을 하고 싶은지 명확하게 알았다. 그것이 그녀를 스크린으로, 무대로 이끌었다. 그녀는 부모가 단점이라고 생각한 히스패닉 출신이라는 사실이 오히려 강점임을 꿰뚫어보고 이것에 승부를 걸었다.

성공한 스타가 된 로페즈는 히스패닉들을 대변하는 하이엔드 브랜드가 없다는 사실에 주목했다. 그녀는 자신의 이름을 딴 J.LO라는 브랜드를 론칭했고, 연간 3조 원 이상의 매출을 올리는 브랜드로 급성장시켰다. 최첨단 유행을 걷는 아이템들을 히스패닉들이 살 수 있는 적절한 가격에 내놓아 폭발적인 구매를 이끌어낸 것이다. 로페즈는 소득이 낮지만 소비성향이 높은 히스패닉 시장의 특성이 비즈니스적으로 아주 훌륭한 시장임을 깨달았고, 히스패닉들은 그들만의 열정적인 성향으로 인해 트렌드에 민감하다는 사실도 놓치지 않았다. 그녀의 고객들은 유행을 잘 반영한 J.LO의 옷을 철이 바뀔 때마다 샀다. 또한 J.LO는 큰 사이즈의 옷을 내놓아 기존의 옷 사이즈에 불만이던 다소 글래머러스한 몸매의 히스패닉 여성들이 열광하게 만들었다. J.LO의 고객들은 오늘도 비주류인 히스패닉들도 해낼 수 있다는 아메리칸 드림의 증거를 쇼핑백에 받아들고 기쁘게 매장을 나선다.

단 한 명의 고객도 놓치지 않겠다, '스와치'의 3단 케이크 전략

중동의 변방 국가에서 태어나 어렵게 자랐지만 시계산업을 살린 남자가 있다. 하이엔드의 역사를 볼 때 가장 인상적인 사람은 아마 이 사람이 아닐까 싶다. 일본이 쿼츠 시계를 앞세워 스위스 시계산업을 바닥까지 유린할 때, 홀연히 나타나 일본 시계업계를 한 방에 궤멸시켜버린 영웅. 임진왜란으로 말하자면 명량해전과 같은 대첩을 거둔 사람이 바로 니컬러스 하이에크^{Nicolas Hayek}다.

각국 하이엔드 시장의 자료를 보다보면 특이한 인물을 만나는 경우가 종종 있다. 하지만 하이에크처럼 오래 머릿속에 남은 사람은 드물다. 도대체 그의 무엇이 이렇게 감동을 주는 걸까? 니컬러스 하이에크는 스위스인이 아니다. 그는 베이루트에서 태어난 전형적인 레바논 사람이다. 하이에크는 게릴라전에 몸살을 앓던 베이루트의 위험한 시내를 쏘다니면서 베이루트가 주는 다양함을 온몸으로 기억했다. 그는 당시 거리에 흔했던 전쟁고아들과 함께 어울려 돌아다니면서, 10대의 순수함 속에 전쟁의 참화를 가슴 깊이 새겼다. 그는 고아 문제에 대해 남다른 관심을 지녔고 이후 스와치 그룹에 무려 2만 4천 명이나 되는 고아 출신을 채용해 그들을 자식처럼 보살폈다.

하이에크는 변방에서 출발했지만 항상 적극적으로 배움을 선택해왔다. 그는 리옹 대학에서 수학, 물리학, 화학을 공부한 뒤 스위스 재보험Swiss Reinsurance의 공인회계사로 사회에 첫발을 디뎠다. 거기서 대기업의 생리를 배운 후 장인의 주물공장에서 잠시 일하며 중소기업의 경영에 대해 익혔다. 이곳에서의 경영도 꽤 훌륭했다고 전해지는데, 하이에크는 그 자리를 박차고 나왔다. "새로운 날들에서 더 많은 것을 배우겠습니다"라는 말과 함께.

1957년, 드디어 그는 자신의 회사인 하이에크 엔지니어링Hayek Engineering을 창업했다. 이 회사는 30여 국가에 3백여 클라이언트를 둔 컨설팅사로 성장했다. 아마도 컨설팅사의 설립 역시 당시 격변하는 유럽의 산업 지도를 공부하고 또다른 길을 모색하는 방법이었던 듯하다. 스위스재보험에서 하이에크 엔지니어링까지 하루하루가 배움의 장이었다. 경험이 쌓인 뒤로는 언젠가 기업을 맡아 그동안 배운 것을 세상에 돌려줘야 한다고 생각하고 있었다.

1981년 마침내 운명처럼 스위스은행에서 컨설팅 의뢰가 들어왔다. 경영위기에 몰린 ASUAG와 SSIH, 두 회사의 매각건이었다. 두 회사는 일본 시계업체 카시오Casio와 시티즌 워치Citizen Watch의 공세에 빈사상태까지 내몰렸다. 1974년 9천 1백만 개에 달하던 스위스 시계의 생산량이 1983년 4천 3백만 개로 줄어들었으니 보통 심각한 상황이 아니었다. 스위스 시계업체가 스와치의 분전으로 위상을 되찾은 뒤에도 한동안 일본 업체의 방문을 절대 불허했을 정도니, 당시 입은 상처가 얼마만큼 깊었는지 알 수 있다. 컨설팅을 요청한 스위스은행은 이미 심리적으로 백기를 든 상태로, 내심 두 회사를 일본 업체에 매각할 생각을 굳히고 있었다. 하지만 하이에크의 생각은 달랐다.

그는 그간 스위스 시계산업을 지켜보면서 늘 안타까운 마음을 가지고 있었다. 스위스의 위기는 스스로 초래한 부분도 분명 있기 때문이었다. 경쟁자는 늘 척박하고 생존이 힘들어 버려둔 변방에서 힘을 키우는 법이다. 스위스 시계는 고가의 수익성 높은 시장에 안주하면서 변방을 버려두는 우를 범했다. 일본이 전자시계로 힘을 키워 유럽을 휩쓸어버린다는 시나리오는 생각지도 못했다. 하지만 당시 소비자들의 시각은 변하고 있었다. 시계가 사치품이 아니라 일상용품의 개념으로 변하고 있었지만 높은 가격이 장벽이었다. 일본은 바로 이런 점을 파고들었다. 일본 시계업계는 직장인과 노동자, 그리고 소년과 소녀에게 저마진의 전자시계를 팔면서 하이에나처럼 세계 시장에 데뷔할 때만을 기다리며 칼을 갈았던 것이다.

하이에크는 스위스 시계업체의 뛰어난 기술력을 깊이 신뢰하고 있었기에, 운영구조의 재구축과 색다른 개념의 론칭을 통해 충분히 생존할 수 있다고 생각했다. 이때 제안한 방법이 하이에크 특유의 '3단 케이크 전략'이었다. 시계산업의 구조를 3단으로 나누어 가장 밑부분에는 저가 브랜드, 그 위에는 중가 브랜드를 배치하고, 상단 부분에 고가 브랜드를 배치하는 전략이었다.

3단 케이크 전략

시계산업의 구조를 3단으로 나누어 가장 밑부분에는 75달러 미만의 저가 브랜드, 그 위에는 4백 달러 수준의 중가 브랜드, 상단 부분에는 1백만 달러 이상 하는 고가 브랜드를 배치한다. 그리고 극상위 브랜드를 체리처럼 얹어둔다. 이 전략은 시장 전체를 장악하는 무시무시한 전략으로, 경쟁자가 힘을 키울 여지를 허용하지 않는다. 또한 하단의 케이크를 맛본 고객이 상단으로 이동하게 하는 이동 효과를 누릴 수 있는 장점도 있다.

하이에크는 이 전략을 갖고 ASUAG와 SSIH의 주채권단인 스위스은행 담당 임원을 먼저 만나 스위스 시계산업을 위한 회생계획을 이야기했다. 하지만 이미 마음을 정한 은행에 보기 좋게 거절당했다. 스위스은행은 자금회수를 위해 일본 기업에 스위스의 자존심을 팔아버리려고 했던 것이다.

하이에크는 문을 나서면서 비로소 때가 왔음을 느꼈다. 당시 그는 53세였지만 차근차근 준비해왔기에 자신 있었다. 그는 투자자를 모으고 SMK를 설립해, 그가 손바닥만큼이나 잘 알고 있던 스위스의 시계업체를 인수했다. 그는 4년간 이 업체를 다시 구조조정해, 마침내 1985년 두 회사를 합병한 새로운 회사의 지분을 장악했다. 이렇게 해서 세계 최대 시계 브랜드인 '스와치'가 탄생했다. 그는 그곳에서 후세에 일명 '3단 케이크 전략'으로 알려진 계획을 본격적으로 실행에 옮겼다.

하이에크는 자동차업계에서 강력한 모델 T를 앞세운 거인 포드에 맞섰던 GM의 전략을 벤치마킹했다. 당시 GM은 쉐보레에서 캐딜락까지 다양한 제품군을 들고 포드의 고객군을 뺏어나가면서 결국 포드를 벼랑 끝까지 몰았다. 3단 케이크 전략의 핵심은 한마디로 가격 단계별로 모든 고객을 장악한다는 것이다. 고가 제품의 존재는 필연적으로 저가 시장에서의 방어력을 필요로 한다. 변방을 내주면 언젠가 중심부가 타격을 입지만, 저가 시장에서 경쟁자가 크는 일을 막으면 고수익의 케이크 상단이 온전할 수 있다. 또하나의 장점은 저가 시장으로 진입한 고객이 상단으로 이동해 양질의 고객이 된다는 점이다. 이런 판단 아래 하이에크는 우선 매출의 90퍼센트 이상을 차지하는 저가 시장에 집중했다.

하지만 이미 고가 시장은 유럽 기업이, 저가 시장은 일본 기업이 장악한 상태였다. 그리고 사람들의 손에는 이미 하나의 시계가 채워져 있었다. 그들에게 차고 있는 시계를 버리라고 할 수는 없는 일이니, 방법은 다시 하나를 사게 하는 것이었다. 고민 끝에 하이에크는 옷에 주목했다. '시계는 하나지만, 옷은 여러 벌이지 않은가. 그렇다면 시계라고 꼭 하나일 필요가 있나'라는 생각이었다. 시계도 패션으로 만들자는 계획이었다. 세컨드 워치, 즉 패션 시계의 개념이 이렇게 탄생했다. 이후 스와치는 거부할 수 없는 디자인의 패션 시계를 일본 시계보다 더 싼 가격으로 내놓았다. 이를 위해 하이에크는 부품 수를 91개에서 51개로 줄이고, 생산효율화도 급속히 진행해 인건비 비중을 매출의 10퍼센트 이내로 줄였다. 즉 싸게 팔수 있는 내부의 체력을 만드는 동시에 제품의 매력도는 강화한 것이다.

이제 양보할 수 없는 결전의 불길이 옮겨붙었다. 그간의 전장은 스위스 시계가 점령하고 있는 영역이었다면, 이제는 일본 기업이 호령하는 저가 시장이 된 것이다. 스와치는 저가 시장에서 일본 시계가 감히 넘볼 수 없는 하이엔드 디자인으로 일본 시계를 압도했다. 일본 시계는 정확하고 가벼웠지만, 불행하게도 패션과 스타일이라는 하이엔드 코드를 시계에 심는 법은 알지 못했다. 불의의 타격을 입은 일본 업계는 비틀거리기 시작했다. 저가 시장에서 스와치가 맹위를 떨치자, 일본 시계는 고가 시계까지 기어오를 엄두를 내지 못했다.

현재 17개 브랜드를 거느리고 있는 스와치그룹의 신화는 단 30달러짜리 시계라는 케이크 1단에서 시작되었다. 일본 업체가 비틀거리는 사이 하이에크의 스와치는 오메가, 론진Longines 등 스위스 시계업체들을 차례차례 케이크 안으로 불러들였다. 드디어 3단 케이크 전략이 완성될 무렵, 스위스는 더이상 비틀거리는 거인이 아니었다. 당당하게 시련을 이겨내고 더 큰 거인으로 거듭났다.

당신이 다이아몬드를
고르는 것이 아니라,
다이아몬드가
당신을 고르게 될 겁니다.

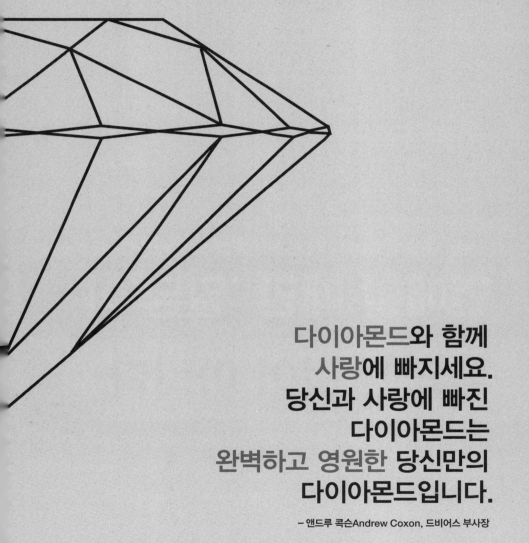

다이아몬드와 함께
사랑에 빠지세요.
당신과 사랑에 빠진
다이아몬드는
완벽하고 영원한 당신만의
다이아몬드입니다.

– 앤드루 콕슨Andrew Coxon, 드비어스 부사장

연애할 때만 '밀당'이 필요한 것이 아니다

파리의 에펠탑에는 엘리베이터가 여러 대 있다. 파리의 명소인 에펠탑은 한 번 올라가기도 쉽지 않다. 한두 시간 정도 줄을 서야 겨우 엘리베이터를 타고 올라갈 수 있다. 에펠탑을 보러 가기로 한 날, 관람객들이 적은 비수기여서 기다리지 않을 거라는 말에 내심 환호성을 질렀다. 하지만 막상 현장에 도착하니 그게 아니었다. 몇 대의 엘리베이터가 공사중이어서 가동되는 엘리베이터가 한 대밖에 없었다. 보통 때처럼 한 시간가량 줄을 서야만 했고, 갑자기 날씨가 흐리고 쌀쌀해지는 바람에 떨면서 기다렸던 기억이 있다.

이후 여행을 돌이켜보면서 에펠탑에서의 추억이 떠오르자 문득 엉뚱한 생각이 들었다. 왜 하필 그때 에펠탑 엘리베이터는 공사중이었을까? 물론 고장나서 공사중이었겠지만 일부러 한 대만 남겨놓은 것은 아니었을까? 어쨌든 덕분에 평소처럼 똑같이 한 시간 이상 기다려 에펠탑에 올라가야 했다. 만약 그날 에펠탑을 동네 옥상 올라가듯 쉽게 올라갔다면, 한 시간을 꼬박 기다려서 얻은 그와 같은 감동이 과연 있었을까? 한 시간 동안 떨면서 올려다본 에펠탑은 그만큼 더 장엄

하고 근사해 보였고, 드디어 올라가서 파리를 내려다보자 기다린 보람이 있다 싶었다. 이처럼 시간이란 '허들'은 불편하기만 한 것이 아니라, 그렇게 기다려서 얻은 것을 더 소중히 느끼게 만들어준다.

하이엔드 마케팅에서도 '허들'은 중요한 역할을 한다. 한남동의 한 아이스크림 가게는 일부러 줄을 세운다. 가게 앞에 도착한 사람들은 줄을 보고 '와~' 하면서 인증샷을 찍는다. 그들에게는 그 줄이 이벤트인 것이다.

좀 빨리 살 수 없을까 해서 매장 안을 들여다보니 한 명의 직원이 아이스크림을 내주고 있었다. 직원을 좀더 늘리면 고객을 줄 세우지 않아도 될 텐데, 길게 늘어선 줄 역시 제품에 대한 체험 중 하나이자 가장 효과적인 홍보수단이었다. 택시를 타고 그 앞을 지나간 적이 있는데, 택시기사조차 "저 집은 항상 저렇게 줄을 서 있어요. 그래서 나도 시간 맞으면 한번 사먹어보려고 합니다. 얼마나 맛있는지"라고 말할 정도였으니 대기 줄의 홍보 효과는 참 대단하다는 생각이 들었다. 에펠탑의 엘리베이터와 아이스크림 가게의 줄은 '허들'이 브랜드의 가치를 높이는 수단이라는 사실을 증명한다.

이래도 사지 않고 배길 수 있겠어? '동 페리뇽'의 유혹의 기술

허들 설정의 대가는 샴페인 동 페리뇽Dom Pérignon이다.

프랑스의 수사였던 동 페리뇽 신부는 어느 날 와인을 보관하던 창고에서 터져버린 와인병 하나를 발견했다. 안타까워하며 병을 수습하던 신부는 문득 손에 묻은 와인을 혀에 대보고는 특이한 맛에 놀랐다. 와인병에 남아 있던 와인을 잔에 따라 먹어본 동 페리뇽은 갑자기 수도원장의 방으로 뛰어들어가며 이렇게 소리쳤다.

"오, 신부님, 신부님, 제가 별을 마셨나이다."

이렇게 샴페인을 발견한 동 페리뇽 신부는 샴페인 역사상 중요한 발자취를 무수히 남겼다. 샴페인용 코르크를 만들어내고, 블렌딩 기술도 개발하는 등, 그로 인해 샴페인은 극적인 발전을 이루었다. 따라서 샴페인 세계에서 동 페리뇽은 가장 중요한 키워드 중 하나다. 이 가치를 잘 알아본 사람이 바로 LVMH의 베르나르 아르노 회장이다. 루이비통과 모에 헤네시가 합병하면서 만들어진 LVMH에서 내놓은 상품군 중 가장 수익률이 높은 것이 바로 동 페리뇽이 주축을 이루고 있는 와인, 주류 부문이다. 동 페리뇽이라는 워드를 점령하고 있는 이상 LVMH는 가장 큰 자산을 가지고 있는 것과 진배없다.

동 페리뇽에서 사람들이 주목하는 것은 그 아우라와 역사, 그리고 제품의 풍미 등이다. 하지만 동 페리뇽은 훨씬 더 철저한 브랜드다. 하이엔드 마케팅 측면에서 바라본다면 큰 도움이 될 수 있다. 왕조와의 역사적 제휴, 강점에 입각한 신제품 출시, 적절한 허들의 배치 등 동 페리뇽의 마케팅은 제품의 부가가치를 높이는 하이엔드 마케팅의 전형적인 사례 중 하나다. 동 페리뇽은 단지 감미로운 샴페인 수준에서 그치는 것이 아니라 2백여 년을 살아남은 저력 있는 마케터이자 고집 있고 자부심 강한, 강력한 브랜드를 갖춘 비즈니스의 강자다.

모에샹동^{Moet&Chandon}의 페리뇽은 시작부터 보통 브랜드와 다르다. 프랑스와 영국 왕조의 인연을 탄생 스토리로 안고 있다. 프랑스는 왕정이 붕괴했지만 영국은 살아 있었다. 프랑스의 부르봉 왕가가 화려하기는 이루 말할 수 없었지만 과거의 권력인 데 반해, 영국 왕실은 새롭게 아우라를 뽐내는 현재의 권력이었다. 이 프랑스 부르봉 왕가와 현존하는 최고의 왕족인 영국 엘리자베스 2세 여왕과 엮어놓았으니 누가 감히 동 페리뇽에 태클을 걸 수 있을까.

모에샹동이 역사에 등장한 것은 루이 15세의 정부, 마담 퐁파두르 부인에게 샴페인 2백 병을 납품하면서부터다. 퐁파두르 부인은 당시 프랑스 최고의 트렌드세터이자 핫걸이었다. 그녀는 루이 15세의 사랑을 독차지할 만큼 아름답고 지혜로웠다. 이렇게 시작된 프랑스 왕정과의 역사는 나폴레옹에 이르면서 절정에 달했다. 1804년 모에샹동의 경영자 장레미 모에Jean-Lémy Moet는 '나폴레옹 황제가 이 지역을 지나간다'는 천재일우의 정보를 접했다. 그는 나폴레옹 황제를 찾아가 샴페인을 선물했는데, 이 전략이 제대로 빛을 보았다. 맛에 감탄한 나폴레옹이 샹파뉴를 지날 때마다 장레미의 영빈관에서 샴페인을 즐겼던 것이다. 나폴레옹이 전 유럽을 석권할 무렵, 나폴레옹의 이런 취향은 다른 왕조에도 영향을 미쳤다. 러시아 알렉산드르 1세, 오스트리아 프란츠 2세, 영국 빅토리아 여왕 등이 경쟁적으로 모에샹동의 와인을 마셨다.

근대에 들어서면서 왕조가 쇠퇴하자, 모에샹동은 살아 있는 신화인 영국 왕조와의 인연을 모색하기 시작했다. 창업주 장레미는 없었지만 창업주의 탁월한 마케팅방법을 기억하고 있던 모에샹동은 영국 왕가와 엮일 기회만 엿보고 있었다. 그때 장레미의 나폴레옹과 같은 절호의 기회가 찾아왔다. 바로 영국 왕실이 찰스 왕세자와 다이애나의 결혼식에 쓸 샴페인을 찾는다는 소식이었다. 모에샹동은 총력을 다해 결혼식 샴페인을 납품하는 쾌거를 이루었다.

왕가의 스토리가 매력적인 이유는 단연 판타지를 자극하기 때문이다. 일반인과 다른 삶을 사는 왕족이기에 그들의 선택은 항상 주목을 받기 마련이다. 또한 외국 정상과의 의전, 다양한 왕가의 행사 등 화젯거리가 많고, 임기제가 아닌 세습제이기에 스토리 공급원인 왕가의 생명력은 거의 영구적이라는 장점이 있다. 왕가와 연관된 스토리도 와인처럼 숙성되면서 갈수록 위력을 발휘한다.

한편 모에샹동은 1830년대 샴페인의 구루인 동 페리뇽 수사가 머물렀던 성 베드로 수도원을 매입한다. 이것은 절묘한 신의 한 수로 두고두고 모에샹동에 강한 경쟁우위 요소로 작용한다. 20세기 초 샴페인 수요가 점점 늘어나자, 모에샹동은 프리미엄 샴페인시장에 본격적으로 진출한다. 1921년 월드클래스급(이는 전 세계에 통하는 것을 전제로 만들었다는 것을 의미한다) 샴페인을 출시하면서 '동 페리뇽'이라고 작명한다. 동 페리뇽이 가진 성 베드로 수도원은 샴페인의 예루살렘 같은 의미일 터인데, 이 이미지를 선점함으로써 가장 강력한 강점에 입각한 승부수를 띄울 수 있게 된 것이다.

모에샹동은 최적의 타이밍에 제품을 출시함으로써 마켓 임팩트를 극대화했다. 먼저 1869년 모에샹동에 강한 브랜드력을 부여한 나폴레옹의 탄생 1백 주년을 맞이해 앵페리알Impérial 샴페인을 출시해 깊은 인상을 남겼다. 1981년 7월 29일 세인트 폴 성당에서 열린 찰스 왕세자의 결혼식에 동 페리뇽을 축하 샴페인으로 납품할 때 모에샹동은 신부의 생년과 같은 1961년산 샴페인을 보통 병의 두 배 크기인 매그넘 병에 담아서 제공했다. 왕비와 같은 해에 태어나 농익은 샴페인, 그리고 영국 왕실, 다이애나, 꽃처럼 스러진 죽음 등 강한 마취성의 키워드를 다량 소유하게 된 것이다. 이때의 숫자 1961을 놓치지 않은 것은 모에샹동이 타이밍에 강하다는 점을 다시 한번 보여준다. 동 페리뇽은 그야말로 '유혹의 달인'이라고 할 수 있다.

적절한 제한은 간절함을 부풀린다

모에샹동은 적절한 허들 사용을 잘하는 것으로 유명하다. 우선 장소적 제한이다. 동 페리뇽은 에페르네에 위치한 동 페리뇽 외노테크OEnothéque 셀러라는 별도의 와인 저장고를 갖고 있는데, 이곳에 수많은 브랜드 중에서 단지 16종의 블랑 빈티지만 남긴다. 잘 고른 포도로 만든 샴페인에 또 한번 수량의 허들을 두는 것이다.

외노테크의 의미는 단순한 장소적 의미를 넘어선다. 병입 후 7년이 지나면 2차로 12~16년의 두번째 숙성기간을 거치는데, 결국 동 페리뇽 외노테크 셀러에 옮겨져 보관되는 시간까지 포함하면 외노테크 빈티지는 20여 년의 시간을 가지게 되는 것이다. 이러한 시간적 허들은 소비자들에게 높은 가격을 지불할 충분한 이유가 된다. 시간을 더 지체한다는 것은 브랜드에 비용적으로 큰 부담이다. 실제 샴페인 가격에서 숙성기간에 따른 금융비용이 40퍼센트 이상 된다는 조사 결과를 보면, 시간이라는 부분이 엄청난 결단임을 알 수 있다. 오래된 빈티지로 정성을 다해 만들어진 작품에 고마워해야 하는 이유는 바로 이런 희생이 있기 때문이다.

'고객'과 이혼할 것인가, '지금'과 이혼할 것인가

고객은 나날이 발전한다. 책도 읽고 여행도 떠나며 새로운 것을 경험하고 접해보지 못한 상품과 서비스를 만난다. 하지만 상품을 만들고 파는 사람들은 공부하기가 힘들다. 어제와 오늘의 매출을 따지는 전투 같은 하루를 꾸려나가기도 벅차다. 결과적으로 어쩔 수 없이 제자리에 머문다. 그래서 제품의 발전도 더디다. 제자리에 머문 결과는 참혹하다. 고객은 느닷없이 자신을 따라오지 못하는 제품과 과감한 결별을 통보한다. 고객을 따라 걷지 못하면 나의 비즈니스가 언제 이혼 통보를 받을지 알 수 없는 일이다. 비즈니스의 이혼 통보에는 가정법원이 없다. 중재기간도 없다. 통보를 받으면 그것으로 끝이다.

군인정신 빼고는 아무것도 없던 사내가 있었다. 전쟁통을 헤맨 경험 말고는 아무것도 갖지 못한 사내는 하나의 브랜드를 금과옥조처럼 간직하고 그 브랜드와 함께 더 나은 사람이 됐다. 이 사내는 현재 백화점에서 프리미엄 고가 스포츠 슈즈로 팔리는 오니쓰카 타이거 Onitsuka Tiger, 대중에게는 아식스Asics로 알려진 브랜드의 설립자 오니쓰카 기하치로鬼塚喜八郎이다.

현재 오니쓰카 타이거는 한국 최고의 백화점에 입점해 있다. 지나가다가 사람들은 갸웃거린다. 어디서 많이 본 브랜드와 닮았다고 생각한다. 디자인은 훨씬 고급스럽고 예쁘다. 어디서 들었는지 '아식스를 만드는 회사인데, 별도로 디자이너가 있나봐' 정도로 이해하고 넘어간다. 하지만 오니쓰카 타이거는 사실 아식스보다 훨씬 오래된 원조 브랜드다. 아식스는 1977년 오니쓰카가 중심이 되어 GTO와 제렝크Jelenk까지 3개 회사가 합병해 탄생한 종합 스포츠용품 기업이다. 일반적으로 아식스를 대중 브랜드로 알기 쉽지만 아식스야말로 가장 하이엔드적인 방법으로 세계적인 스포츠용품의 반열에 올랐다.

오니쓰카는 원래 기하치로의 성이 아니라, 양아들로 들어간 부부의 성이다. 그 시작부터가 창업주의 특이한 성격을 말해준다. 기하치로는 군인으로 제2차세계대전에 참전했다. 그가 소속된 10사단은 미얀마로 떠나게 되어 있었는데, 만약 떠난다면 살아서 돌아올 수 있을

지 없을지 모르는 일이었다. 그때 그의 상관이자 친구였던 오에다 중위가 이 죽음의 차출에서 그를 몰래 빼냈다. 떠나기 전날 오에다 중위는 술자리에서 기하치로에게 그의 양부모인 오니쓰카 세이이치와 오니쓰카 후쿠요를 돌봐달라고 부탁했다. 눈물을 흘리며 승낙한 기하치로는 제대한 후 약속을 지키기 위해 오니쓰카 부부가 있는 고베로 향했다. 그는 그곳에서 부부를 부양하며 오에다의 소식을 기다렸다. 하지만 날아온 건 오에다가 전사했다는 참담한 소식이었다. 며칠을 고민하던 기하치로는 오에다와의 약속을 영원히 지키기 위해 부부의 양아들이 되기로 하고 성을 바꾸었다. 오니쓰카라는 브랜드는 이처럼 바보스러울 정도로 우직한 약속 지키기에서 출발했다.

이후 기하치로는 계속 바보처럼 살아간다. 바로 농구화에 대한 고집이다. 모든 물자가 부족했던 전후 시절이라 삼베로 만든 마포신발이 날개 돋친 듯 팔렸다. 만들기도 쉽고 가격도 싸니 신발 장수들은 쉽게 돈을 벌었다. 하지만 기하치로가 만들기로 한 농구화로 말하자면, 발목까지 감싸야 하기에 재료가 많이 필요하고, 삼베 신발과는 비교할 수 없는 기술이 필요한 아이템이었다. 시장통 상인들은 기하치로를 손가락질하며 바보라고 놀렸지만, 기하치로는 삼베 신발을 보면서 그런 신발만 만들다가는 그렇지 않아도 신발을 잘 알지 못하는 그가 신발 장사꾼 정도로 머물다 끝날 것이라는 사실을 알았다. 그는 요시가와 고무공업소에 매일 낡은 자전거를 타고 출퇴근하면서 1년 동안 악착같이 기술을 배웠다.

마침내 농구화를 만들어 고베 고등학교에 가져갔지만 무슨 쓰레기 같은 신발을 가져왔느냐며 바닥에 내던져지는 모욕을 당했다. 그러나 기하치로는 자신의 첫 농구화가 내동댕이쳐진 그 고베 고등학교 체육관으로 무려 6개월간이나 출근했다. 감독과 선수들을 들들 볶으며 자신의 신발을 신기고 문제를 고치며 그렇게 6개월을 미친 사람처럼 학교 주위를 떠돌았다. 그리고 마침내 넘어지지도 않을뿐더러, 급정지와 급출발까지 가능한 최고의 신발을 만들어냈다.[7] 이렇게 오니쓰카 타이거는 시작되었다.

수년 뒤 오니쓰카의 운동화는 시장의 50퍼센트 이상을 점유하는 절대강자가 된다. '바보 전략'이 신발도 모르던 초보를 일약 업계 최고의 신발 전문가로 만든 것이다. 영어 속담에 "바보들은 천재들이 무서워 뛰어들지 못하는 곳에 뛰어든다"라는 말이 있다. 비즈니스나 영역의 확장은 똑똑한 천재가 아니라 좌우 재지 않고 계산도 충분히 하지 않은 채 오로지 신념 하나로 자신의 미래를 던져넣는 바보들의 신발자국에서 만들어지는 법이다. 가지 못한 미지의 영역은 계산 자체가 불가능하다. 그래서 어쩌면 미지의 신대륙 개척은 바보들의 전유물인지도 모른다.

흔히들 처음에는 부담 없이 작은 것부터, 쉬운 것부터 시작하자고 이야기한다. 하지만 오니쓰카의 생각은 달랐다. 쉬운 것, 부담 없는 것부터 시작하다보면 작은 기업들이 꽃도 피워보기 전에 대기업에 쉽게 짓밟힌다는 것이다. 내가 작으니 가시(엣지)가 있어야 하고 누구도 쉽게 모방할 수 없는 정상부터 노려야 한다는 주장이다. 이것이 바로 '후지 산 첫눈 전략'이다.

바닥이니까 오히려 수익을 따져야 한다. 수익이 없다면 바닥에서 벗어날 길은 요원하다. 브랜드도 딸리고, 제품력도 미미하지만 그래도 고수익을 낼 수 있는 방법을 찾아야 한다. 시장에서 고수익을 얻는 것은 범죄가 아니다. 사람들은 고가를 치르더라도 자신을 표현하고, 자신의 마음을 알아주는 제품을 원한다.

세계적인 지퍼회사를 만든 YKK의 요시다 다다오吉田忠雄 사장은 선善의 순환이라는 철학을 실천했다. 예를 들면, 요시다는 재봉틀을 1년마다 새 제품으로 바꾸었기 때문에 재봉틀회사 입장에서는 좋게 말하면 VIP요, 나쁘게 말하면 '봉'이었다. 직원들도 예산 낭비라며 불만이 들끓었다. 이때 요시다가 직원들에게 일갈한 이야기가 바로 '선의 순환'이다.

"재봉틀을 1년마다 새 제품으로 바꾸면 재봉틀회사는 매년 더 기능 좋은 재봉틀을 만들어 납품해야 한다. 그러면 재봉틀은 날이 갈수록 좋아질 것이고, 좋은 재봉틀은 좋은 제품과 생산량 증대로 이어지니, 결국 이는 YKK에도 이롭다. 좋은 제품을 만들면 고객은 반드시 구입해 회사에 이익을 준다. 회사는 이를 재투자해 더 좋은 제품을 만든다. 이렇게 회사도 고객도 사회도 발전하는 것이 바로 선의 순환이다."

역설적으로 기업은 최선을 다하기 위해 가격을 올릴 수 있어야 한다. 아식스의 스포츠화는 유사 제품과 비교해 비쌌다. 하지만 오니쓰카는 높은 R&D 비용과 차원이 다른 서비스를 구현하기 위한 원가가 포함된 원가계산표까지 도매상에 과감하게 공개했다. 그는 이런 방식을 통해 고수익 전략을 고집했고, 이것으로 배를 불린 것이 아니라 더 좋은 제품과 서비스 창출에 쏟아부었다. 결국 가격이 비싸도 최고인 오니쓰카의 신발을 소비자가 찾자 도매상들은 오니쓰카 없이는 운영이 어렵다며 줄지어 찾아왔다. 선의 순환이 이루어진 것이다.

오니쓰카는 사업을 유지하기 위한 첫번째 조건으로 적정 이윤 확보를 꼽았다. 이는 스티브 잡스가 애플을 다시금 맡았을 때 첫마디로 "우리에겐 수익이 필요해, 수익이!"라고 했던 것과 일맥상통한다. 오니쓰카가 미리 높은 수익이라는 그림을 그리고 사업을 시작한 것은 아닌 듯하다. 다만 그는 작고 보잘것없는 자신의 사업이 살아남으려면 최고가 되어야 하며 그렇지 않으면 생존이 불가능하다고 생각했다. 그의 최고에 대한 집착은 일명 '후지 산 첫눈 전략'으로 나타나 큰 성공을 거두었다.

오니쓰카는 고객들이 삼각형 모양을 이루고 있다고 생각했으며, 그중에서 삼각형의 절반인 딱 50퍼센트까지만 자신의 고객으로 생각했다. 전체 시장에서 50퍼센트는 기능과 디자인 등 가격 이외의 요소를 중시하는 고객이지만, 나머지 50퍼센트는 가격을 최우선으로 생각하는 층이어서 자신의 고객이 아니라고 단정한 것이다. 그리고 자신의 고객 50퍼센트 중에서도 가장 정상에 있는, 즉 후지 산의 첫눈에 해당하는 고객들을 먼저 공략했다.

오니쓰카는 정상의 첫눈 공략에 성공하면 이 첫눈이 흘러내리면서 그 밑의 땅까지 적신다는 설명을 즐겨 했다. 즉 가장 까다로운 고객이 만족하면 그 밑의 고객은 자연스럽게 따라온다는 것이다. 정상을 먼저 공략하기는 무척 어렵다. 오니쓰카는 최고 선수와 밀착해 제품을 개발하고 지난한 개량 작업을 거친 다음 발매하는 전략을 즐겨 썼다. 예를 들면, 당대 최고의 마라토너 데라사와 도루寺沢徹와 함께 밑창을 이중창으로 만드는 작업을 진행해 이 제품을 대히트시켰다. 또한 1960년 로마 올림픽에 출전하는 일본 대표선수단과 회심의 작업을 통

오니쓰카 타이거의 광고 화보.
오니쓰카의 '바보 전략'은
그의 브랜드를 업계 최고로
만들었다.

해 올림픽 본게임에서 무려 7개의 메달을 수확해 세계를 놀라게 했다.

맨발의 아베베Abebe가 더이상 맨발이 아니게 된 것도 바로 오니쓰카가 제공한 신발에 감탄했기 때문이다. 오니쓰카는 아베베의 맨발을 보고 처음에는 절망했다고 자서전에 쓴 바 있다. 그의 표현에 따르면, 아베베는 "발가락 끝에서 뒤꿈치까지 지방이 붙어 발바닥이 마치 고무판같이 되어 있었다".[8] 사실상 신발이 필요 없는 신체구조였던 셈이다. 하지만 오니쓰카는 일본의 길에는 유리파편이 많다는 등 갖은 설득 끝에 대회 시작 3일 전에 겨우 허락을 받고 단 이틀 만에 신발을 만들어 아베베에게 내밀었다. 아베베는 그 신발을 신고 결국 우승했으며, 흡족해진 당대 최고의 마라토너는 오니쓰카를 위해 기꺼이 제품 보증서를 써주었다. 마라톤의 우상인 아베베의 보증서에 열광한 마니아들의 폭발적인 반응 속에 아식스는 일본 시장에서 80퍼센트라는 경이적인 점유율을 달성했다.

지금이 아니면 언제, 내가 아니면 누가

금융권에 오래 몸담은 한 CEO는 온갖 문제에 둘러싸여 있으면서도 늘 표정이 밝았다. 노사문제와 금융사고 등 많은 문제가 있을 텐데 어떻게 늘 그렇게 즐거운 표정이냐고 물었더니, 그가 껄껄 웃으며 말했다.

"그런 문제를 해결하라고 제가 있는 것 아닙니까? 문제가 나타나면 문제가 풀린 이후를 생각합니다. 얼마나 후련합니까? 문제를 깨끗하게 해결해보세요, 세상에 그것보다 후련한 것은 없습니다. 문제가 나타나면 이제 곧 후련한 쾌감이 찾아올 거라고 생각합니다. 그러니 어찌 즐겁지 않을 수 있겠습니까?"

이런 CEO가 있다면 조직이 잘 굴러가리라는 것은 말하지 않아도 누구나 알 수 있다. 사실 조직에 어려운 문제가 나타날 때 해결 확률이 가장 높은 것은 경험과 맷집이 쌓인 사람이 나설 때다. 리더가 선두에서 악착같이 솔선하면 문제는 저절로 물러나 결국 진화된다. 이것이 비즈니스의 기본 법칙이다. 오니쓰카는 사업을 해나가면서 늘 두 가지를 되뇌었다고 이야기한다.

'지금 하지 않으면 언제 할 것인가? 내가 하지 않으면 누가 할 것인가?'

아베베에게 신발을 신기는 신문 자료의 사진 속 주인공이 바로 오니쓰카다. 직원들에게 시켜도 되련만 그가 직접 했다. 오니쓰카의 '내가 직접' 정신이야말로 삼베로 신발을 만들던 브랜드를 세계적인 브랜드로 키운 가장 큰 원동력이었다.

나의 직업은
사람을 유혹하는 일이다.

– 존 갈리아노, 영국의 디자이너

고객은 품질에 '만족'하고

행복에 '열광'한다

생명력이 있는 모든 것에는 스토리가 있다. 기능이 뛰어나면 인정하게 되지만, 스토리가 매혹적이면 사랑하게 된다. 무생물의 경우라도 스토리가 담기면 우리는 온기를 느낀다.

화장품 브랜드 메이블린Maybelline에는 '돌아온 사랑'이라는 탄생 스토리가 숨어 있다. 메이블린은 창업주 T. L. 윌리엄스T. L. Williams의 여동생 이름인 메이블에서 유래한 것이다. 메이블은 체트라는 남자를 열렬히 사랑하고 있었는데, 그가 다른 여자와 사랑에 빠지자 상심에 잠겼다. 이를 본 오빠 윌리엄스(그는 화학자였다)가 날아간 사랑을 찾아주기 위해 젤리와 분탄을 혼합한 마스카라를 만들어 여동생에게 주었고, 이를 눈에 바르고 체트를 만난 메이블은 기적처럼 체트를 연인으로 만든다. 이후 윌리엄스는 메이블과 마스카라의 주재료였던 바셀린을 합해 메이블린이라고 회사 이름을 짓는다. 여동생의 사랑과 이를 안타까워한 오빠, 그리고 돌아온 사랑. 짧은 스토리지만 멋진 드라마를 보는 것 같은 느낌이다.

향수 미스 디오르의 작명 스토리도 작은 에피소드에서 비롯되었다. '크리스티앙 디오르'에서는 새롭게 개발한 향수의 이름을 짓기 위해 골몰하고 있었다. 아침에 모두 모여 이름에 대해 회의중이었는데, 마침 크리스티앙 디오르의 여동생이 지각을 했다. 다들 모여 있는 자리에 문을 빼꼼히 열고 들어서는 여동생 디오르를 물끄러미 바라보던 오빠 크리스티앙이 갑자기 "그래, 미스 디오르로 하지"라고 해서 붙인 이름이다. 패션 역사에 길이 남을 거장과 그의 천방지축 여동생에 대한 오래된 이야기지만 들을 때마다 흥미롭다는 생각이 든다. 이것이 바로 마케팅에서 '스토리'가 지니는 힘이다.

사랑은 스토리를 타고 온다, '멀버리'

2009년, 다음해 출시될 백을 고민하던 멀버리Mulberry의 디자이너 엠마 힐Emma Hill은 머리가 터질 것처럼 아팠다. 백은 워낙 치열한 아이템이기 때문에 각 브랜드들이 사활을 걸고 전쟁 같은 경쟁을 벌인다. 옷과 구두처럼 사이즈를 따지지도 않고, 화장품처럼 민감도를 따지지도 않으며, 보석처럼 제각각인 기호를 주장하지도 않는 것이 바로 백이다. 그래서 백은 각 브랜드의 최고 효자 아이템이다.

이런저런 생각으로 인터넷을 돌아다니며 바쁘게 움직이던 엠마의 마우스가 갑자기 멈췄다. 영국 출신 모델이자 영국판『보그』편집장인 알렉사 청Alexa Chung이 멀버리 백을 든 사진이었다. 그런데 백이 좀 이상했다. 여성용 백이 아니라 남성용으로 내놓은 서류용 가방, 즉 브리프 케이스brief case가 아닌가. 게다가 알렉사 청은 여성용 꽃무늬 드레스를 입고 남성용 가방을 들어 언밸런스가 극에 달했다. 그런데 가만히 뜯어보면 볼수록 묘한 매력이 있었다. '이거다!' 엠마는 즉시 새로운 핸드백의 스케치를 시작했고, 알렉사에게 전화를 걸었다.

"당신의 이름으로 핸드백을 출시해도 될까요?"

이렇게 해서 전격적으로 출시된 백이 1971년 설립된 '어린' 브랜드 멀버리를 명실상부한 핫브랜드로 만든 '알렉사백'이다. 2010년 1월 일곱 가지 모델로 출시된 알렉사백으로 전 세계는 몸살을 앓았다. 당시 국내에 수입되자마자 1차 물량이 나흘 만에 매진됐으며 대기자 리스트가 2백 명 가까이 되었다. 이 백 하나가 멀버리 전체 매출의 56퍼센트를 차지할 정도였으니 그 인기를 짐작할 만하다.

물론 알렉사백이 이슈를 넘어 광풍이 된 것은 남성성과 여성성이 묘한 조화를 이루는 분위기와 더불어, 토트백이나 어깨에 메는 숄더형으로 모두 사용할 수 있으며 드레스부터 청바지까지 어디에나 잘 어울린다는 실용성도 큰 몫을 했다. 하지만 무엇보다 일등공신은 알렉사 청이다. 알렉사 청은 세계적으로 주목받는 트렌드세터 중 한 명이다. 중국인 아버지와 영국인 어머니 사이에서 태어난 알렉사는 동양적인 선과 서양적인 스타일이 묘하게 섞인 매력을 발산한다. 그녀의 스타일 역시 프렌치풍이면서도 영국적인 분위기를 자아내 '빈티지 패션의 절대강자'로 꼽힌다. 알렉사가 패션쇼나 행사에 뜰 때면 그녀의 패션은 스포트라이트를 제일 먼저 유혹하며 곧 대중의 위시리스트에 오른다. 알렉사백의 히트는 알렉사 청이라는 최고의 트렌드세터의 어깨에 잘 올라탄 멀버리식 '재크의 콩나무 전략'이 성공을 거두었기 때문이다.

사실 이런 콩나무 전략은 멀버리에서만 찾아볼 수 있는 것은 아니다. 하지만 아무나 하는 것도 아니다. 강한 집념과 주변의 상황을 놓치지 않는 기회 포착력이 중요하다. 그리고 그것이 어떻게 스토리로 증폭될 수 있는지에 대한 감도 있어야 한다.

콩나무 전략의 원조쯤 되는 것이 바로 에르메스^{Hermes}다. 지금도 여전히 스테디셀러인 켈리백과 버킨백이 다 이런 스토리로 탄생했다. 그레이스 켈리가 스테파니 공주를 임신중이었던 어느 날 차에서 내리는 순간, 갑자기 쏟아진 플래시 세례에 당황해 들고 있던 백으로 배를 가렸다. 1956년 잡지 『라이프』에 실린 이 사진은 모나코, 왕족, 최고의 여배우, 그리고 공주를 가진 왕비 등 낭만적인 키워드를 모두 함축했다. 이 사진을 본 에르메스는 즉시 모나코 왕실과 접촉해서 켈리 왕비가 들고 있던 그 백을 켈리백으로 부를 수 있는 영광을 줄 수 있느냐고 물었다. 켈리는 흔쾌히 동의했고, 그때부터 켈리백은 전설이 되었다.

버킨백도 마찬가지다. 샹송 가수로 전 세계적인 팬을 확보하고 있던 제인 버킨이 어느 행사장에서 에르메스의 CEO인 장루이 뒤마^{Jean-Louis Dumas} 옆에 앉게 됐다. 이때 제인 버킨이 핸드백 속 물건을 쏟았고, 이를 주워주던 뒤마는 이 모든 것을 잘 정리할 수 있는 백을 선물하겠다고 약속했다. 그 약속을 지켜 선물한 백이 바로 버킨백이다. 이 스토리는 많은 사람들이 알고 있지만, 스토리가 절묘해 비즈니스 감각이 뛰어났던 뒤마가 기회를 포착해냈다는 편이 좋을 것 같다. 그 순간 당대 최고의 이슈메이커인 버킨에게 친절하게 말을 건네고 홍보할 수 있는 절호의 찬스를 잡아냈으니 말이다.

콩나무 전략은 단순히 명품 백 정도에만 국한되는 것일까? 아니다. 인형과 같은 일반 제품에서도 이 전략의 힘은 유감없이 발휘될 수 있다. 전 세계에 인형은 셀 수 없이 많지만 세계 곳곳에 박물관까지 가지고 있는 인형은 아마도 '테디베어^{Teddy Bear}'밖에 없을 듯하다. 테디베어의 테디는 미국의 대통령 시어도어 루스벨트의 애칭을 딴 것이다. 이 이름에도 재미있는 스토리의 냄새가 폴폴 날린다.

참모들과 함께 곰 사냥을 나갔던 루스벨트는 허탕을 치고 빈손으로 돌아오게 되었다. 이를 지켜본 사냥꾼들이 대통령을 생각하는 마음으로 새끼 흑곰을 잡아 총을 쏘라며 기회를 주었다. 하지만 어미를 잃은 새끼를 본 루스벨트는 너무 불쌍해 총 쏘기를 거부하고 오히려 곰을 놓아주라고 말했다. 풀려난 새끼 곰은 무사히 숲으로 돌아갔다. 이 소식이 알려지자 지역 신문에서 이를 소재로 삽화를 그렸는데, 마침 근처에서 장난감가게를 하던 모리스 미첨Morris Michtom이라는 사내가 이 신문 삽화를 보고는 무릎을 쳤다. 이 훈훈한 일화와 자신의 사업을 기막히게 연결시킬 아이디어가 떠올랐던 것이다. 그는 대통령의 보좌관에게 연락해 대통령과 새끼 곰의 스토리에 감동을 받았다면서 자신이 만들 곰 인형에 대통령의 애칭인 테디를 붙여도 되겠느냐고 물었다. 기분이 좋아진 대통령은 흔쾌히 허락했고, 그뒤부터는 우리가 아는 대로다. 테디베어는 대박을 쳤다. 이 삽화를 수십만 명이 봤을 터인데 딱 한 사람, 장난감가게를 운영하던 미첨만이 기회를 포착했던 것이다.

거인의 어깨 위에 올라탈 수만 있다면 하나의 브랜드가 아주 오랫동안 가야 하는 험난한 홍보의 길을 상상치 못한 짧은 기간으로 단축시킬 수 있다. 그리고 그 기회는 언제든 열려 있다. 단, 그것은 기회를 포착하기 위해 불철주야 관심을 가지고 노력한다는 전제하에서만 가능한 전략이다.

마케팅 사상 가장 성공적인 홍보 영화

인적이 드문 새벽 뉴욕 5번가, 택시가 한 여자를 내려놓고 사라진다. 밤새도록 파티를 즐긴 여자는 햄버거를 먹으며 진열장의 보석을 보고 있다. 트루먼 커포티의 소설을 원작으로 한 영화 〈티파니에서 아침을〉의 첫 장면이다. 마케팅 사상 가장 성공적이라고 평가할 수 있는 이 '홍보 영화'는 탄생과 동시에 티파니를 세계적인 주얼리업체로 올려놓은 일등공신이다.

하이엔드 제품의 역사상 대놓고 홍보한 영화를 두 개 뽑으라면 〈로마의 휴일〉과 〈티파니에서 아침을〉을 들 수 있지 않을까. 〈로마의 휴일〉이 나온 이후에 로마의 브랜드 가치는 형언할 수 없이 올라갔다. 〈티파니에서 아침을〉이 티파니에 준 영향도 이와 비슷하다. 이때 재미를 본 티파니는 2013년 영화 〈위대한 개츠비〉도 스폰서를 맡았다. 주인공 데이지와 등장인물들이 착용한 티파니의 보석들을 보는 것은 영화에 또다른 재미를 주었다. 당시 티파니는 〈위대한 개츠비〉를 위한 '재즈 에이지 글래머Jazz Age Glamour' 컬렉션을 선보였는데, 이중 데이지 역을 맡은 캐리 멀리건이 착용한 브로치는 미국 원주민 인디언에게서 영감을 받은 디자인으로 총 25캐럿이 넘는 사보이 다이아몬드를 사용해 눈길을 끌었다.

최고는 화려하지만, 최초는 위대하다

새 술은 새 부대에 담으라는 속담이 있다. 하지만 새 술은 신선하기는 하지만 세월이 묻어 있지 않아 비싸게 팔 수 없다. 한때 와인 세계에서 마케팅 역발상의 성공 사례로 회자되었던, 햇와인 '보졸레 누보Beaujolais Nouveau'는 지금 거의 흔적조차 없다. 결국 진정한 하이엔드임을 입증하는 데 시간이 묻어나는 최초의 스토리를 고객 앞에 꺼내드는 것만큼 효과적인 것도 없다.

영국 런던에 있는 하드록 카페Hard Rock Cafe는 세계 최초의 테마 레스토랑이다. 하드록 카페의 역사는 음악 애호가인 미국인 사업가 아이작 티그렛Isaac Tigrett과 피터 모턴Peter Morton이 1971년 6월 14일 영국 런던에 하드록 카페 1호점을 열면서 시작됐다. 하드록 카페란 이름은 미국의 록밴드 도어스의 앨범 '모리슨 호텔Morrison Hotel'의 겉표지에 그려진 L.A.의 칵테일바 이름을 따서 지었다.[9]

하드록 카페는 자신들의 자랑스러운 역사를 마케팅에 적극적으로 활용했다. 개장 35주년 기념일에는 모든 음식을 1971년 가격으로 판매하는 '1971 행사'를 통해 자신들의 유구한 역사를 손님들에게 알렸다. 또하나 흥미를 끄는 행사로 '리타 데이'를 들 수 있다.[10] 하드록 카페 1호점의 첫번째 웨이트리스로서 아직도 첫날과 다름없이 접시를 나르고 있는 리타 길리건Rita Gilligan을 기념하면서 매년 '리타 데이' 행사를 진행한다. 최초라는 것은 이력서만큼이나 신뢰할 수 있는 충분한 근거가 된다.

우리나라에서 가장 오래된 문구기업은 어딜까? 많은 사람들이 큰 고민 없이 '모나미'를 꼽는다. 하지만 더 오래된 곳이 많다. 문화연필, 빠이롯트 같은 곳이 더 오래되었다. 모나미가 뇌리에 자리잡은 이유는 모나미가 만든 153펜이 한국 최초의 볼펜이기 때문이다.

사실 모나미는 2013년 실적이 별로 좋지 않았다. 디지털 미디어와 태블릿 등이 보급되면서 아날로그 기록을 위한 문구의 시장규모가 줄어드는 상황에서 문구업계의 1등이라고 피해갈 수는 없는 탓이었다. 그런데 불황의 와중에 모나미의 대표작인 153펜의 50주년을 맞았다.

오랫동안 고심하고 준비한 끝에 모나미는 50주년 기념 '모나미

153 리미티드 1.0 블랙'을 발표했다. 기존 153펜의 육각형 몸체와 똑딱이 등 디자인은 그대로 유지한 채 색깔만 은색 메탈로 바꾸고, 잉크는 독일산으로 교체한 후 금속 볼펜심으로 마감한 디자인이었다. 뭔가 더 고급인 펜을 기대했던 사람들에게는 "애걔, 고작 이게 다야?"라는 말이 나올 법한 디자인이었다. 하지만 153펜은 송하경 사장이 고백하듯 너무 간단해서 디자이너들이 변화에 애로를 느끼는 디자인이다. 게다가 2만 원이라니, 잘 팔릴까 하는 우려가 컸다. 하지만 결과는?

한정판 품절이라는 대박으로 나타났다. 그뿐 아니라, 개당 2만 원이던 가격은 중고 사이트에서 2014년 2월 중순 1백만 원까지 치솟았다. 무려 50배가 넘게 뛴 가격이다.

사실 뜯어보면 모나미에는 보석 같은 하이엔드 코드가 많이 숨어 있다. 먼저 153펜의 작명법이 샤넬식이다. 샤넬의 향수 넘버5는 시약 테스트 병 중 다섯번째 병이라고 해서 5가 붙었다. 샤넬의 대표 백인 2.55백은 1955년 2월에 발매됐다고 해서 2.55백이라는 이름이 붙었다. 모나미의 볼펜 출시 당시 15원은 대한민국의 대표성을 가지는 숫자였다. 당시 신문 한 부 가격, 서울 시내버스 요금 가격이 모두 15원이었기 때문이다. 이 '15'에 당시 회사가 세번째로 만든 제품이라고 해서 153이라고 작명한 것이다. 탄생의 사회적 배경과 회사의 상황이 잘 어우러진 최고의 작명이다.

2014년 영화 〈그랜드 부다페스트 호텔〉의 주인공 무슈 구스타브는 열차를 타고 이동하다 독일 병사들에게 무례한 검문을 당한다. 코피가 쏟아질 정도의 거친 몸싸움이 벌어지던 와중에 한 장교가 등장한다. 그 장교는 무슈 구스타브가 운영하던 부다페스트 호텔에 묵은 적이 있는데, 당시 구스타브에게 정성 어린 환대를 받아 가슴 깊이 감사의 마음을 갖고 있었다. 장교는 정중하게 무슈 구스타브에게 사과한 후 검문을 통과시켜주고 나중을 대비해 임시 패스포트까지 발급해준다. 모나미 153에 담긴 두번째 하이엔드 코드가 바로 이런 스토리다. 부타페스트 호텔까지는 아닐지라도 모나미 송하경 사장이 명함을 건네면 모나미 153펜에 담긴 자신만의 추억에 젖는 사람이 많다고 한다. 153펜을 쓰며 공부해 대학에 간 사람, 경영자가 된 사람, 판사가 된 사람 등 눈물겨운 사례들이 무궁무진하다고 한다. 나 역시 153펜만 잡으면 묘하게 마음이 편해짐을 느끼니 이런 펜이 '잇펜'이 아닐까 싶다. 당시 15원 하던 버스 요금이 천 원까지 올랐는데, 153펜은 15원에서 300원까지밖에 못 자랐다. 국민의 사랑을 그렇게 받았는데 그것밖에 '안 자란' 이유가 국민볼펜이기 때문이라니, 더 대견할 수밖에.

모나미 50주년 한정판은 모나미 153이 가지는 최초라는 이미지가 기념 한정판에도 적용된 경우다. 모나미는 지금 하이엔드화로 급격히 이전중이다. 중요한 시기마다 기억할 만한 한정 에디션을 3천 원, 5천 원 정도에 내놓을 계획이다. 송사장이 생각하는 모나미의 향후 영역은 제품이 아니라 문구로 할 수 있는 모든 것이다. 15원짜리 로엔드에서 2만 원짜리 하이엔드로 옮겨가는 모나미의 전략을 보다보면 우리나라에도 독일의 파버카스텔Faber-Castell과 같은 명품 문구회사가 나오지 않을까 기대해도 좋을 듯하다.[11]

'모나미 153 리미티드'의 광고 화보.
이 한정판이 인기를 끈 이유는, 모나미 153이 우리나라 최초의 볼펜이라는 스토리가 있었기 때문이다.

이상한 나라의 레몬

매년 2월이면 이상한 나라의 앨리스는 프랑스 망통으로 간다. 앨리스뿐 아니라 미키마우스도 피노키오도 같이 간다. 그들은 그곳에서 레몬을 만나 다시 새롭게 태어난다. 바로 프랑스의 망통 레몬 축제 이야기다.

프랑스 남부의 작은 마을 망통은 따뜻한 지중해성 기후로 재스민, 굴, 레몬 등이 유명한 곳이다. 덕분에 프랑스에서 최초로 레몬을 수출한 기록도 가지고 있다. 하지만 캘리포니아, 스페인 등에서 저가 레몬이 쏟아지자 망통의 수출은 난관에 봉착했다. 이때 망통이 차별화 전략으로 내세운 것이 바로 망통 레몬 축제다.

1934년에 시작된 이 축제는 행사를 진행하기 위해 무려 130톤에 달하는 레몬과 50만 개의 고무줄을 쓰는 세계 최대 레몬 축제다. 망통 축제가 대단한 것은 레몬 축제지만 주제가 레몬이 아니라는 사실이다. 레몬은 어디까지나 재료일 뿐, 주제는 바로 동화다. 어른 아이 누구나 잘 알고 좋아하는 동화를 주제로 정원사, 화가, 금속 가공업자 등이 참여해 레몬 조형물 전시, 레몬 카퍼레이드, 어린이 축제, 불꽃놀이 등을 펼친다. 예를 들어, 비오베스 공원에는『아스테릭스』『장화 신은 고양이』『피노키오』『미키마우스』등을 소재로 오렌지 레몬 조형물이 들어서는데, 크기가 무려 2~8미터 정도 되어 누구나 입이 쩍 벌어질 만한 놀라움을 안겨준다. 스스로 재미있는 것을 만들어내기 위해 노력과 리스크를 감수하기보다 이미 입증된 '동화'라는 재미를 콘셉트로 차용함으로써 성공 확률을 높였다는 점에서 국내의 축제들과는 차원이 다른 게임을 하고 있다고 볼 수 있다.

리추얼을 팔아라, '슈니발렌'과 '딥티크'

쇼팽과의 세기적 로맨스로 유명한 여성작가 조르주 상드는 매일 밤 20여 장의 원고를 쓰는 습관이 있었다. 병든 할머니를 돌보던 10대부터 몸에 익힌 습관이었는데, 밤은 그녀에게 혼자 사색할 수 있는 유일한 시간이었다. 자유연애주의자였던 상드는 잠든 연인의 침대에서 살그머니 빠져나와 비몽사몽간에 새로운 소설을 시작하는 경우가 적지 않았고, 심지어 아침에 내용을 기억하지 못하는 경우도 많았다고 한다. 하지만 이러한 그녀만의 사색과 창작의 리추얼 덕분에 상드는 그 많은 연애를 하고 자유분방하게 살면서도 『앵디아나Indiana』『렐리아Lélia』『마의 늪La Mare du Diable』 등 작품들을 쉬지 않고 발표할 수 있었다.

메이슨 커리Mason Currey는 저서 『리추얼Ritual』에서 "리추얼이란 하루를 마치 종교적 의례처럼 여기는 엄격한 태도이자 일상의 방해로부터 나를 지키는 유용한 도구, 삶의 에너지를 불어넣는 반복적 행위를 의미한다"고 이야기했다. 이런 '의식'의 의미를 비즈니스에 적용해 고객들이 어떤 제품에 대한 리추얼적인 이미지, 습관적인 이미지를 갖게 된다면 브랜드 강화에 큰 도움이 될 수 있다.

독일의 과자 슈니발렌Schneeballen은 먹을 때 전용 망치가 필요하다. 매장에 가면 산처럼 쌓인 과자에 망치가 박혀 있다. '장식이군!' 하면서 지나쳤는데, 어느 날 선물로 그 과자와 함께 망치가 들어왔다. 그 망치로 깨어 먹어야 과자가 맛있다고 한다.

이 과자는 그 자체로도 맛있지만 전용 망치로 깨어 먹는 재미까지 더해주었다. 어린아이들은 망치로 슈니발렌을 깨어 먹으며 재미있어했다. 어른들은 '굳이 망치까지 사면서 과자를 먹어야 하나'라는 생각도 들지만, 그렇다고 가족이 모인 곳에서 못을 박는 망치를 꺼내기도 뭣해서 1만 원이 넘는 망치를 사는 사람들이 많았다. 한마디로 망치로 깨어 먹는 행위는 그 자체로 이벤트였다. 슈니발렌은 단지 과자만을 파는 것이 아니라 망치로 깨어 먹는 '리추얼'을 판매함으로써 즐거움을 배가시킨 것은 물론 수익도 많이 올렸다.

오늘날 제품을 소위 세트로 판매하는 경우가 많은데, 이것은 '리추얼 생태계'를 만들어낸다. 아이폰과 갤럭시의 차이는 주변기기다. 메인 제품과 주변기기가 결합하면 부가적인 만족도가 발생한다. 제품력은 갤럭시가 훨씬 좋을지 모르지만 커버, 키보드 등 아이폰 전용 부가기기의 생태계를 볼라치면 아무래도 아이폰이 한 수 위다.

리추얼은 어떤 의미가 있을까? 우리는 귀찮은 리추얼을 허식이라고 부르기도 하지만, 리추얼은 그 자체로 존재를 강화하게 하는 효과가 있다. 미사나 제례 등은 권위를 강화하거나 집단의 유대를 강화하는 효과를 노렸다. 개인 단위의 리추얼은 또다른 의미가 있다. 퓰리처상 수상 작가인 존 업다이크의 리추얼은 '어떤 상황이든 규칙적으로 글을 쓰는 것'이다. 리추얼에 근접하게 규칙적으로 글을 쓰는 이유에 대해 "글을 쓰지 않는 즐거움도 상당해서, 그런 즐거움을 만끽하기 시작하면 다시는 글을 쓸 수 없을 거라는 두려움 때문"이라고 이야기했다. 리추얼은 분명히 어떤 필요성에 의해 시작하지만 반복되면 스스로를 단련시키는 습관도 된다.

리추얼이 하이엔드 마케팅에 주는 효과는 크게 두 가지다. 첫째, 비즈니스에 쓰이면 메인 제품과 부가 제품이 하나의 작은 문화적 시너지를 발생시켜 메인 제품의 만족도나 부가가치를 더 키우는 역할을 한다. 이는 부가적인 매출이나 고수익으로 연결될 수 있다. 둘째, 어떠한 제품이 리추얼의 습관적 범위에 소비되는 제품으로 간주되면 지속적인 소비를 만들어낼 수 있다.

러시아 황실에서는 부활절에 예쁘게 색칠한 달걀을 선물로 주고받는 전통이 있었다. 1885년 알렉산드르 3세는 황후 페오도로브나에게 선물하기 위해 러시아의 보석 명장 파베르제Faberge에게 '암탉 달걀'을 만들라고 명한다. 이렇게 하여 그 유명한 '파베르제의 달걀'이 탄생했다.

파베르제의 달걀 중 가장 비싼 '대관식 달걀'은 최근 크리스티 경매에서 무려 2백억 원이 넘는 가격에 나왔다. 러시아 보물 중 가장 작고 가장 비싼 작품으로 꼽힌다. 대관식 달걀의 구성을 보면 왜 상상할 수 없을 만큼 비싼지 이유를 알 수 있다. 황금색으로 에나멜 칠을 한 모조 달걀에 다이아몬드가 박혀 있고, 달걀을 열면 정교하게 만든 황금 마차가 들어 있다. 파베르제는 15개월 동안 하루 16시간씩 작업해서 이 달걀을 만들었다고 한다. 그의 달걀은 달걀 자체의 화려한 장식뿐만 아니라 작은 달걀 속에서 나오는 액세서리의 정교함이 더욱 놀랍기 그지없다.

파베르제가 만든 최초의 달걀인 '암탉 달걀'(1855년)은 흰색 에나멜을 바른 모조 달걀 안을 황금으로 장식해 노른자처럼 만들고 병아리를 넣었다. 병아리 안에는 왕관이, 왕관 안에는 또 붉은색 달걀이 들어 있다. 그의 다른 작품을 보면 기차나 마차, 가마, 심지어 궁전이 달걀 안에서 나오기도 한다. 나중에는 기계장치로 움직임과 소리까지 냈다. '수탉 달걀'(1903년)은 매시 정각에 달걀이 열리고 수탉이 튀어나와 몸을 흔들며 울도록 만들었다.[12] 이후 파베르제는 1917년 10월 러시아혁명이 일어날 때까지 달걀 장식품을 매년 부활절마다 만들어 황실 가족과 귀족에게 선물했다고 전해지는데, 이 습관적인 리추얼에 선택됨으로써 그의 작업실은 무려 7백여 명 이상의 장인이 일하는 세계 최고의 공방으로 도약했다.

또하나의 사례는 프랑스의 향초 브랜드 딥티크Diptyque다. 딥티크는 1961년 파리에서 디자인 관련 분야에서 일하던 세 명의 친구, 화가 데스몬드 녹스−리트Desmond Knox-Leet와 무대 디자이너 이브 쿠에랑Yve Coueslant, 건축가 크리스티앙 고트로Christiane Gautrot가 의기투합해 만든 향초·향기 브랜드이다.

딥티크의 향초를 제대로 즐기기 위해서는 향초만이 아니라 향초를 사용하기 위한 기구들이 필요하다. 딥티크는 향초의 환상적인 느낌을 최대한 누리도록 필요한 도구들도 같이 판다. 예를 들어, 심지는 중앙에 있을 때 가장 아름다우므로 중앙에 오도록 하는 '윅트리머wick trimmer'라는 도구를 만들고, 향초를 끌 때 연기가 심하게 날 경우 '스너퍼snuffer'라는 도구를 써서 흡수할 수 있게 한다. '캔들 리드candle lid' 같은 기구는 초에 먼지가 쌓이지 않도록 돕기 때문에 늘 깔끔하고 우아한 분위기를 즐기게 해준다.

딥티크의 광고 화보.
이미지에서도 향이 느껴지는 듯하다.

소비자들은 딥티크의 향초를 사고 이를 기념일이나 가족행사에서 제대로 즐기기 위해 스너퍼나 윅트리머를 또 산다. 이런 기구들은 굳이 필요 없다고 생각할 수도 있지만, 마치 리추얼을 치르듯 기구로 소중히 향초를 다룰 때 딥티크만의 낭만적인 기쁨이 더 증폭될 수 있다.

오브제의 힘

야니Yanni의 그릴링 치즈Grilling cheese는 구워먹는 치즈다. 치즈는 보통 생으로 먹는데, 이 치즈는 고기처럼 구워먹는다. 섭취방식의 특이함도 그렇거니와 구워먹으면서 어떤 맛일까 기대하며 기다리게 된다는 점, 그리고 여러 사람이 둘러앉아 치즈에 대한 이야기를 함께할 수 있다는 점 때문에 모임 같은 곳에 제격이다. 이렇게 '오브제'가 되기 때문에 이 치즈는 귀한 대접을 받아 일반 치즈보다 서너 배 비싼 가격에 팔린다.

하나의 제품을 놓고 이야기할 거리가 없다면 그 제품은 하이엔드가 아니다. 그냥 제품이다. 와인의 경우를 예로 들어보자. 와인이 테이블에 올라오면 와인 산지와 품종에서부터 그동안 와인을 마셨던 경험, 좋아하는 브랜드, 그리고 싸게 살 수 있는 곳, 와인산업의 문제 등 무궁무진한 이야기가 나온다. 그리고 그 이야기들을 나누는 과정에서 그 사람의 생각과 경험 같은 소중한 정보를 어림잡을 수 있다. 만약 두 사람이 와인을 마신다면 세 사람이 술을 마시는 것과 같다. 와인이라는 오브제는 한 사람의 역할을 충분히 하기 때문이다. 이것이 바로 오브제의 힘이다.

"글쎄, 임신중에 먹은 과자래!", 품질이 스토리가 되는 순간

몇 년 전 미국에서 수입된 과자 하나가 화제를 몰고 온 적이 있었다. 유명한 배우가 먹었다고 해서 입소문을 타기 시작하더니 급기야 백화점 매대에서 품절되는 사태까지 벌어졌다. 과자의 이름은 테라칩 Terrachips. 그런데 과자에 딱히 특별한 것이 들어가지는 않았다. 고구마, 비트, 토란 등 각종 근채류를 이용해 만든 천연과자로, 홍화씨유와 해바라기씨유를 제외한 어떠한 첨가물도 함유하지 않은 것이 특징이라면 특징. 특별한 첨가물이 없으니 자극적이지 않은 것은 물론이다.

그런데 대중이 큰 반응을 보인 지점은 그 여배우가 '임신중'에 먹었다는 사실이다. 임신을 하면 다양한 과자들이 당기기 마련이지만 참지 못해 먹었다가도 뭔가 찜찜한 기분이 드는 것이 사실이다. 그런데 까다로운 여배우가 아이를 위해 선택한 과자라니, '임신중에 마음 놓고 먹어도 되는 과자'라는 말만큼 품질에 강한 신뢰를 주는 슬로건이 어디 있을까.

하이엔드화를 위해서는 품질관리가 그야말로 기본 중의 기본이다. 단순히 기본을 넘어 품질관리도 전략적으로 생각해야 한다. 품질관리가 하나의 스토리가 되면 확실한 구매 포인트가 된다.

샴페인 브랜드 '크뤼그Krug'는 최고 등급에 속해 있지만 그 명성은 단순히 유구한 역사만으로 이루어진 것이 아니다. 이는 크뤼그 샴페인의 신비주의적인 품질관리 전략에서 기인한다.

전략의 핵심에는 바로 '크뤼그 테이스팅 위원회Krug Tasting Committee'가 있다. 그들은 170년 가까운 역사를 이어가고 있지만 크뤼그 샴페인 제조방법은 전혀 문서화되어 있지 않다고 홍보한다. 매뉴얼화는 표준화를 위해 꼭 필요한 장치이긴 하지만, 누구나 만들어낼 수 있다면 그것은 사실 최고의 제품이 아니다. 크뤼그의 샴페인은 크뤼그 와인 메이커와 크뤼그 가문 사람들이 한자리에 모여 기억을 더듬어가며 퍼즐 맞추듯 블렌딩을 완성한다.

위원회에서는 포도 수확이 끝나는 9월부터 다음해 3월까지 수차례 블라인드 테스트를 실시한다. 약 3백 종의 베이스 와인을 테스트하며, 이 과정을 통해 취합된 5천여 가지의 테이스팅 노트를 토대로 가장 이상적인 블렌딩을 만든다. 또 선택된 블렌딩의 샴페인은 겨울을 지나 봄까지 그 맛을 유지하고 있는지 최종 점검한다. 만약 이 테스트를 통과하지 못하면 그해의 크뤼그 샴페인 출시는 취소될 수도 있다.

크뤼그는 블렌딩의 원조인 보르도 특급 레드 와인의 메이킹 기술과 자사의 메이킹 기술을 비교해 홍보함으로써 자사 샴페인에 대한 신뢰도를 높이는 전략을 쓰고 있다. 블렌딩과 관련해 크뤼그는 독특한 '멀티 빈티지 전략'을 쓰는데, 블렌딩시 무려 120여 가지의 와인을 섞는 것으로 알려져 있다.[13]

SERI CEO 역시 출시 초기부터 '삼성경제연구소 임원회의'가 이런 위원회 역할을 수행해왔다. 매주 임원회의에서 이슈를 선정하고 콘텐츠를 선택했다. 이런 위원회 전략이 주는 공신력이 소비자들이 콘텐츠에 대한 퀄리티를 인정하는 데 큰 공헌을 한 것이 사실이다.

크로노그래프(시곗바늘 스톱워치) 전문 브랜드 브라이틀링Breitling은 총 4단계에 걸친 허들식 품질관리법을 가지고 있다. 첫째, 제작과정에서는 제품에 심각한 영향을 미칠 수 있는 습도, 온도를 통제하는 공기정화 시스템이 설치된 공장 안에서 제품을 제작한다. 둘째, 완성된 시계는 일주일 동안 1천 개의 품질검사 과정을 거쳐야 한다. 셋째,

제품 생산라인에서 불량품이 발견되면 동일 라인에서 생산된 전 제품을 폐기한다. 넷째, 모든 컬렉션이 무브먼트의 정확성과 견고함을 측정하는 '크로노미터 인증(COSC 인증)'을 받도록 한다. 브라이틀링은 모든 컬렉션이 COSC 인증을 받은 유일한 브랜드로 명성이 높다. COSC 인증은 스위스 공식 크로노미터 시험 기관의 테스트를 통과해야 받을 수 있는 것으로, 스위스에서도 생산된 시계의 단 5퍼센트만이 크로노미터 인증을 받는 것으로 되어 있다. 실제로 이런 까다로운 조건을 거쳐 제품이 제작되는지 고객이 직접 눈으로 확인할 수는 없다. 하지만 철저한 품질관리 원칙의 공표가 신뢰를 부를 수 있는 중요한 요소인 것만은 분명하다.[14]

품질관리도 아이디어! 벨루티

품질관리가 줄 수 있는 효과는 제품력에 대한 신뢰도임이 분명하다. 하지만 제품력을 넘어 스토리가 남고 이벤트로 기억될 수 있다면 신뢰 창출 이상의 기여를 한다고 할 수 있을 것이다. 프랑스의 남성 수제화 전문 브랜드 벨루티Berluti는 품질관리를 멋진 스토리로 만들어내는 사례다.

벨루티는 그들만의 특이한 색깔을 내기 위해 독특한 방법을 쓴다. 베네통Benetton, 소니아 리키엘 등 카디건 브랜드들이 주로 쓰는 방법인데, 먼저 염색되지 않은 가죽으로 구두를 만든다. 벨루티에서는 이 염색되지 않은 가죽을 '스킨(피부)'이라고 부르는데, '스킨'으로 구두가 완성되면 위에 원하는 색깔을 입힌다. 따라서 장인의 성향에 따라, 붓에 따라, 붓의 힘과 덧칠의 횟수 등에 따라 다양한 색감의 구두가 나온다. 보이는 각도에 따라 색감이 달라져, 사실상 세상에 하나밖

에 없는 구두이니 자신만만하게 그냥 구두가 아닌 '예술작품'이라고
홍보하는 것이다.

벨루티의 구두는 광채를 내기 위한 왁싱 단계를 거치는데, 이 왁
싱 기법도 남다르다. 달밤에 왁싱한다고 해서 '문왁싱'이라고 한다. 달
이 빛나는 밤에 왁싱하는 구두, 뭔가 낭만적인 분위기를 자아낸다. 이
것으로 끝이 아니다. 벨루티는 왁싱을 한번 더 거치는데, 바로 최고의
샴페인 동 페리뇽으로 하는 '동 페리뇽 왁싱'이다. 먹기도 어려운 명품
샴페인 동 페리뇽으로 구두를 왁싱한다? 언뜻 보면 좀 과하다 싶을 만
한데 설명을 들어보면 고개가 끄덕여진다. 벨루티는 본사에서 특수
제작한 에센스, 오일, 슈크림shoe cream으로 관리하는데, 이 구두 케어
크림과 오일의 유분을 날리기 위해 마지막 단계에서 동 페리뇽을 쓰는
것이다. 동 페리뇽 왁싱을 거치면 가죽의 손상도 막고 구두의 수명이
훨씬 더 늘어난다고 한다. 벨루티 고객들은 한자리에 모여 동 페리뇽
으로 왁싱하는 의식을 이벤트로 치르기도 한다. 벨루티는 그 가공방
법만 가지고도 제품의 우수성을 설명할 수 있을 만큼 가공방법이 특이
하고, 그 자체가 스토리가 된다.

벨루티의 광고 화보.
벨루티는 제품의 품질관리 자체가 곧 스토리가 된 브랜드다.

1위 탈환을 위한 보드카 종주국의 몸부림

보드카는 러시아의 대표적인 술이다. 하지만 오늘날 보드카의 이름으로 세계를 정복하고 있는 것은 영국산 스미노프Smirnoff, 스웨덴산 앱솔루트 같은 외국 브랜드들이다.

특히 보드카 세계 1위인 스미노프는 미국의 주류기업인 휴브레인Heublein의 제품이니 러시아 입장에서는 속상할 일이다. 김치가 기무치가 되어 세계를 석권하고 있다고 생각해보라. 원조 입장에서는 잠이 올 리가 없을 터이다. 러시아 시장의 3분의 2를 석권하는 원조 보드카 러시안 스탠다드Russian Standard의 회장 루스탐 타리코Roustam Tariko는 팔을 걷어붙이고 명예회복에 나섰다. 억만장자인 그는 보드카 품질 개선이라면 돈을 아끼지 않는 것으로 유명하다. 그는 또한 'vodka. com'이라는 황금 도메인을 소유하고 있는데, 외국인이 등록한 이 도메인을 국가적인 명예를 걸고 인수했다고 한다. 이 도메인의 매입가는 자그마치 31억 9천만 원이나 되었다. 물면 놓지 않는 루스탐 타리코 회장의 집념을 알 수 있다.

사실 러시안 스탠다드는 1998년에 정식 브랜드화시킨 제품이라 출발이 한참 늦다. 따라서 러시안 스탠다드 보드카는 출시 이후 7년 연속 세계에서 가장 빠르게 성장한 보드카라는 사실을 메인 슬로건으로 내세우고 있다. 보통 보드카는 술의 특성상 순수, 심플 같은 키워드를 대표 이미지로 채택하는데, 러시안 스탠다드는 비슷하긴 하지만 좀더 심도 있고 방향이 조금 다르다.

러시안 스탠다드는 그 유명한 주기율표를 완성한 화학자로 모르는 사람이 거의 없는, 러시아 최고의 화학자 드미트리 멘델레예프Dmitrii Mendeleev에게 도움을 요청했다. 여기에는 두 가지 연결 키워드가 있다. 상트페테르부르크와 40도라는 키워드다. 러시안 스탠다드는 상

한 덩이의 고기도 루이비통처럼 팔아라

트페테르부르크의 술로 알려져 있는데, 드미트리 멘델레예프가 바로 이 상트페테르부르크에서 '보드카로 가장 좋은 맛을 낼 수 있는 도수는 40도'라고 강의했던 것이다. 러시안 스탠다드는 바로 이 멘델레예프의 기준에 따라 40도의 순수한 보드카를 제조했다.

여기에 부가적으로 보드카는 순도가 가장 좋은 물을 사용하는데, 러시안 스탠다드는 빙하가 녹은 '라도즈스키 호수'의 물로 제조한다는 사실을 또다른 홍보 포인트로 삼는다. 즉 러시안 스탠다드의 키워드는 7년 연속 성장, 멘델레예프, 40도, 빙하호 라도즈스키, 이렇게 네 가지로 요약되는 것이다. 이 강력한 네 가지를 계속 반복하면서 (물론 7년은 8년으로 바뀌겠지만) 러시안 스탠다드는 잃어버린 보드카의 왕관을 찾아오기 위한 장정을 시작해 힘차게 질주하고 있다.

신발가게에 오는
모든 고객은
천국에 와 있다는
기쁨과 희열을 느껴야 한다.

– 마놀로 블라닉Manolo Blahnik, 패션 디자이너

인생은 모래시계다.
내 인생은 없어지고
남이 바라보는 내 인생이
기억되는 것이다.
그런 생각을 하면
더 가치 있는 일에
신경쓰게 된다.

— 송하경, 모나미 사장

열광하는 고객의 법칙 05

비쌀수록
대접받는다

서로 다른 가격대를 가진 코트와 계산기를 가지고 진행한 실험이 있다. 12만 5천 원짜리 코트를 보여주고 20분 거리에서는 12만 원에 팔고 있다고 알려준 뒤 그 매장으로 가겠는지 물었다. 두번째, 1만 5천 원짜리 계산기를 보여준 뒤 똑같이 20분 거리에 있는 가게로 가면 1만 원에 살 수 있다고 말한 뒤 가겠느냐고 물었다.

두 경우 모두 가격 차이는 5천 원으로 같다. 하지만 결과는 하늘과 땅 차이였다. 코트의 경우에는 29퍼센트만이 싼 매장으로 가겠다고 했지만, 계산기의 경우에는 무려 68퍼센트의 고객이 싼 매장으로 가겠다고 한 것이다.[15]

이처럼 고객은 제품의 가격이 쌀 때 가격 차이에 더 민감하다. 낮은 가격대의 제품 라인업이 가격의 압박을 더 크게 받는 것이다. 이런 심리적인 요인 이외에도 높은 가격 수준의 제품을 소비하는 계층은 가격에 둔감하다는 사실을 고려한다면, 오히려 높은 가격이 경쟁력을 가진다고 할 수 있다. 이것이 열광하는 고객을 만드는 하이엔드 마케팅 전략으로 '가격 전략'을 이야기하는 이유다.

가격은 자신감의 높이다, '레드불'의 배짱 전략

2011년 2월 SERI CEO의 가격을 120만 원에서 150만 원으로 20퍼센트 이상 올릴 때 난상토론이 벌어졌다. 온라인 정보 서비스에서 가격은 고객들이 아주 민감하게 반응하는 요소 중 하나다. SERI CEO 브랜드의 힘이야 워낙 믿고 있지만 가격을 한 번에 25퍼센트나 올리는 것에는 심리적인 공포가 컸다. 마케팅 부문을 중심으로 CEO 회원들이 이탈할 것이라는 반대 의견이 거셌다. 하지만 실제 결과는 예상을 빗나갔다. 회원들은 콘텐츠의 품질과 모바일 서비스의 추가, 그리고 더 나은 퀄리티의 약속을 믿었다.

요즘 편의점에서 많이 찾아볼 수 있는 레드불은 참 배짱 있는 브랜드다. 레드불은 같은 카테고리의 에너지 음료들과 경쟁하면서 오히려 양은 반(250밀리리터)으로 줄이고 가격은 높이는 반대 전략을 썼다. 실제로 옆에 나란히 있는 국산 에너지 음료의 두 배 가격이다. 미국에서도 이러한 가격 전략을 고수하는데, 그럼에도 매출은 양대 거인의 대표상품을 압도한다.

음료 분야 잡지인 『비버리지 다이제스트Beverage digest』에 따르면, 2005년 에너지 음료 판매 1위는 레드불로 2억 4100만 유로를 기록했다. 2위는 2억 2200만 유로인 다이어트 코크, 3위는 1억 8800만 유로인 다이어트 펩시다. 두 배 가격이라는 핸디캡을 안고도 코카콜라와 펩시라는 양대 거인을 꺾은 것이다. 판매량이 적은 만큼 수익률 또한 다른 음료가 따라오기 힘든 고수익을 누리고 있다.

창업주인 디트리히 마테시츠Dietrich Mateschitz가 태국에 출장을 갔다가 시차적응으로 고생하던 중 현지 에너지 드링크를 마시고 피로를 말끔히 해소한 후 이를 오스트리아로 들여왔다는 게 레드불의 탄생일화다. 레드불을 마신 사람은 "내일의 체력을 오늘 대출한 기분"이라고 표현할 정도니 탄생일화가 이해된다. 레드불은 에너지 드링크라는 절묘한 포지션으로 거인들의 틈바구니에서 자신의 확고한 자리를 마련했는데, 레드불의 성공 사례를 보면 초콜릿이 처음 유럽으로 퍼지던 방식과 유사하다는 생각을 갖게 된다.

초콜릿의 원조는 남아메리카의 아즈텍인데, 당시 왕이었던 몬테수마Montezuma가 아즈텍을 찾은 코르테즈Cortez에게 액체로 마시고 있던 초콜릿을 권했다고 전해진다. 코르테즈는 초콜릿을 마시고 나서 피로가 해소되고 에너지가 샘솟는 것을 경험해 이것을 유럽으로 가져왔다. 프랑스의 루이 16세는 하루에 한 잔 이상의 초콜릿 음료를 마셨는데, 유럽에 초콜릿이 성욕 증진제로 소문나면서 폭발적으로 확산됐다. 레드불이 그저 색다른 맛 정도로 어필했다면 지금과 같은 급속한 확산이 이루어졌을까? 레드불의 슬로건은 '레드불은 당신에게 날개를 달아준다'이다. 피로 해소 에너지 드링크라는 사실을 직접적으로 강조하는 것이다.

이렇게 레드불이 안착한 데는 세일즈맨이었던 창업주의 역할이 컸다. 그는 초기 전략을 이미지 구축에 집중하고, 생산은 아웃소싱하

195

레드불의 슬로건은
'레드불은 당신에게 날개를 달아준다'이다.

(이미지 출처: www.redbull.com)

는 과감한 전략을 택했다. 마테시츠는 레드불의 콘셉트에 대해 확신을 가지고 마케팅을 진행했다.

그렇다면 레드불은 고수익을 마케팅에 어떻게 활용했을까? 가장 눈에 띄는 활동은 음속 돌파 프로젝트다. 이런 생각을 어떻게 할 수 있는지 참 대단하다. 아마도 경쟁사는 갑자기 뒤통수를 맞은 듯한 충격을 받지 않았을까. 음속 돌파 프로젝트의 이름은 '레드불 스트라토스Red bull stratos'. 12만 피트, 즉 37킬로미터 상공까지 기구를 이용해 상승한 다음 자유낙하해 인간의 몸으로 음속을 돌파하는 프로젝트다. 비행기를 타고 음속을 돌파한 최초의 인물은 척 예거Chuck Yeager로, 1947년 10월 14일에 이 일을 해냈다. 레드불은 음속 돌파 비행 일정이 지연되는 바람에 요행히 척 예거가 비행기로 돌파한 날짜와 같은 2012년 10년 14일 인간의 몸으로 음속 돌파에 성공했다. 이전부터 시도했지만 하늘이 도왔는지 딱 14일에 맞추어 성공한 것이다. 레드불은 이것이 자신들의 후원으로 가능했다는 사실을 강조하며, 에너지 드링크로서의 이미지를 강화하는 동시에 브랜드를 대중에게 널리 알릴 수 있었다.

레드불은 또한 핫한 스포츠에 투자를 아끼지 않았다. 미국 프로축구 뉴욕 레드불스, 오스트리아 분데스리가의 FC잘츠부르크, 레이싱팀인 레드불 레이싱을 운영한다. 레드불이 파는 것은 단순히 에너지 드링크만이 아니다. 레드불을 마시는 사람들은 레드불 소속팀의 경기를 보고 즐기면서 즐거움을 소비하고, 상상을 넘어선 도전을 보면서 쾌감을 느낀다. 두 배 비싼 제품의 가격은 도전과 스포츠에 기꺼이 치르는 무형의 가격이다. 맛으로만 소구하는 1차원적 접근으로는 타 음료에 길들여진 혀를 사로잡을 수 없다. 레드불처럼 차원이 다른 게임을 전개해야 비로소 판이 바뀌는 법이다.

따라올 테면 따라와봐, '크뤼그'의 '동 페리뇽' 따돌리기

레드불이 기존의 룰을 비틀어 판을 장악한 경우라면, 기존 강자가 신흥 도전자에게 공격받았을 때는 어떻게 해야 할까? 업종에 따라, 상황에 따라 다르겠지만 최고의 샴페인 크뤼그가 동 페리뇽의 거센 공격을 받았을 때의 상황을 보면 또다른 인사이트를 얻을 듯하다.

1950년대 크뤼그는 많은 예술가들에게 사랑받은 최고의 샴페인이었다. 그러던 중 크뤼그가 한정된 판매수량(크뤼그는 동 페리뇽의 10분의 1 수준인 연간 60만 병을 생산한다)으로 인해 전체 시장에 대한 지배력이 강하지 못하다는 사실을 간파한 와인 명가 모에샹동의 거센 공격을 받았다. 공격의 선봉장은 동 페리뇽이었다. 그들은 동 페리뇽의 가격을 크뤼그의 세 배로 책정하는 모욕적인 공격을 가했다. 일순 크뤼그는 저가 샴페인으로 강등되는 상황이 벌어진 것이다. 또한 모에샹동은 영국에서 인정받은 크뤼그의 진가를 허물어뜨리기 위해 영화 〈007〉과 손잡았고, 제임스 본드는 1탄에서 내내 동 페리뇽을 마셔댔다. 가격과 이미지에서 일격을 맞은 크뤼그는 어떻게 대응했을까? 쉽게 생각하면 동 페리뇽과 같은 고가 와인을 내놓지 않았을까 싶지만 그렇지 않다.

당장 새로운 빈티지의 와인을 내놓는 것이 쉽지 않을뿐더러 크뤼그가 한물갔다는 나쁜 소문을 그냥 두는 것도 브랜드에 치명적이었다. 크뤼그는 잠시 침묵하다, 즉각 전 제품의 가격을 크게 인상했다.[16] 일반적인 제품의 가격 법칙과 전혀 반대되는 대응이다. 동 페리뇽 같은 신진 와인과는 차원이 다르다(크뤼그는 무려 6대에 걸친 샴페인 명가다)는 사실을 가격 인상으로 확실하게 보여준 다음, 비장의 무기 개발에 들어갔다. 와이너리 포도밭 중 최고의 테루아르terroir를 골라 최고의 신무기를 개발한 것이다. 그렇게 탄생한 것이 고급 샴페인 클로 뒤

메닐Clos du Mesnil이다. 가격 인상으로 시장에 건재함을 보여준 다음, 그 추가수익을 신무기 개발과 홍보에 투입함으로써 오히려 위기를 반전의 기회로 삼은 것이다. 결과는 크뤼그의 승리였다. 크뤼그는 브리태니커 백과사전에 크뤼그 마니아를 일컫는 '크루기스트krugist'라는 말을 등재시키며 다시금 왕좌에 올랐다.

가격의 중력에 예외는 없다

스위스 브랜드 카렌다시Caran d'Ache는 세계 최고의 필기구를 만들어내는 기업으로 손꼽힌다. 카렌다시는 러시아어로 '연필'이라는 뜻이다. 최고의 제품을 만들어내는 필기구업체치고 이름이 굉장히 직설적이고 간단명료하다. 하지만 이 간단한 이름을 가진 브랜드가 쌓아올린 업적은 결코 간단치 않다.

카렌다시는 1924년 스위스의 시계 기술자였던 아르놀트 슈바이처Arnold Schweitzer가 창립했다. 엄밀히 이야기하면 당시 보유중이었던 브랜드 '에크리도 펜슬Ecridor pencil'의 이름을 개명한 것이다. 아르놀트는 그가 존경하는 러시아 출신 프랑스 풍자화가 에마뉘엘 푸아르Emmanuel Poiré가 연필(카렌다시)로 작업하는 모습을 보고 카렌다시로 예명을 정했다고 한다.

카렌다시의 역사는 끊임없는 전진의 역사다. 세계 최초로 연필심 자동 생산기계를 발명해 특허를 취득했고, 세계 최초로 물에 녹는 수용성 색연필과 육각형 연필을 발명했으며, 당대 최고급 만년필을 만들어냈다. 특히 2007년 출시된 '1010 만년필'은 국내에서도 전시되어 화제를 모았다. 딱 세 시간만 전시회를 열고 떠나 아쉬움을 남겼지만 말이다. 전 세계를 통틀어 골드 버전은 열 개, 코팅에 로듐을 처리한 로듐 버전은 5백 개만 한정 판매했는데, 골드 버전의 가격은 1억 6천만 원, 로듐 버전의 가격은 1천 6백만 원에 달했다.

　실제로 이처럼 고가 제품군을 소화할 만한 사람이 일반적인 사람들은 아니다. 하지만 고가 제품군을 선보일 수 있다는 브랜드의 자신감은 마케팅에 아주 중요한 요소다. 한자리에 머무르면 가격의 중력에 휩쓸리는 운명이 될 수밖에 없다. 끊임없이 전진해야 하는 것이다.

　가격이 인상되는 경우는 두 가지가 있다. 물가나 원재료의 상승으로 어쩔 수 없이 올리는 경우와 의도적으로 올리는 경우다. 어쩔 수 없이 올리는 경우는 득보다 실이 많다. 제품의 질이 좋아지는 등의 혜택이 없다면 당연히 소비자는 등을 돌리고 매출액 감소로 이어지면서, 가격을 다시 내리거나 사은품을 끼워주는 식으로 가격 상승분을 채우게 된다. 하지만 의도적으로 올리는 가격은 자신감의 상징이다.

　장노엘 캐퍼러Jean-Noel Kapferer 교수는 "가격 인상이 회사의 책임을 전반적으로 끌어올려준다"고 말한다. 한발 더 나아가 가격은 조직원들의 사고방식에 결정적인 변화를 준다고 한다. 가격이 올라가면 회사의 모든 이들이 높아진 가격만큼 고객에게 더 많은 가치를 주기 위해 고민하기 때문이다. 결국 높아진 가격으로 살아남기 위해서 조직은 스스로 심오한 내부적 변화를 이끌어낸다.[17]

3만 원짜리도 얼마든지 명품이 될 수 있다

　2012년 11월 H&M 명동점에 아침부터 4백 명이 줄을 섰다. 마틴 마르지엘라Martin Margiela와 컬래버레이션으로 만든 한정판을 사기 위해서였다. 대기 인원만 1천 2백 명에 달하는, 그야말로 엄청난 성황이었다.

흔히 패스트 패션이라고 부르는 SPA는 제조 일괄 유통형 의류다. 아이템이 빨리 바뀌는 대신 가격이 싸기 때문에 인기가 많다. 패스트 패션 브랜드의 가격이 싸긴 하지만 그들이 성공하는 데는 하이엔드 코드가 숨어 있다. 하이엔드라고 해서 무조건 비싸게 파는 것이 능사는 아니다. 패스트 패션은 비록 가격은 저렴할지라도, 이전에는 가능하지 않을 거라고 생각하던 일들을 해내 세계 상품시장의 트렌드를 주도하는 산업군이 된 것이다.

첫째, 희소성이다. 패스트, 말 그대로 썰물처럼 들어왔다가 썰물처럼 빠져나가는 속도가 정말 빠르다. 다수의 아이템을 제작하는 시스템이라 한 가지 아이템의 수가 많지 않다. 잠시 구매를 미뤘다가 다음주에 가면 제품이 없기 십상이다. 구조적으로 나와 같은 옷을 입은 사람이 많을 수 없다. 길에서 자신과 같은 옷을 입은 사람을 만나본 사람은 한정성이 얼마나 중요한지 알 것이다.

둘째, 안목이다. 자라Zara의 아만시오 오르테가Amancio Ortega 회장은 패션쇼 컬렉터다. 그는 파리, 밀라노의 패션쇼를 빠짐없이 다닌 뒤 이를 제품에 반영하는데, 그 스피드가 놀라울 정도다. 자라의 매장은 디자이너들에게 공부장소이기도 하다. 시간이 없어 또는 금전적 여유가 없어 직접 패션쇼장에 가지 못한 열혈 디자이너들은 자라 매장에 와서 각종 패션쇼를 한번에 관람하는 셈이다.

패스트 패션의 디스플레이는 명품 매장에 견주어 절대 뒤지지 않는다. 명품의 공식이라는 것도 이제는 냉철히 인수분해해서 적용시켜야 하는 시점이며, 고객 지향적으로 커스터마이징customizing해 재조합해야 한다. 명품을 마케팅하는 방식이 가격과 판매를 위한 도구만으로 존재한다면 그것은 아무런 효력을 발휘하지 못한다.

셋째, H&M 경우처럼 예술 분야와 컬래버레이션을 할 수 있다. 가격이 비록 싸다고 할지라도, 아트와의 결합을 통해 제품의 인지 수준을 한층 높일 수 있다.

넷째, 명품 못지않은 철학이다. 사실 가격은 명품의 절대 구성 요소가 아니다. 그보다는 철학을 바탕으로 한 품질과 브랜드 이미지가 더 중요하다. 자라의 오르테가 회장은 어린 시절 무척 가난했다. 그는 패션에 관심이 많았지만 그의 처지에 살 수 있는 옷이 거의 없었다. 그는 매장에 걸려 있는 값비싼 옷들을 매일 쳐다보면서 어린 시절 수없이 물었다.

"왜 옷은 저렇게 비싸야 하지?"

그는 그 질문에 스스로 답하기로 했다. 그리고 자라를 창립했다. 가난한 어린 소년의 질문 덕분에 우리는 오늘날 싼 가격에 여러 가지 옷을 마음껏 입을 수 있다. 유니클로UNIQLO의 야나이 다다시柳井正 회장의 철학은 '옷을 바꾸고, 상식을 바꾸고, 세상을 바꾼다'이다. 결론적으로 옷 하나로 세상을 바꾸겠다는 것이다. 옷에 대한 그의 확고한 신념, 그리고 소비자에 대한 마음은 경건한 철학자를 연상시킨다. 누구나 입고 싶은 옷을 형편에 맞게 사서 스타일을 만들 수 있도록 한 것, 그것이 바로 패스트 패션을 하이엔드라고 칭할 수 있는 이유다. 패스트 패션 브랜드들은 오늘날에도 공격적인 비용 절감과 끊임없는 제조 공급 유통 사슬망 관리로 적절한 가격을 유지하기 위한 '다이어트'를 하고 있다.

명품의 첫번째 속성은 품질이다

시간이 지나면 한 산업 내에서 가격 하락 압력을 이겨낸 브랜드들은 상위 가격으로 존재하고, 이를 이겨내지 못한 브랜드들은 대부분 하향 이동해 로엔드의 계곡에서 아우성치며 경쟁한다. 이 상황에서는 중간 가격대가 비는데, 이 공간이 가격의 무풍지대다. 공포의 무풍지대지만 비즈니스적으로는 기회의 무풍지대이기도 하다. 폴란드에 일어난 주목할 만한 움직임을 살펴보자.

폴란드 명품시장은 2007년부터 2012년까지 5년간 무려 50퍼센트나 성장했다. 컨설팅 회사인 KPMG는 폴란드 국민의 명품 소비액이 2012년도에 약 117억 달러에서 2015년에는 147억 달러까지 늘어날 것으로 전망할 정도다.[18] 이런 결론만 놓고 보면 폴란드 상황이 많이 좋아졌고, 소비자들이 명품을 좋아한다고 생각하기 쉽지만 조사결과를 보면 단순히 그런 이유가 아니다. 명품을 왜 구입하느냐는 설문조사에서 무려 54퍼센트의 소비자가 품질이 좋아서라고 답했다. 즉 폴란드 소비자는 로엔드 제품들의 낮은 품질 때문에 하이엔드 제품인 명품을 구매했다는 것이다. 폴란드 소비자가 궁극적으로 원한 것은 신뢰할 수 있는 품질이었다. 그래서 그들은 품질에 바탕을 두되 하이엔드의 아우라를 갖춘 중간 가격대의 제품을 고른 셈이다.

고객이 하이엔드 제품에 바라는 것이 신분 상징 또는 자기과시라고 생각하는 것처럼 위험한 일은 없다. 제품의 본질은 바로 품질이기 때문이다. 저널리스트인 마크 턴게이트Mark Tungate는 이렇게 말한다.

"명품의 첫번째 속성은 품질이다. 두번째는 감정적 보상이다. 가격, 고급스러움 또는 신분 상징은 세번째 문제일 뿐이다."[19]

오늘날 우리가 사는 아파트는 르코르뷔지에Le Corbusier라는 프랑스 건축가가 발명했는데, 그는 "집은 생활을 위한 기계다"라고 잘라

이야기한다. 집은 사람의 생활을 위해 봉사해야 한다는 것이다. 건축이 건축을 위해 존재하고, 결국 사람이 집에 맞추는 것은 본질이 아니라는 뜻이다.

앤디 워홀이 그의 작업실을 '공장'이라고 불렀던 이유도 이와 다르지 않다. 예술 역시 인간을 위해 존재해야 하고 그의 작품 역시 사람들을 행복하고 즐겁게 하기 위해 봉사해야 한다는 의미다. 그런 차원에서 본다면 하이엔드와 명품의 정의도 다르지 않다. 바로 인간 그 자체의 본성을 채워주는 수준 높은 기계여야 하는 것이다.

"지갑이 허락하는 것만 원하는 삶처럼 따분한 삶이 또 있을까요?"

패션 디자이너 카를 라거펠트는 이렇게 말했다.

"지갑이 허락하는 것만 원하는 삶처럼 따분한 삶이 또 있을까요?"

이 말을 읽고 곰곰이 삶에 대입해보았다. 그러고 보니 옷을 살 때도, 집을 살 때도 항상 가격부터 물어봤던 것 같다. 가격이 적당한지 아닌지 따져보고 접근 가능한 가격일 때 관심을 가졌다. 하지만 이렇게 하는 메커니즘이 가장 문제였다는 생각이 문득 들었다. 적당한 가격의 제품이나 집이 최고의 만족을 주지 않으리란 건 누구나 다 아는 사실이 아닌가.

한 남자가 있었다. 남자는 자신의 이름을 건 레스토랑을 차리는 것이 꿈이었다. 외식업 경력은 이미 충분했지만 문제는 자금이었다. 남자가 직장에서 집으로 돌아가는 길목에 식당이 하나 있었다. 남자는 불 켜진 가게를 매일 보면서 '저 가게가 내 것이라면'이라는 생각을 했다. 시간이 지나자 남자는 마치 그 가게가 자신의 가게가 된 것처럼 그 앞을 지나갈 때마다 정신없이 가게를 살폈다.

피곤에 지쳐 집으로 돌아가던 어느 날, 남자는 가게의 불이 꺼진 것을 발견했다. '한창 영업할 시간인데?' 그는 이상하게 생각했다. 다음날도, 그다음날도 가게에는 불이 꺼져 있었다. 남자는 더이상 참지 못하고 그다음날 버스에서 내려 가게를 찾아갔다. 그러나 가게 앞에는 이제 가게를 정리한다는 말만 쓰여 있었다. 남자는 다짜고짜 건물 주인에게 연락해서 그 가게를 자신이 운영하고 싶다고 졸랐다. 가게 주인은 고작 30대 중반에 사장이 되겠다고 덤벼드는 남자가 황당하면서도 대견했다. 자신의 젊은 날을 보는 듯하기도 해서 주인은 흔쾌히 허락했다. 보증금은 벌어서 갚으라고 하면서 말이다. 남자의 간절한 꿈은 결국 현실이 되었다. 남자가 꿈꾸지 않았다면 불 꺼진 가게를 보지도 못했을 것이고, 주인이 될 수도 없었을 것이다.

지금은 용산에서 세금을 가장 많이 내는 가게 중 하나인 레스토랑 사장의 실제 이야기다.

프랑스의 정신분석학자 자크 라캉은 그의 욕망 이론에서 욕망의 힘을 이렇게 말한다.

"욕망은 인간을 살아가게 하는 동력이다. 얻고 싶은 욕망은 그것을 손에 넣는 순간 그만큼 또 물러난다. 처음에는 욕망의 대상이 실재 實在처럼 보이지만, 얻는 순간 허상으로 변하기에 욕망은 남고 인간은 계속해서 살아가는 것이다."

즉 인간은 죽을 때까지 욕망하면서 살아간다는 것이다. 끊임없이 욕망하며 꿈을 키워간 한 사내가 있다. 바로 선박왕 아리스토텔레스 오나시스Aristotle Onassis다. 세계 최고 부호 중 하나였던 선박왕 오나시스에게 한 기자가 짓궂은 질문을 했다.

"만약 당신이 가진 돈을 모두 잃으면 어떻게 되찾을 것인가요?"

오나시스의 답은 기자의 생각을 빗나갔다.

"일자리를 얻고 돈을 벌면서 열심히 저축할 겁니다. 그리고 5백 달러가 모이면 5백 달러짜리 음식을 먹을 거예요. 그리고 더 열심히 일하고 검소한 생활을 하고 5백 달러를 모을 때까지 저축한 다음, 다시 5백 달러짜리 음식을 먹을 거예요"

오나시스는 돈을 목표로 해서는 큰돈을 벌 수 없다는 사실을 알고 있었다. 욕망의 수준이 곧 부의 수준임을 알고 있었던 것이다. 라이트 주립대학교의 윌리엄 B. 어빈William B. Irvine 교수는 이를 청각과 걷기 능력에 비유한다.[20] 청각 능력이 포식자의 소리를 듣기 위해 발달했지만, 오늘날 현대인들은 발달된 청각을 베토벤의 교향곡을 듣는 데 이용한다. 걷기 능력도 이와 같다. 잘 걷는 종족이 생존과 번식에 유리했기에 현생 인류는 걷는 능력이 뛰어나다.

하이엔드의 소비란 이러한 욕망과 소비의 균형을 이루는 길이다. 우리는 돈을 의식하기도 하지만 돈을 의식하지 않기도 한다. 가장 좋은 것을 하나 사고 나머지로는 그냥 만족한다. 가장 진정하고 가치 있는 것의 값어치는 인정하지만, 그렇지 않은 것은 과감히 외면하는 것이다. 그것이 물질이 넘치는 시대의 소비 공식으로 자리잡아간다.

결국 하이엔드 마케팅에서 '가격'은 소비자의 '욕망'을 반영하는 도구다. 가격을 어떻게 매기느냐의 전략적 판단이 곧 마케팅의 승패로 이어질 수 있다는 뜻이다.

우리는 단순한
엘리베이터 회사가 아니다.
전 세계 5개 대륙에서
매일 9억 명의 열정과 감정까지
수송하는 회사다.

– 쉰들러Schindler, 스위스 승강기 제조회사

크뤼그는 천사들이
특별히 착하게 굴었을 때
하느님이 주시는 샴페인이다.

– 폴 레비Paul Levy, 영국의 와인 평론가

Part III

우린 '노는 물'이
달라!

'**파워 브랜드**'로 키우는
하이엔드 브랜딩

천천히,
서둘러라

2005년 봄, L.A. 14번 고속도로를 달려가던 사람들은 순간 깜짝 놀랐다. 차에서 내린 사람들은 한결같이 연신 도로 안내표지판을 확인하고 내비게이션을 보며 믿을 수 없다는 표정을 지었다. 왜 그랬을까?

그들이 멈추어 섰던 장소는 L.A.에서 북쪽으로 5천 킬로미터 지점으로, 죽음의 계곡으로 유명한 '데스밸리Death Valley'였다. 북미에서 가장 더운 지역으로, 5월 이후부터는 타이어가 녹아버릴 정도의 폭염 때문에 출입이 금지되며, 나사NASA의 화성탐사선이 훈련을 진행할 정도로 황량한 곳이다. 연평균 강수량이 불과 50밀리미터에 불과해서 나무는커녕 풀 한 포기도 살아가기 버겁다.

2004년 겨울, 신도 버린 이 땅에 무려 50년 만에 기록적인 비가 내렸다. 놀라운 일은 다음해 봄에 일어났다. 버려진 죽음의 계곡이 온통 꽃과 풀로 뒤덮인 것이다. 2005년 봄에 이 고속도로를 지나가던 사람들은 50년 만에 처음 보는 광활한 꽃밭 앞에서 차를 세울 수밖에 없었다. 그들은 이 장관을 카메라에 담기에 여념이 없었고, 생태학자들조차 이 놀라운 현상을 연구하기 위해 데스밸리로 몰려들었다. 모두가 풀 한 포기, 곤충 한 마리 살기 힘든 땅이라고 단정해버렸지만, 작은 씨앗들은 포기하지 않고 땅 밑에서 때가 오기를 기다렸던 것이다. 즉 데스밸리는 이미 죽은dead 곳이 아니라 단지 삶을 지연delay하고 있었을 뿐이다. 사람들은 열기가 자욱한 데스밸리의 표면만 보느라 그 안에서 숨죽이고 있던 생명의 씨앗을 보지 못했다.

데스밸리가 보여준 기적은 하이엔드 브랜딩에도 좋은 표본이 된다. 그것은, '기적'이란 준비하는 자에게는 언젠가 반드시 찾아오는 기회라는 사실이다. 모든 것이 광속으로 변하는 시대지만 무조건 빠른 것이 좋은 것은 아니다. 설사 더디더라도 오래도록 갈고닦은 내공만이 찾아온 기회를 기적으로 바꿀 수 있는 힘이다. 천천히, 그리고 꾸준히 준비하는 자만이 기회를 기적으로 바꿀 수 있다.

로마 역사상 최고의 지도자는 카이사르의 양아들이었던 아우구스투스이다. 카이사르가 로마의 길을 열어젖힌 창업자라면, 아우구스투스는 로마가 태평성대의 길을 걷게 만든 걸출한 코치였다. 아우구스투스 이후 로마는 2백여 년간 팍스로마나Pax Romana의 시대를 맞이하며 전성기를 구가했다.

아우구스투스의 좌우명은 '페스티나 렌테festina lente', 즉 '천천히, 서두르라'이다. 그의 좌우명은 르네상스 시대의 지식인들에게도 자주 회자되어 사랑받았다. 심지어 '천천히'의 상징인 배의 닻과 '서두르는 속도'의 상징인 돌고래 모양을 배지로 만들어 옷에 꽂고 다니는 귀족들까지 있었다고 한다.[1]

실수하지 않기 위해서는 천천히 가야 한다, '몽클레르'

톰 피터스Tom Peters는 그의 저서 『초우량 기업의 조건In search of Excellence』에서 남극점 정복의 비결로 '아문센의 20마일 법칙'을 언급했다. 이 법칙은 아문센이 스콧 탐험대와 남극 정복을 위해 자웅을 겨룰 때, 그를 승리로 이끈 숨은 공신이다.

당시 스콧 탐험대는 매일매일 날씨의 변화에 따라 유연하게 진행 거리를 정하는 방식을 택했는데, 날씨가 좋을 때는 많이 가고 날씨가 나쁠 때는 조금 가는 식이었다. 그런데 실제 현실에서 이 방식은 대원들에게 상당한 심리적 부담으로 작용했다. 날씨가 좋을 때는 날씨가 나쁠 때를 대비해 최대한 많이 가야 했기에 얼마나 더 가야 하는지 몰라 불안했고, 날씨가 나쁠 때는 쉬면서도 날씨가 맑을 때 많이 가야 한다는 걱정에 마음이 편치 않았던 것이다. 스콧 탐험대의 마음속 기상도는 늘 흐림이었다.

반면 아문센 탐험대는 날씨가 아무리 험해도 사투를 벌일지언정 20마일은 꼭 갔다. 그리고 날씨가 좋아도 절대 20마일 이상은 가지 않았다. 날씨가 험할 때 20마일을 갔으니 그런 날은 뿌듯한 성취감이 있었고, 날씨가 좋은 날은 20마일을 후딱 해치워버리고 놀았으니 홀가분했다. 하이엔드 브랜드에 이런 속도 조절은 필수조건이다. 많이 가려고 하면 반드시 무리하게 되고 품질이 손상되기 십상이다. 반면 정해놓은 목표만큼 꾸준히 정진하면 기필코 원하는 곳에 다다를 수 있다.

하이엔드 제품들을 살피다보면 가끔씩 데자뷔와 같은 브랜드들이 있다. 서로가 의식하든 의식하지 않든 두 브랜드의 길이 유사하고, 심지어 성공 방정식까지 비슷한 경우도 많다. 몽클레르Moncler와 버버리가 그런 사례다.

2013년 12월 16일 이탈리아 밀라노 증시에 상장된 몽클레르의 주가는 이날 하루에만 47퍼센트 상승한 14.97유로에 마감하는 폭등세를 기록한다. 이 급등으로 몽클레르의 시가총액은 37억 유로를 기록했다. 2013년 몽클레르 매출이 4억 8900만 유로 정도이니 매출액만으로는 글로벌 브랜드로서 덩치가 거대하다고 볼 수 없다. 하지만 시장이 주목하는 것은 브랜드의 성장세다. 몽클레르의 매출은 지난 10년 사이 열 배 이상 증가했다. 더 높이 평가할 만한 것은 몽클레르의 성장이 보여주는 모양새다. 매년 신제품 라인 출시 등 스스로의 체력을 잘 관리하며 튼튼하게 가고 있는 모습이 몽클레르가 쉽게 흔들리지 않고 계속 성장하리라 믿게 하는 이유다.

몽클레르는 버버리처럼 '극단형 포지셔닝'을 확산한 전형적인 케이스다. 몽클레르의 마케팅을 버버리의 경우와 비교하면 훨씬 이해하기 쉽다. 버버리가 아문센 등 극지 탐험가들의 전설을 가지고 시작해 상당한 후광을 입고 있는 것처럼, 몽클레르는 산악인들의 극한의 전설을 후광으로 가졌다. 1954년 이탈리아 카라코람 원정대, 1955년 프랑스 마칼루 원정대, 1964년 리오넬 테레이의 알래스카 원정대 등이 몽클레르를 사용했다.[2]

산악 원정대를 위한 옷을 만들면서 기술력을 축적하고 브랜드 이미지를 구축했던 몽클레르는 회심의 결단으로 스키복시장에 진출한다. 산악은 분명 익스트림의 범주에 들어가지만 완전한 의미의 하이엔드 스포츠라고 보기는 어렵다. 패션이라는 측면에서는 맵시가 더욱 강조되고 현대적이며 디자인 추구형 스포츠인 스키가 하이엔드 포지셔닝 선점에 유리하다.

그럼 버버리의 경우에는 어땠을까? 버버리는 처음에는 극심한 온도차와 험한 날씨에 시달리던 목동들이 입던 개버딘이라는 옷감으로 시작했지만, 제2차세계대전 당시 버버리를 입고 참전했던 군인들이 그 기능에 감탄해 집에까지 가져와 입으면서 명성을 떨쳤다. 바로 버버리의 상징과도 같은 트렌치코트였다. 당시 군은 민간보다 훨씬 패션에 앞섰으며, 심지어 민간의 유행을 리드하기까지 했다. 이는 제2차세계대전 때 미군이 탔던 할리데이비슨Harley-Davidson이 현재 모터사이클 분야에서 최고의 브랜드라는 사실을 보아도 알 수 있다. 버버리의 '목동'이 몽클레르에는 '산악인'이고, 버버리의 '제2차세계대전'이 몽클레르에는 '스키시장'이라고 볼 수 있다.

2003년 몽클레르는 새로운 주인을 맞아 도약을 시작한다. 새 주인은 이탈리아의 기업가 레모 루피니Remo Ruffini. 그는 마치 고지를 정복하듯 차근차근 10년 동안 성장을 꾀했다. 루피니는 "실수하지 않기 위해서는 천천히 가야 한다"며 "최고가 되기 위해선 좋은 이미지를 쌓고 품질과 기술 등에 집중해야 한다"고 강조한다. 또한 그는 "한 걸음씩 나아가기 위해서는 성장보다 일관성과 지속 가능성이 중요하다"고 역설한다.[3] 레모 루피니의 성공 전략은 다섯 가지로 요약할 수 있다.

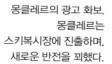
몽클레르의 광고 화보.
몽클레르는
스키복시장에 진출하며,
새로운 반전을 꾀했다.

첫째, 레모 루피니는 자신의 재능을 믿으면서도 그 재능을 증폭시켜줄 또다른 디렉터를 늘 수혈했다.

외부의 비즈니스 환경이 몽클레르에만 '봄날'이었을 리는 없다. 게다가 몽클레르는 영업부진으로 매각되기까지 했다. 뛰어난 디자이너의 정기적인 수혈은 몽클레르를 아주 강하게 만들었다. 2003년부터 2007년까지는 니콜라 게스키에르Nicolas Ghesquiere, 잠바티스타 발리Giambattista Valli, 아베 치토세阿部千登勢 등 디자이너계의 별들과 컬래버레이션을 진행했다. 새로운 디자이너들은 기대했던 대로 놀라운 변화를 가져왔다. 예를 들면, 이전의 패딩은 주로 지퍼를 사용했지만 새로운 몽클레르 제품에는 단추를 달아서 단정하고 고급스러운 패딩이라는 이미지를 만들어냈다. 또한 최고급 모피로 모자와 외투 앞부분을 장식하거나 뒤집어 입을 수 있는 패딩을 디자인하는 등, 새로운 시도로 이제까지와 다른 창조의 시대를 열었다.

둘째, 외부에 휩쓸리지 않고 정해진 속도를 지켰다.

루피니는 더 많이 성장할 수 있을 때도 절대 급속한 성장을 추구하지 않았다. 그 결과 10년 동안 딱 열 배의 성장은 철저한 계획과 관리로 몽클레르가 체력에 맞게 성장하고 있음을 보여주는 대목이다. 결코 오버슈팅overshooting하지 않음에도 성장이 계속된다는 점이 인상적이다. 하이엔드를 향해 나가는 브랜드의 항해는 극지를 탐험하는 것만큼이나 엄혹하다. 남극 정복을 위해 떠났던 미국의 탐험가 어니스트 헨리 섀클턴은 무려 22개월을 빙하에 갇혀 지냈다. 그 와중에도 섀클턴은 규칙적인 식사와 규율을 강조했다. 그는 안락하지 못하고 불안정한 상황에서 규칙과 규율이 인간의 희망과 결단력을 유지해준다는 이치를 알고 있었다.4 섀클턴처럼 몽클레르도 체계적인 계획에

따라 성장을 통제했다. 몽클레르가 해마다 선보인 신제품 라인은 아래와 같다.[5]

> 2007년 : 여성 컬렉션 '몽클레르 감므 루즈Gamme Rouge' 론칭(수공 자수 및 실루엣에 중점)
> 2008년 : 남성 컬렉션, '몽클레르 감므 블루Gamme Bleu' 론칭(최상급 패브릭, 거위털, 100퍼센트 수작업)
> 2009년 : 몽클레르 'S라인' 론칭
> 2010년 : 몽클레르 'V라인' 론칭
> 2011년 : 몽클레르 '그르노블Grenoble' 론칭

셋째, 패딩이라는 대상에 집중해 파괴력을 극대화했다.

패딩은 1980년대의 산물이다. 하지만 30년이라는 시간을 지나 2010년대에 찾아온 패딩은 그 시절 그 패딩이 아니다. 겨울철의 여왕인 모피를 물리칠 만큼 강력한 힘을 발휘하고 있다는 이야기다. 뉴 패딩은 디자인과 맵시를 동맹군으로 데려왔다. 몽클레르는 퍼 트리밍, 새틴, 양면 패브릭 등 새로운 시도를 계속 감행했다. 이는 모피 브랜드 펜디Fendi에서 디자이너 카를 라거펠트가 했던 방식과 비슷하다. 카를은 소비자들이 펜디의 모피를 식상해하자 모피를 마치 옷감을 다루듯이 자르고 기워서 기존과 완전히 다른 제품을 만들어냈다. 모피 전체를 통으로 쓰던 당시의 관행을 따르지 않는 아주 획기적인 시도였다.

넷째, 몽클레르는 제조원칙과 원천 기술을 통해 품질과 기술적 퀄리티를 높게 유지했다.

모든 의류는 몽클레르의 원산지인 유럽에서 생산하고, 패딩에 사

용하는 듀베duvet(깃털)는 프랑스에서 서식하는 거위의 털만 사용했다. 특히 듀베는 프랑스 남부 브리타뉴 남쪽 지방과 페리고르에서 서식하는 조류에서 채취한 뒤 숙련된 기술자들이 새의 혈통을 인증하고 깃털을 채취한다는 원칙을 지켜왔다.

기술력에서도 남다른 원천 기술을 갖고 있다.[6] 수학적으로 접근해 제품 스타일과 특성에 맞춰 표면적에 따른 적합한 거위털의 비율을 정확히 계산해 집어넣었다. 50년간 축적된 듀베 채취 기술, 세척 후 100도 이상 달군 오븐에서 건조해 청결을 유지하는 가공 기술과 이 단계에서 오븐의 고열을 이겨내기 위한 패브릭 선택 노하우 등이 모두 몽클레르를 다르게 만드는 원천 기술이다.

다섯째, 초기 홍보 전략에서 제한된 하이엔드 유통 전략을 썼다.

몽클레르는 겨울 스포츠를 즐기는 VIP들에게 브랜드를 소개하기 위해 세인트모리츠St. Moritz, 코르티나Cortina 등 유명 스키 리조트들에 먼저 단독 부티크 매장을 냈다. 고급 리조트와 스키장을 중심으로 한 핵심 거점에서부터 홍보와 유통을 시작했기 때문에 초기부터 하이엔드 시장으로 바로 진입할 수 있었다. 이는 몽클레르 고가 전략의 핵심으로, 몽클레르가 계속적으로 디자인에 집중하면서 매력적이고 높은 품질의 제품을 생산할 수 있는 힘이 되었다.

적정 속도를 지키면서 가장 빨리 가는 법, 천천히 가면서 절대 과욕하지 않고 스스로에게 약속한 대로 또박또박 서두르는 것, 그것이 바로 정상을 향해 가장 단단하게 가는 길이다.

허겁지겁 고객을 집어삼키면, 결국 체하기 마련

짐 콜린스Jim Collins는 위대한 기업들의 일생을 조사해 의외의 사실을 발표했다. 조사 대상인 위대한 기업들이 실제로 안주해 몰락했다기보다는 과욕을 부려 화를 자초한 경우가 거의 대부분이라는 것이었다. 하이엔드 기업은 이러한 과욕을 철저하게 자제함으로써 바닥을 단단하게 다지면서 간다.

이탈리아 잡화 브랜드 토즈Tod's 역시 그런 사례다. 국내외 유명 인사를 동원하지도 않고, 영화와 드라마에 브랜드 PPL을 위한 노력도 하지 않는다. 기자들이 이유를 물으면 토즈의 CEO 디에고 델라 발레 Diego Della Valle는 빙긋이 웃으며 "우리는 느린 마케팅을 한다"고 대수롭지 않게 응수한다. 그렇다고 토즈가 결코 작은 브랜드는 아니다. 매출액이 1조 4천억 원에 달하는 브랜드다. 디에고는 자신들이 펼치는 '느린 마케팅'의 장점을 이렇게 이야기한다.

"허겁지겁 고객을 집어삼키지 않고 우리 브랜드에만 맞는 고객들을 찾는 느린 마케팅을 지향했기 때문에, 우리 제품을 신뢰하고 매력을 느끼는 진성 고객들만 남아 있습니다. 우리는 이 고객들과의 즐거운 공유가 너무 신납니다."

업종은 바꿔도 이름은 절대 바꾸지 않는다, '리노공업'의 뚝심

아우구스투스는 "천천히, 서두르라"는 말과 함께 "성공적으로 잘 해낸 일이 빨리 끝낸 일이다"라는 말을 깊이 새겼다고 한다. '천천히 서두르면서 가장 성공적으로 잘해내려고 하는 것', 이것이 아우구스투스가 일하는 방식이었다. 아우구스투스가 성공을 거둘 수 있었던 단한 가지 이유는 한계를 현실적으로 계산할 줄 알았기 때문이라고 한다.[7] 그는 로마 국경선에 관한 비용을 계산한 후 세력 확장을 멈춰야할 때라고 판단했다. 만약 그런 계산 없이 계속 확장했다면 로마는 큰 혼란에 빠져 조기에 운명을 다했을지도 모른다.

'리노공업'이라는 기업을 우연히 알게 됐다. 부산에 있는 제조기업인데, 이름처럼 참 특이하다. 리노공업의 역사를 보면 범상치가 않다. 국내 기업 중에서 로엔드에서 하이엔드로 간 대표적인 사례이기 때문이다.

우선 리노공업의 이름부터 해부해보자. 리노는 이채윤 사장과 부인의 성을 딴 것이다. 그리고 보통 공업사라고 하면 철물점이나 철제빔 같은 것을 떠올리기 마련이다. 그런데 리노공업이 만드는 것은 반도체 관련 장비로 최첨단에 속한다. 이름과 제품이 잘 어울리지 않는다. 2001년 코스닥에 상장할 당시, 기업의 이름 하나에 공모가가 출렁거릴 수도 있는 문제이기에, 당시 주간사는 이름에 뭔가 하이테크적인 단어를 넣으려고 난리였다. 하지만 이채윤 사장은 공업이라는 단어를 끝까지 고집했다. 여기에 바로 하이엔드 코드가 숨은그림찾기처럼 숨어 있다. 리노공업은 사실 원래부터 하이테크 기업이 아니었다. 1978년 창업 당시에는 비닐봉지를 만드는 것으로 시작했다고 한다. 카메라 케이스, 휴대폰 줄 등 하이테크와는 전혀 상관없는 제품들을 거쳐 오늘날까지 왔다. 업종을 무려 여섯 번이나 바꾸는 천지개벽의 결정판이다.

이채윤 사장이 절대 이름을 바꾸지 않는 이유가 바로 하이엔드의 조건이다. 예전부터의 이름은 문패나 다름없다. 문패의 업력이 쌓일수록 그 회사가 탄탄하고 장수할 것이라는 믿음도 강하게 뿌리내릴 수 있다. 리노공업의 '공업'은 비닐봉지를 만들던 때의 그 이름이다. 어떤 하이테크식 이름보다 감동적이다. 비닐봉지를 만드는 바닥에서 시작해 최첨단 반도체 부품 장비를 생산하는 역사적인 회사라는 당당함이 묻어나지 않는가.

사훈은 'miri miri'. 뭐든지 미리미리 하자는 뜻이다. 한스컨설팅의 한근태 대표는 그의 저서에서 강의를 3천 번 이상 다녔지만 강의 전에 강의료를 '미리미리' 입금한 회사는 리노공업이 처음이었다며 감탄한다. 준비도 미리미리, 시장조사도 미리미리. 미리미리의 힘은 무척이나 강하다. 미리미리 챙기니 준비의 질이 높아져 제품의 질도 덩달아 높아지고, 반면 버리는 시간이 줄어들어 효율성이 증가하는 법이다. 또한 회사 건물의 화장실 이곳저곳에는 표어 같은 쪽지가 붙어있다. 단 네 글자다.

'물어봐라.'

실제로 이채윤 사장은 한 달에 한 번 '물어보러' 해외로 간다. 시장 동향을 파악하기 위해 매월 정기 출장을 떠나는 것이다. 30년 동안 재직하면서 소니를 30배나 성장시킨 오가 노리오大賀典雄 소니 전 명예회장은 물어보는 힘에 대해 이렇게 이야기한다.

"대체로 나의 인생은 보고 듣고 시험해본 다음, 그것을 종합해 이렇게 되는 게 옳다는 식으로 결론을 내려왔다. 만약 모르는 일이 생겨 책을 읽어야 한다면 그럴 시간에 남에게 물어보는 쪽을 택했다."

노리오의 아버지는 그가 자동차 수리공장 견습생으로 떠날 때 시간의 중요성에 대해 이야기했다고 한다. "왕이나 부자나 가난하거나 서민이거나 모두 똑같이 주어진 것은 하루 24시간이라는 시간밖에 없으니 시간을 아끼고 귀하게 쓰라"는 말이었다. 노리오가 억만의 부富를 뛰어넘는 위대한 유산이라고 한 좌우명은 "이 세상에서 가장 소중한 것은 돈도 아니고 지위도 아니다. 남에게 폐를 끼치지 않는 것, 그 것이 가장 중요하다"라는 아버지의 말이었다.[8]

리노공업의 주식보고서를 보고 투자자들은 수익률에 경악한다. 리노공업의 당기 순이익률은 35퍼센트가 넘는다. 제조업에서 어떻게 이런 고수익이 가능할까? 기술력이 바탕이 됐겠지만, 비즈니스의 유형 자체도 고수익에 유리하게 되어 있다. 다품종을 생산해 거의 맞춤 형태의 제품 제공이 가능하고, 게다가 소량 생산이기 때문에 단가를 더 높일 수 있었다. 또한 리노공업은 제품 설계, 정밀 가공, 도금, 조립에 이르기까지 전 공정을 자체 제작해 품질을 신속하게 높일 수 있고, 즉각적인 대응이 가능했다.

리노공업의 고수익률은 종업원들에게 복지라는 혜택으로 돌아간다. 리노공업은 경비실부터 다르다. 우주선 모양의 2층 건물은 '조형물 경비실' 콘셉트로 지어져 시각적으로도 즐겁게 한다. 경비실을 지나면 직원들이 휴식하는 동안 골프 연습을 할 수 있도록 연못과 골프 그린, 벙커를 갖춘 골프장이 펼쳐진다. 외국 바이어들이 방문해 5성급 호텔과 같은 공장이라고 감탄할 정도다. 2백 평 규모의 레스토랑에서는 점심, 저녁으로 호텔식 식사를 할 수 있다. 전 직원의 3분의 1을 차지하는 중년 여성 사원들을 위해 대형 온돌방도 갖췄다. 또한 공장 옥상에는 자동차 250대를 수용할 수 있는 주차장까지 마련돼 있다.[9] 고수익을 끌어낸 경영진의 노력이 종업원에 대한 복지를 가능하게 했고, '부산판 꿈의 직장'을 만들어낸 것이다.

직원의 행복에 투자하는 시간은 많을수록 이득

브라질에는 파버카스텔이라는 특이한 이름의 숲이 있다. 독일 기업 파버카스텔은 연간 20억 개 이상의 우드케이스 제품을 만드는 데 필요한 목재 15만 톤을 자체 생산한다. 그래서 1980년대 중반부터 브라질에 파버카스텔 소나무 숲을 만들었다.

파버카스텔은 소나무를 키우는 것처럼 종업원 또한 진정성 있게 대하는 것으로 유명하다. 파버카스텔의 사훈은 종업원에 대한 이야기로 시작한다.

"종업원들이 행복하지 않으면 좋은 제품을 만드는 것은 절대 불가능하다."

생산공정을 현대화하고 환경을 개선하는 한편, 업무강도에 따라 남성과 여성의 일을 분리시킴으로써 세세한 수준의 복지까지 신경썼다. 특히 4대 경영자인 로타르 폰 파버Lothar von Faber의 종업원 사랑은 밖에서 볼 때 당시 통례를 넘을 정도였다. 그는 우선 임금을 획기적으로 올렸다. 또 독일 최초로 사내근로자보험까지 직접 고안해냈다. 직원들이 좁고 누추한 집에 사는 것을 가슴 아프게 생각해서 5백여 채의 집을 지어 직원들에게 제공했다.

파버카스텔의 역사는 250년이 넘는다. 30년 이상 버티기 힘들다는 비즈니스계에서 놀랄 만한 생명력이다. 진정성과 직원 존중이라는 원칙으로, 파버카스텔은 느리지만 꾸준히 성장해왔고, 지금도 태어난

파버카스텔의 광고 화보.
소나무를 자체 생산하는
파버카스텔은
자연 그대로의 색으로
고객에게 어필한다.

TRUE COLOURS
FABER-CASTELL

지 250년이 넘는 '노인'이지만 성장판이 닫히지 않았다. 파버카스텔은 2010년 매출액 1조 원을 돌파했다.[10]

파버카스텔은 또하나의 독일 기업 비브라운B. Braun과 자주 비교된다. 의료 소모품 전문 제조업체인 비브라운은 '노동의 양보다 창조적인 질'을, '전문지식의 공유'와 '일과 가족생활의 균형'을 중시함으로써 오랫동안 장수하는 기업이다. 비브라운이 가장 싫어하는 것들은 엄격한 출퇴근시간, 정해진 근무장소, 일과 여가의 확연한 구분 등이다. 경영주 입장에서 보면 도대체 이런 기업이 과연 살아남을 수 있을까 하는 생각이 든다. 하지만 비브라운은 충분히 가능하다는 사실을 보여준다.

비브라운의 전 세계 직원 수는 3만여 명이나 된다. 규모가 결코 작지 않다. 또한 링거 주사액, 정맥 유도관, 인공관절, 투석기 등 의료 소모품만으로 연간 4조 원의 매출을 올리는 성과를 거두고 있다. 더 놀라운 것은 170년간 한 해도 빠짐없이 흑자를 내왔다는 것이다. 종업원을 위하는 진정성 경영이 그 밑바탕이 되었다.[11]

거꾸로 가는 시계의 정체

패션 브랜드 비비안 웨스트우드Vivienne Westwood의 매장 앞에는 특이한 시계 하나가 걸려 있다. 1980년 초부터 현재까지 이 매장 앞을 장식하고 있는 이 시계는 '거꾸로 가는 시계'다. 시계판에는 'World's End'라고 적혀 있고 숫자는 13까지 있다. 게다가 이 시계는 바늘이 거꾸로 간다. 너무나 유명해 매장 일대의 지명조차 'World's End'가 됐을 정도다.

비비안 웨스트우드는 이 시계 하나로 그의 브랜드를 찾는 사람들

에게 자신의 철학을 알린다. 12시까지는 우리 모두에게 존재하는 시
간이고, 13이라는 숫자는 새로운 시간, 즉 새로운 창의의 시간을 뜻한
다. 또한 시계가 거꾸로 가는 것은 바로 과거에 답이 있다는 말이다.
브랜드의 창업자 비비안 웨스트우드는 영국 왕실이 인정한 크리에이
티브의 천재다. 기존 질서의 파괴를 통해 창조를 이끌어낸 창조 전도
사이기도 하다. 그녀에게는 과거가 교과서이고 미래는 출사표다. 그
것이 그녀의 브랜드 비비안 웨스트우드를 만든 정신이다.

이미지 출처: www.worldsendshop.co.uk

변화가 있으면 좋겠어.
인생은 그냥 흘러가고 있어.

– 연극 〈벚꽃 동산〉 중 '로파힌'의 대사, 우에무라 슈가 메이크업 아티스트가 되기로 결심하게 만든 대사

나는 과거를
뒤돌아보지 않는다.
미래를 생각하며
항상 열정에 목말라 있다.

– 니컬러스 하이에크, 여든 살 생일 축하를 거부하며

앞문이 막히면
뒷문을 찾는다

미국의 지성 에릭 호퍼의 별명은 '길 위의 철학자'이다. 그는 일곱 살 때 눈이 멀었다. 절망에 빠져 하루하루를 보내던 어느 날 8년 만에 기적적으로 시력이 돌아왔다. 하지만 언제 또 시력을 잃을지 알 수 없었다. 그에게는 눈이 멀 것이라는 두려움 이외에 더 큰 두려움이 있었는데, 그것은 바로 죽음이었다. 할아버지, 아버지를 비롯해서 호퍼 집안의 남자들은 대대로 단명했고, 그를 돌보던 보모는 농담 반 진담 반으로 "한창 젊은 날에 요절한 가족과 친척처럼 너도 마흔까지밖에 못 살 것"이라 말했다고 한다. 그의 보모가 이렇게 이야기한 것은 남은 인생을 보다 가치 있게 살라는 뜻이었다.

호퍼는 보모의 말을 늘 떠올리며 살았다. 언제 보이지 않을지 모르는 눈, 언제 끝날지 모르는 삶, 호퍼는 끝이 보이는 이 두 가지에 대해 아주 잘 알고 있어 하루하루에 모든 것을 걸었다. 우선 그는 볼 수 있을 때 최대한 많은 책을 읽기로 하고 헌책방 근처로 이사했다. 밤낮으로 책을 읽으며 활자에 대한 갈증을 채워나갔다. 먹고살기 위해 돈이 필요하자, 그는 일용직으로 취직해 낮에는 일하고 밤에는 최선을 다해 책을 읽었다. 그는 평생 결혼하지 않고 길 위와 부두를 떠돌아다니며 살았지만 하루를 인생의 마지막날처럼 살았다. 후에 그는 그의 삶을 단 세 마디로 아주 간단하게 요약했는데, '탁아소에서 20년, 빈민촌에서 20년, 부두에서 25년'이었다.

그가 1951년 첫 저서 『맹신자들The True Believer』을 펴냈을 때, 대중과 비평가들은 하나같이 이 길바닥의 철학자가 풀어낸 이야기의 깊이에 경악했다. 호퍼의 책은 미국 지식인은 물론 계급, 인종, 신념을 초월해 많은 사람들의 열광적인 지지를 받았다. 1967년 그가 CBS와의 인터뷰로 브라운관에 처음 얼굴을 내밀었을 때 이 프로그램은 사상 최고 시청률을 기록했고, 그는 일약 미국을 대표하는 지성이 되었다. 하지만 호퍼의 삶은 미국 최고 사상가로 명성을 얻은 뒤에도 이전과 전혀 달라지지 않았다. 그는 여전히 부두에 출근해 일용 노동자로 일하고, 숙소에 오면 늘 하던 대로 책을 읽고 글을 썼다. 그는 어떠한 외부의 칭송에도 미동하지 않았다. 그는 그를 떠받드는 추종자들을 볼 때면 늘 한 가지 말만 중얼거렸다고 한다.

"중요한 것은 자신을 대단하게 생각하지 않는 겁니다."

로엔드에서 하이엔드로 가는 길은 마치 높은 히말라야 고봉을 오르는 것과 같다. 매일매일 정상을 확인하며 어제보다 더 올라갔다고 자부할지라도 어느 순간 생명을 위협하는 블리저드blizzard를 만날지 모르는 일이다.

그렇다고 길을 떠나지 않을 수는 없다. 배는 항구에 있을 때 가장 안전하지만 항구에 머무는 것이 배의 존재 의미가 아니듯, 비즈니스를 하는 사람은 평지에서가 아니라 험준한 정상으로 오르는 과정에 그 존재 의미가 있기 때문이다. "산은 오만한 자의 허리를 꺾는다"라는 산악 격언이 있다. 그러므로 절대 잊지 않아야 할 것은 실제 조직의 능력을 결코 오만하게 과대평가하지 않는 것이다.

산은 오만한 자의 허리를 꺾는다

샤넬 넘버5는 무려 90년 이상을 스테디셀러로 군림해온 향수계의 지존이다. 1920년대에 만들어진 향수가 여전히 맹위를 떨치고 있다. 하나의 히트작이 존재하면 다음 후속작은 부담되기 마련이다.

2000년 겨울 어느 날, 샤넬의 대표 조향사인 자크 엘루^{Jaques} Helleu는 한기만큼이나 싸늘한 고독감을 느꼈다. 샤넬과 함께해온 40여 년, 그는 1958년 열여덟 살 때 샤넬을 만났고, 샤넬의 전성기를 만들어냈다는 찬사를 받았다. 사람들은 그에게 찬사를 보냈지만, 사실 그 찬사는 코코 샤넬의 것이어야 했다. 그녀가 있었기에 자크의 창의력은 빛을 발할 수 있었다. 샤넬은 프랑스 여자들이 원하는 것과 앞으로 원할 것을 그에게 거의 정확하게 주문했고, 자크 엘루는 그녀에게 수많은 해답을 제시했다.

샤넬은 에르네스트 보^{Ernest Beaux}와 함께 넘버5를 만들었다. 그녀가 수많은 지적과 수정안을 제안해 비로소 최고의 향수가 만들어졌던 것이다. 샤넬은 자크 엘루와도 그런 방식으로 일했다. 그런 그녀가 없으니 샤넬이 빛을 잃는 건 당연할 수밖에. 넘버5는 이제 더이상 젊은 층의 지지를 받지 못했다. "할머니들이나 쓰는 향수 아냐?" 자크가 백화점의 향수 코너를 지나갈 때마다 자주 듣는 말이었다. 면도날에 베이는 듯한 심정이었지만 받아들일 것은 받아들여야 했다. 샤넬, 특히 향수의 상황은 심각했다.

자크 엘루에게는 샤넬과 에르네스트 보가 만든 전설의 향수 넘버5를 뛰어넘어 샤넬을 다시 '회춘'시켜야 한다는 어려운 과제가 주어졌다. 자크는 몇 날 며칠 고민한 끝에 새로운 향수를 만들기로 결심했다. 수백 번의 회의, 검토, 시제품 테스트를 거쳐 마침내 2003년, 샤넬의 새로운 향수가 세상에 선을 보였다. 동그란 원형의 향수병을 보고 샤넬의 전매특허였던 사각형 모양의 병에 익숙한 사람들은 어리둥절했지만, 젊은층은 열광했다.

여성의 두 손에 쏙 들어가는 사이즈의 이 향수는 샤넬을 다시 젊게 만들었다. 이 향수의 이름은 샹스Chance다. 자크 엘루는 수많은 불면의 밤 속에서 샤넬을 다시 불러냈다. 그녀와 이야기하고 그녀와의 추억을 생각하면서 향수의 콘셉트를 다시 생각했다. 그리고 그는 깨달았다. 비록 샤넬은 죽었지만 그녀만이 가진 삶의 스타일은 결코 죽지 않았다는 것을 말이다.

샤넬의 삶은 한마디로 아무것도 없는 바닥에서 쌓아올린 성이다. 고아 출신에 배경도 재산도 없었다. 그녀는 오직 노력만으로 그녀에게 다가온 '기회chance'를 잡았다. 자크 엘루는 여성들에게 향수가 아니라 기회를 주고 싶었다. 샹스를 뿌리고 당당하게 앞으로 나아가라고 말하고 싶었다. 샹스의 병이 여성의 두 손 안에 쏙 들어가는 이유는 그 병을 잡는 것처럼 기회를 꽉 잡으라는 의미를 담았기 때문이다.

흔히 뭔가 새로운 도전이 필요할 때 우리는 모든 것을 버리려고 한다. 하지만 주목해야 할 것은 외부다. 피터 드러커Peter Drucker가 내부가 아니라 외부에 집중하라고 하는 이유도 외부의 고객에게 눈을 돌리면 조직의 변화는 따라갈 수 있다는 철학 때문이다. 외부의 고객들은 어느 날 갑자기 딴사람이 된 듯한 브랜드를 쉽게 받아들이지 못한

한 명이 고기 투어버트처럼 뛸어라

다. 변화에는 이유가 있어야 한다.

　　자크 엘루는 결코 오만하지 않았다. 그가 샤넬의 역사나 샤넬 넘버5의 전통을 부정함으로써 새로운 출발 기회를 찾았다면 아마 그 신제품의 위력은 강하지 않았을 것이다. 하지만 샤넬의 삶 그 자체에서 뽑아낸 콘셉트, 맨손으로 프랑스 최고 디자이너 자리에 오른 샤넬이 잡은 기회, 샹스는 누구나 공감할 수 있는 콘셉트였다. 기회를 찾는 모든 여성에게 바치는 향수, 그것이 바로 샤넬만이 제안할 수 있는 향수이기 때문이다. 자신의 능력을 과신하기보다 겸손한 자세로 샤넬에게 지혜를 구하고자 한 자크는 그렇게 샤넬에 또 한번의 기회를 선사했다.

록펠러의 기도, "나의 자만이 나의 사업을 삼키지 않도록 해주소서"

　　세계 최고의 부자 록펠러는 세상에 두려운 것이 없었고 늘 자신이 원하는 대로 할 수 있다는 자신감이 대단했다고 한다. 어느 날 록펠러의 동생이 그에게 전화를 걸어 엉뚱한 부탁을 했다. 내일 중요한 일정이 있으니 날씨가 맑게 해달라는 것이었다. 어이없어하며 록펠러가 그걸 왜 나한테 부탁하느냐고 물었더니, 동생은 "형이 원하는 건 무엇이든 이루어지니까"라고 대답했다.

　　무서울 게 없는 록펠러였지만, 전기에 따르면 그는 겸손한 사람이었다. 그는 그의 사업이 잘될 때 크게 두려워했다고 한다. 본능적으로 그는 사업의 가장 큰 적이 자만심이라는 사실을 알았고, 사업이 쭉쭉 뻗어나갈 때 오히려 조심했다고 전해진다. 새벽마다 그는 항상 같은 기도를 올렸다.

　　"나의 자만심이 나의 사업을 삼키지 않도록 해주소서."

중요한 것은 자신의 가치만큼 보는 것이다. 객관적으로 자신과 회사, 브랜드와 제품을 평가하면 타인의 기준에 억지로 자신을 맞추기 위해 자충수를 두지 않을 수 있다. 길 위의 철학자 호퍼와 겸양을 방패로 항상 더 큰 정상으로 나아간 록펠러처럼 말이다.

스스로를 추방할 수 있는 용기, 당신은 있는가

일본으로 여행을 떠난 적이 있다. 일행 중에 예비역 장성이 있었는데, 한참 동안 사라졌다가 손에 네잎 클로버를 한가득 들고 나타났다. 남들은 하나 따기도 힘들다는 네잎 클로버를 그렇게 많이 딴 비결을 물었더니 이유가 있었다. 네잎 클로버가 피어 있는 곳은 어딜까? 풀들이 많은 곳? 깊은 산속? 나무 밑? 아니다. 바로 길 가장자리다. 우리가 행운의 상징이라고 생각하는 네잎 클로버는 사실 돌연변이다. 세 개의 성장점이 상처 없이 자라면 세잎 클로버가 되는데, 성장점이 하나라도 상처를 받으면 네잎 클로버가 된다. 군 생활에서 행군을 많이 해본 그는 군화에 밟히는 운명의 클로버들 중에서 네잎 클로버가 많이 생긴다는 것을 경험으로 알고 있었다. 행운은 이 네잎 클로버처럼 밟히고 상처받은 길가에서 만들어진다.

신영복 교수는 저서 『변방을 찾아서』에서 변방의 미학에 관해 이야기한다. 오리엔트의 변방이었던 그리스와 로마, 그리스와 로마의 변방이었던 합스부르크와 비잔틴, 근대사를 열었던 네덜란드와 영국, 그리고 영국의 식민지였던 미국에 이르기까지 인류의 문명은 끊임없이 변방으로 중심이 이동해온 역사라는 것이다. 그는 우리가 갇혀 있는 틀을 깰 수 있게 해주는 변방의식을 새 영토를 찾아가는 '탈주脫走'에 비유한다. 그의 결론은 스테판 에셀의 『분노하라』 마지막 장에 나

한 덩이 고기도 루이비통처럼 팔아라

오는 "창조야말로 저항, 저항이야말로 창조"를 인용한 "변방은 저항과 창조의 공간"이다.

에드워드 사이드는 『권력과 지성인』에서 관습적인 논리에 반응하지 말고 움직이는 것에 반응해야 한다며, 그러기 위해서 '스스로를 추방해야 한다'고 강조했다. 변방의 강점은 아이러니하게도 바로 이 '추방'에 있다. 미래는 그냥 주어지지 않는다. 더 나은 미래를 소망하는 사람은 반드시 현재 안락의 중심으로부터 자신을 불확실성의 변방으로 추방하는 희생을 필요로 한다. 추방이 있고서야 또다른 길이 시작되고 또다른 정상으로의 여행이 시작되는 법이다.

현재 중국의 주석 시진핑은 중국 고위층 자제들만이 모인다는 태자당太子黨 출신이다. 그러나 각종 책과 자료를 찾아보면 그가 결코 태생으로 정상에 오른 것이 아니라는 사실을 알 수 있다. 태자당 출신의 정치 유력자는 손에 꼽을 수 없을 만큼 많지만 그와 같은 행보를 보인 사람은 없다. 시진핑은 베이징에서의 정치활동이 아닌 변방에서의 탁월한 성과와 열광적인 지지를 발판으로 주석의 자리에 올랐다. 언론들은 "허베이 성에서 단련하고, 푸젠 성에서 전진하기 시작했으며, 저장 성에서 성숙해져 상하이에선 날기 시작했다. 그리고 베이징으로 가 정상에 올랐다"라고 평한다.

'진핑近平'이라는 이름이 '베이핑北平, 베이징의 옛 이름과 가깝다'라는 뜻일 정도로 권력을 지향했지만, 시진핑의 어린 시절은 이와 달리 비참했다. 당의 유력자였던 아버지 시중쉰習仲勳이 정치적 숙청을 당해 허난 성으로 쫓겨나면서 고난의 행보가 시작됐다. 초라한 복색 탓에 "도대체 뉘 집 아이기에 저렇게 남루하냐"며 손가락질을 받았고, 그의 표현 그대로 "기절할 만큼 힘든 노동"에 시달렸다.

하지만 시진핑은 이러한 변방행을 운명으로 생각하고 더 깊숙이 받아들였다. 칭화대에 입학하면서 베이징 중앙군사위원회 국방부장 비서로 임명됐지만, 기어코 지방 근무를 자처해 허베이로 홀연히 내려갔다. 이렇게 시작된 그의 떠돌이 근무는 푸젠, 저장 성을 거쳐 상하이까지 흘러갔다. 이런 시진핑에게 중국 인민의 마음이 쏠렸다. 급기야 중국 지도부는 주류 사회의 영광 대신 소외받고 아파하는 비주류의 상처를 가슴에 아로새긴 시진핑을 중국의 차세대 지도자로 선택했다. 미국과 더불어 G2로 군림하고 있는 중국 주석의 자리를 그 어떤 리더가 노리지 않겠는가. 하지만 그 자리는 탄탄하게 닦인 고속도로를 벗어나 덜컹거리는 비포장 자갈길로 기꺼이 들어선 시진핑에게 돌아갔다. 이렇듯 역사에는 구불구불 먼 진흙길을 돌아 느닷없이 목적지에 들어선, 흙투성이 지프차에 최종 승리가 돌아간 사례가 무수히 많다.

내려갈 것이냐 올라갈 것이냐, '페라가모'의 위기 대처법

1960년 제화업계의 한 거장이 숨을 거두었다. 회사는 한 달간 문을 닫았다. 모두들 이제 그 브랜드는 끝났다고 했다. 화장대에 앉은 미망인은 충격으로 눈물조차 나오지 않았다. 정말 모든 것이 끝난 것처럼 보였다. 오늘날 최고의 명품 반열에 올라 있는 페라가모의 작은 추락 스토리다.

"늘 올라가는 산은 없다"는 산행 격언이 있다. 사업도 삶도 계속 올라가기만 하는 경우는 결코 없다. 중요한 것은 내리막을 영원한 내리막으로 만들 것이냐, 더 큰 정상으로 올라가는 과정으로 담담하게 받아들이고 더 담대하게 나갈 것이냐다. 경영에는 일절 관여하지 않고 남편 내조만 해온 38세의 미망인 완다 밀레티Wanda Miletti는 지켜야 할 자식 육 남매가 있어, 앉아서 울 수만은 없었다. 그녀는 남편이 몸 바쳐 쌓은 유산을 지키기 위해 앞으로 나아가기로 했다.

숲에 큰 나무가 쓰러지면 생태계는 오히려 더 깨어난다고 한다. 큰 나무의 공백을 메우기 위해 더 분발해야 한다는 암묵의 공감대가 퍼지기 때문이다. 페라가모 사후에 가장 눈부시게 움직인 것은 장녀 피암마 페라가모Fiamma Ferragamo였다. 그녀는 아버지가 사망하고 1년 뒤, 회심의 프로젝트인 '런던 론칭'을 성공시키는 낭보를 어머니에게 바친다. 피암마는 디자인은 물론 생산과정까지 혁신하면서 CEO의 역할을 톡톡히 해냈던 것이다. 그녀는 57세로 사망할 때까지 40여 년간 페라가모의 디자인을 책임졌다. 한창때는 1년에 무려 4백~5백 개의 구두 디자인을 해내는 초인적인 능력을 보일 정도였다. 피암마의 헌신적인 노력에 힘입어 구두 생산량이 아버지 사후 하루 350켤레에서 1만 켤레까지 증가했다.

완다 여사는 피암마를 필두로 커가는 자녀들을 세심하게 관리했다. 그녀의 노련한 리더십이 없었다면 또다른 브랜드 구찌처럼 형제가 반목해 브랜드가 결국 다른 회사에 넘어가거나 브랜드의 힘이 약화됐을지도 모른다. 완다 여사는 마치 실을 가로세로로 엮어 양탄자를 짜듯 자녀들의 역할을 분배하는 절묘한 '양탄자 리더십'을 선보였다. 아들이 셋, 딸이 셋이었는데, 성별과 개인의 자질에 따라 이들을 배치해 '페라가모'라는 하나의 이름 아래 아름다운 카펫을 짜냈던 것이다. 크게 보면 아들들에게는 지역을 나누고, 딸들에게는 제품을 나누었다. 아들은 보통 지배권을 행사하려는 성향을 보여 지역을 주고, 딸들은 능력과 취향에 따라 아이템에 집착하는 성향이 강하므로 제품을 주었던 것이다. 좀더 자세히 보면 장남 페루초Ferruccio를 그룹 전체 회장으로 임명하고, 차남 레오나르도Leonardo는 유럽·아시아 지역을, 삼남 마시모Massimo는 미국 시장을 맡도록 했다. 장녀 피암마는 여성 액세서리, 차녀 조반나Giovanna는 여성 기성복, 막내 풀비아Fulvia는 실크 액세서리와 홈컬렉션을 맡도록 했다.[12]

이렇게 자녀들을 한 명도 소외시키지 않고 역할을 맡겼지만 단점도 있었다. 이들이 '순혈'이라는 점이었다. 순혈의 단점은 자랄 때 같은 식단을 공유하듯 같은 사고의 틀을 공유한다는 것이다. 또한 가족이라는 이유로 자질이 없는 이가 조직에 발을 들여놓을 때 내부의 반발 등 문제가 발생하는 치명적인 한계가 있다. 완다 여사는 이에 대한 대비 역시 확실하게 했다. 오너 일가라고 할지라도 입사조건을 분명히 못박은 것이다. 다른 회사에서의 근무 경력과 MBA 학위, 임원위원회 심사가 그것이었다.

절대적이었던 남편과 아버지의 죽음을 딛고 더 큰 세상으로 가는 길을 연 페라가모 가족, 그들은 아버지의 유산인 회사가 내리막으로 가도록 결코 용인하지 않고 똘똘 뭉쳐 정상으로 가는 길을 택했다. 그 길은 곧 아버지를 가장 영광스럽게 하는 길이었다.

구부린 어깨에는 반드시 누군가 올라타는 법, 'BMW'

이스라엘은 사막에서 과일이 난다. 그 당도나 숙성도가 놀라워 시장에서 높은 가격으로 거래된다. 알다시피 이스라엘은 식물이 자랄 수 없는 사막지대다. 도저히 불가능한 것을 가능하게 만든 것은 이스라엘의 집요함이다. 1년 강수량이 우리나라 평균의 40분의 1을 밑도는 사막에서 농사를 짓기 위해 이스라엘은 1960년대에 세계 최초로 방울 물주기Drip Irrigation 기술을 발명했다. 그리고 식물의 뿌리 하나하나에 직접 물을 주는 방식을 개발해 적용했다. 결국 불가능한 상황을 이겨내는 사람만이 살아남는다.13

하이엔드의 세계에서 이처럼 어려운 상황을 잡초처럼 이겨낸 기업이 많다. 대표적인 브랜드가 BMW다. 지금 BMW의 위상을 보면 고이 자란 도련님 같지만, BMW의 역사를 보면 이처럼 기구하고도 천덕꾸러기였던 브랜드가 없다.

BMW는 1916년 독일 뮌헨에서 태어났다. 처음에 BMW가 만든 것은 자동차 엔진이 아니라 항공기 엔진이었다. BMW의 엠블럼이 마치 프로펠러처럼 생긴 데는 이런 시작과 관련이 있다. BMW는 제1차 세계대전이 발발하자 항공기 엔진을 제작하면서 폭발적으로 성장했다. 만약 독일이 패전하지 않았다면 세계 자동차업계에서 훨씬 더 빨리 강자로 군림할 수 있었을 것이다.

하지만 독일의 패전으로 시련의 계절이 왔다. 연합군과 체결한 '베르사유 조약'이 BMW의 항공기 엔진 제작을 금지한 것이다. 제품 제작에 위기가 닥쳤지만 BMW는 포기하지 않고 기회를 엿보았다. 마침 전쟁 뒤 불황으로 소형 모터사이클의 수요가 늘어나자 이것을 기회로 BMW는 모터사이클을 생산했다. 모터사이클로 사업을 연장해가면서 제1차세계대전 뒤에는 드디어 자동차산업에 진입했다. 하지만 히틀러가 BMW의 앞길을 막았다. 그는 부강한 독일을 위해 자동차산업을 육성해야 한다고 믿었지만 2위는 필요 없다고 여겼다. 히틀러는 BMW의 자동차 엔진 생산을 막고 항공기 엔진만 만들 것을 명령해 BMW는 또 한번 좌절했다. 폭스바겐이 '비틀Beatle'로 회생하는 동안 BMW는 도입 차종이 실패하면서 거의 파산 지경에 몰렸다. 이때 등장한 새로운 오너가 크반트 가문이었다. 헤르베르트 크반트[Herbert Quandt]는 전후 늘어나는 중산층을 타깃으로 한 차량을 만들기를 원했고, 중산층 타깃의 저렴한 중형 세단을 내놓으면서 부활하기 시작했다.

마틴 루서 킹은 "당당하게 어깨를 펴고 걸어라, 구부린 어깨에는 반드시 누군가가 올라타는 법이다"라고 했다. 만약 BMW가 '베르사유 조약 때문에, 히틀러 때문에'라는 핑계를 대며 고개 숙이고 어깨를 늘어뜨렸다면 그들에게 오늘날과 같은 영광은 없었을 것이다. 그들은 기술에 대한 믿음이 있었고, 이것이 그들을 강하게 만들었다.

BMW는 1972년 뮌헨올림픽에서 숨겨놨던 5시리즈를 공개하면서 독일을 뛰어넘어 세계를 향해 드라이빙하기 시작했다. '라스트 맨 스탠딩'이라는 말이 있다. 결국 강한 것은 끝까지 살아남는 것이며 이는 자신의 강점에 입각해 끊임없이 기회를 모색할 때 가능하다.

자신만의 길을 가는 것은 소비자의 의견에 대한 무시나 외면이 아니다. 자신의 길을 가장 잘 아는 것은 자신이다. 자기 자신을 지키지 못하는 브랜드는 존재 자체에 의문을 갖게 한다. 어떻게든 자신의 길을 지켜나가는 사람을 '프로'라고 부른다. 그러나 자신의 것을 지키지 못하면 '포로'가 된다.

BMW 5시리즈 광고 화보. BMW는 강한 자신감으로 위기를 극복하며 5시리즈로 독일을 넘어 전 세계로 시장을 넓혔다.

사실 BMW의 5시리즈는 출시될 때마다 소비자들의 불만이 쏟아졌다. 뒷자리가 다리를 펼 수 없을 정도로 좁다는 것이 이유였다. 자동차를 편안함으로 생각하는 사람들에게 이러한 불편함은 용납되지 않았다. 하지만 BMW는 이를 받아들이지 않았다. 최첨단 항공 기술의 후예임을 자처하는 그들에게 항공역학과 같이 꼼꼼하게 계산된 비율을 망가뜨리는 것은 BMW임을 포기하라는 말이었다. 그들은 긴 역사 동안 지켜온 일관성을 택하기로 결정했다. 일관성이란 진정성 있는 브랜드가 꼭 지켜야 할 금과옥조다. BMW는 이 일관성을 긴 역사 동안 지속적으로 지켜왔다. 그들의 슬로건은 1962년 이래 '완벽한 드라이빙의 기쁨sheer driving pleasure', 오로지 이 하나다. 그들은 '자랑스러운 항공 기술 개척자들의 후예'라는 자부심을 오늘날도 잊지 않고 있다.**14**

하지만 이런 고집스러운 일관성이 모든 고객에게 환영받을 수는 없다. 그들은 프리미엄 시장에서 다섯 명 중 한 명, 즉 20퍼센트만 자신들의 철학을 알아주면 된다고 가정했다. 그래서 그들의 사업 확장은 현 시장에서의 점유율 확대가 아니라 진출 국가의 확대에 방점을 찍었다. 전 세계에서 자신을 알아주는 다섯 명 중 한 명을 찾아 독일과 유럽을 넘어 세계로 나간 것이다. 이 전략적 선택은 BMW를 오늘날 가장 성공적으로 글로벌 전략을 펼치는 브랜드로 손꼽게 만들었다.

살아남는 것이 곧 강한 것이다

보험, 자동차와 같은 영업 지향적인 조직은 보통 사흘에 한 번씩 영업현황을 점검한다고 한다. 이론적 배경까지는 알 수 없지만, 경험적으로 사흘 단위로 계획과 실적을 점검하는 것이 그간 가장 효과적인 방법으로 입증되었다고 한다. 아마 여기에 작심삼일의 비밀이 숨겨져 있을 듯싶다. 작심삼일이든 작심삼십일이든 중요한 것은 지속하느냐 곧 꺼지느냐 여부일 것이다. 잠깐 켜졌다 꺼지는 불로는 담배 한 개비밖에 태울 수 없지만, 꺼지지 않는 불은 쇠를 녹이고 산을 녹이는 법이다.

일본 외식업체 와타미和民의 와타나베 미키渡邊美樹 회장은 신입사원 연수 때 먼저 손을 들고 발표하는 사람을 주의깊게 지켜본다고 한다. 의아하게도 와타나베 회장은 가장 먼저 손을 들어 활발하게 질문하는 사람을 높게 평가하지 않는다. 오랜 경험의 결과, 너무 활기 넘치는 사람은 반대로 심하게 낙심하는 경우가 많다는 것이다. 가장 눈여겨보는 직원은 차분하게 듣고 내용을 생각한 뒤 질문하는 직원이다. 손을 들 만큼 충분한 열정을 가지고 있되, 냉정하게 판단할 수 있는 인내와 신중함이 갖추어진 직원을 말한다. 즉 열정과 냉정을 같이 가지고 있는 직원이 끈기 있게 오래간다는 것이다.

열정이 항상 산을 태울 것처럼 클 필요는 없다. 히말라야를 정복한 위대한 산악인 헤르만 불Hermann Buhl도 "히말라야에서의 모든 날들이 위대한 것은 아니다"라고 하지 않았던가. 침낭을 뒤집어쓰고 추위를 견디며 웅크리고 있는 것도 히말라야의 일상이라는 것이다. 불의 크기는 중요하지 않다. 강한 불은 꺼지지 않고 살아남은 불이다. 불씨를 가지고 언제든 타오를 만반의 준비를 하는, 살아 있는 모든 불은 위대하다.

존경하는 한 CEO의 특강을 들은 적이 있다. 생각에 대한 것이 주된 내용이었다. 그의 지론은 우리 머릿속은 어떤 경우에도 비어 있지 않다는 것이다.

"어떤 순간이든 생각이 항상 들어차 있습니다. 만약 어떤 생각을 밀어내기 위해서는 다른 생각을 집어넣어야 합니다. 나는 항상 긍정과 할 수 있다는 생각을 밀어넣으면서 부정적인 생각의 방을 빼버립니다. 그것이 사업과 인생을 성공적으로 성취하는 비결입니다."

앞문이 열리기를 기다릴 시간에 뒷문을 찾아라

미운 아이 떡 하나 더 준다는 말이 있다. 서비스업계에서는 이 말이 확실히 통한다. 영리한 소비자들은 항의가 격렬할수록 그 대접이 좋아진다는 사실을 잘 알고 있다. 이것이 서비스업 노동자들의 감정노동 강도가 점점 세지는 이유이기도 하다. 적극적인 소비자들은 제품에 대해서도 말이 많다. 도대체 어느 장단에 맞추어야 할지 난감하다. 그럴 때는 확실한 지지층만 믿고 가야 한다.

브랜드 매니지먼트 전문가인 장노엘 캐퍼러 교수는 의견을 너무 수용해 브랜드의 정체성을 잃어버릴 때 브랜드가 위기에 빠진다고 말한다. 반대로 브랜드의 정체성을 알아주는 강력한 지지세력이 있다면 시장 진입은 의외로 쉬워진다. 한국 향수 마케팅 역사상 가장 극적인 성공 사례인 롤리타 렘피카 프로젝트가 이런 대표적인 사례다. 롤리타 렘피카는 프랑스 향수 역사상 가장 빠른 성장 사례 중 하나로, 출시후 1년 만에 향수시장 4위로 뛰어오른 기적적인 성과를 연출했다. 코스메틱기업 바비 브라운Bobbi Brown의 CEO 바비 브라운은 그녀의 성공비결이, 앞문이 막히면 뒷문을 찾는 '뒷문 정신'이라고 이야기한 적이 있는데, 롤리타 렘피카는 바로 이런 뒷문 정신에, 열광팬에 대한 집중전략을 더해 정상의 위치에 올랐다.

바비 브라운은 돌파에 대해 특유의 뒷문론을 이렇게 이야기한다.

"당신 앞에 문이 있고, 당신은 꼭 그 문 안으로 들어가야 한다고 칩시다. 그런데 그 문이 닫혀 있다면? 열리기를 기다릴 건가요? 뒷문을 통해서라도 들어가야지요. 기다리다가는 기회를 놓칩니다. 저는 열린 문을 늘 찾았습니다."

소프트뱅크SoftBank의 손정의 회장은 결혼할 때 일본으로 귀화했지만 손씨 성을 고집했다. 하지만 일본 정부가 손씨 성의 일본인이 없다며 반대했다. 손정의는 전례 따위를 따를 생각이 없었다. 그는 관공서에서 이런 이유를 듣자마자 득달같이 집으로 달려가 아내에게 이 사정을 이야기했다. 손정의의 아내인 오노 마사미大野優美는 다음날 그 관공서로 달려가 성을 손씨로 바꾸었고, 일본인 최초로 손씨 성이 생기자 일본 정부는 더이상 거절할 명분이 없어졌다. 결국 손정의는 손씨 성을 등록하게 됐고, 일본인 최초로 손씨 시조가 됐다.

영국 최고의 부호인 리처드 브랜슨Richard Branson의 첫번째 장애는 난독증이었다. 그래서 학교를 중퇴해야 했지만 그는 난독증이 있다고 길을 피해서 돌아가지 않았다. 리처드 브랜슨이 최초로 벌인 사업은 난독증을 가진 사람이라면 피해야 할 사업인 잡지 창간이었다. 브랜슨은 『스튜던트』라는 잡지를 첫 사업 아이템으로 선택함으로써 그의 가장 큰 장애인 난독증과 정면승부했다.

또한 그는 회사 이름을 지을 때도 포기하지 않고 뒷문을 찾아냈다. 그는 사업에 대해 아무것도 모른다는 것을 오히려 당당하게 여겼고, 더 나아가 사업체 이름을 사업의 문외한이라는 뜻으로 '버진Virgin'이라고 지었다. 그러나 이 이름을 등록하려고 하자 너무 외설적이라는 이유로 영국 기업등록청에서 등록을 거부했다. 거부당했다고 포기할 브랜슨이 아니었다. 그는 주요 항구의 배 입항기록을 모두 뒤져, 마침내 1699년 버진이라는 이름의 배가 스페인 카디스 항에 정박했던 기록을 찾아내고 득의양양하게 관리들에게 들이댔다. 이렇게 하여 결국 회사명으로 버진을 등록하는 데 성공했다.

이처럼 뒷문 정신은 하이엔드 브랜딩의 가장 중요한 정신 중 하나다. 하이엔드 브랜드는 문이 닫혀 있다고 포기하지 않는다. 어떻게든 문을 열거나 새로운 문을 찾아내는 것이다.

승리는 모든 것을
제대로 갖춘 사람을 기다립니다.
우리는 그것을
성공이라고 부릅니다.

필요한 절차를
등한시한 사람에겐
시간이 지난 후에
반드시 실패가 찾아갑니다.
그리고 우리는 그것을
불행이라고 부릅니다.

– 로알 아문센Roald Amundsen, 노르웨이의 탐험가

파워 브랜드의 전략 03

'단 하나'에 목숨을 건다

슈트 브랜드 제냐^{Zegna}는 매년 '벨루스 오리움$^{Vellus\ Aureum}$ 트로피 컬렉션'이라는 행사를 치른다. 매년 최고의 양모를 생산한 생산자를 뽑아 황금 양털과 스위스의 예술가 낫 바이탈$^{Not\ Vital}$이 제작한 트로피를 수여한다. 제냐는 이 생산자와 독점 계약을 맺고 거기서 생산된 울로 최고의 슈트 50벌을 제작한다. 이 특별한 슈트는 영화나 드라마 하나로 뜬 할리우드 스타에게 주어지는 것이 아니라, 기본기부터 탄탄하게 다지면서 각 분야에서 정상에 오른 사람, 걸어온 역사가 명품인 거장을 매년 국가별로 한 명씩 선정해 증정한다. 지금까지 테너 플라시도 도밍고, 미국 전 대통령 빌 클린턴, 지휘자 정명훈 등이 이 슈트를 입었다.

제냐에서 특히 주목할 점은 그들이 원류와 기본을 잊지 않기 위해 부단히 노력한다는 점이다. 제냐는 1910년 이탈리아 북서알프스 트리베로에서 생태학자인 에르메네질도 제냐$^{Ermenegildo\ Zegna}$가 세웠다. 제냐의 기본은 바로 자연이다. 자연에서 그들을 있게 하는 모든 재료가 나오기 때문이다. 울, 캐시미어, 실크 등 모든 재료는 자연이거나 자연을 먹고 자란 동물들에게서 나온다. 제냐는 2005년 낙산사가 불탔을 때 낙산사 복원을 위해 나무 2천 그루를 소리소문 없이 기증했다.

처음부터 한결같은 어떤 사람처럼 한결같은 어떤 브랜드가 있다면, 그런 행동들이 진정성으로 이어진다. 사실 이전부터 제냐는 원단 공장 주위에 있는 산악지대에 50만 그루의 침엽수와 진달래나무를 심는 등 자연에 대한 존중을 보여왔다. 기본과 더불어 제냐가 신뢰를 받는 부분은 바로 근본적인 기술력이다. 제냐 전체 매출액의 10퍼센트가 원단에서 나온다. 아르마니^{Armani}, 보스, 베르사체^{Versace} 등의 브랜드도 제냐의 원단을 쓴다. 원단을 뽑아내는 기술은 가공할 수준으로, 1킬로그램의 울 원료에서 150킬로미터의 원사를 뽑아낼 정도다. 기술에 대한 진보는 계속 이루어져 최근에는 11.1미크론 두께의 혁신적인 패브릭을 선보였다. 사람 머리카락이 50~60미크론이라고 하니 얼마나 미세한 패브릭인지 짐작이 가능하다. 마케팅과 이벤트가 사람들의 주목을 끌 수는 있지만 오랫동안 브랜드를 지켜주지는 못한다. 제냐는 양모에 대한 기본, 자연에 대한 기본, 기술에 대한 기본 정신을 지키며 영원한 생명을 기약하고 있다.

제냐의 광고 화보.
슈트 브랜드 제냐는 기본에 대한 집착으로 진정성을 확보한다.

인간이 만들 수 있는 최고 수준의 제품을 꿈꾸다, '실바노 라탄지'

1960년대, 이탈리아의 시골에 한 아버지가 살았다. 그는 사랑하는 아들의 진로에 대해 심각하게 고민했다. 아들에게는 두 가지 길이 있었는데, 하나는 전기 수리공의 길이었고 다른 하나는 구두 제화공의 길이었다. 당시 전기기사들의 감전사고가 잇따른다는 소식에 아버지는 많은 걱정을 했고, 고민 끝에 사랑하는 아들의 손을 잡고 근처의 제화공장을 찾았다. 그리고 간곡히 아들의 도제수업을 부탁했다. 아버지 손에 이끌려서 간 아들이 바로 실바노 라탄지이다.

라탄지가 만든 수제화는 한 켤레에 1만 달러에 팔려나갈 정도다. 2백 년을 바라보는 에르메스의 명품 수제화와 견줄 만하다. 특유의 창의성과 역발상에 그 답이 있는데, 수제화 분야 바닥에서 출발해 최고의 브랜드로 등극한 실바노 라탄지의 하이엔드 전략은 무엇이었을까?

1971년에 창업하면서 라탄지는 좋은 소가죽으로 만들던 당시 구두업계의 관행에 의문을 가졌다. 보통 독일 소는 강인함, 프랑스 소는 엄격함, 이탈리아 소는 부드러움을 갖고 있다고 말한다. 그리고 대다수의 구두 브랜드들은 더 좋은 소가죽을 구하고, 더 잘 만드는 것에 집중했다. 예를 들면, 독일 브랜드 아이그너Aigner는 소 전체에서 8퍼센트밖에 없는 목가죽만 사용하는 식이다. 하지만 라탄지는 이 소재의 한계에서부터 의문을 가졌다. 이탈리아 소가죽 기술이 최고이긴 하지만 꼭 소로 만들 필요가 있느냐고 말이다.

라탄지는 소재의 혁신부터 차별화를 시작했다. 도마뱀, 악어 등 사용 가능한 가죽의 한계를 넘으면서, 세상에서 가장 독특한 브랜드로의 첫발을 내디딘 것이다. 또한 라탄지는 구두를 구두 이상으로 보았다. 그는 구두는 그 사람의 철학을 말해줘야 한다는 생각으로 구두

251

를 예술작품처럼 만들기 시작했다. 이러한 일련의 작업을 통해 그의 구두가 유일무이하다는 라탄지의 철학을 세상에 알렸다.

라탄지는 한 언론과의 인터뷰에서 그의 브랜드가 세상에서 마지막 남은 수제화 브랜드가 될 것이라고 이야기했다. 그가 그렇게 자신하는 데는 그럴 만한 이유가 있다. 보통 수제화의 특징은 완벽하지 않다는 것이다. 소비자들은 박음질이 다소 어설프고, 스티치가 삐뚤어도 그것이 바로 수제화를 말해주는 특성이라고 이해해왔다. 그러나 라탄지는 바로 이런 것에 대해 통렬하게 비판한다. 소비자의 너그러운 이해에 편승해 수제화 브랜드들이 안주해왔다는 것이다. 라탄지가 주장하는 것은 'hand-made'가 아니라 'well hand made'이다. 수작업을 넘어서 완벽한 품질을 추구한다는 것인데, 실제로 라탄지는 수작업 제품의 수준을 기계로 만든 제품 이상으로 만들어야 한다고 독려한다.

수작업의 정밀도와 정성이 기계를 능가할 수 있을까? 만약 수작업이 기계 작업에 필적할 만큼의 정확성을 꿈꾼다면 그 수제화는 분명 정확성과 유연성을 겸비한 최고의 제품이 될 수 있을 것이다. 라탄지는 인간이 만드는 최고 수준의 제품을 고집하기 위해 다른 공방들이 저임금 미숙련 외국인 근로자들로 북적일 때 고도로 숙련된 이탈리아 장인만을 채용했다. 모두가 이탈리아 수제화의 품질에 만족할 때, 스스로 한발 더 나아간 라탄지의 고집은 군웅이 할거하는 이탈리아 제화업계에서 짧은 역사로 최고의 자리에 오른 원동력이었다.

실바노 라탄지는 구두를 새롭게 재정의하는 일에도 몰두했다. 그는 이러한 재정의 작업이 곧 구두의 차별화라고 믿었다. 그러던 어느날, 라탄지는 친구와 함께 샴페인을 마시다가 문득 안주로 나온 치즈를 바라보았다. 자나깨나 구두 생각뿐이던 그는 샴페인에 취해 문득 이런 생각을 하게 되었다.

'숙성된 샴페인, 숙성된 와인, 숙성된 치즈는 모두 시간이 갈수록 그 가치가 더해지는데, 왜 구두는 시간이 지나면 낡고 가치가 없어지는 걸까?'

이후 그의 이런 의문에 스파크를 튀게 하는 뉴스가 발생한다. 바로 단테 이후 이탈리아 최고의 시인으로 평가받는 자코모 레오파르디의 소식이었다. 1837년에 죽은 레오파르디의 유골이 63년 만에 발굴된 것이다. 발굴 당시 해골밖에 남아 있지 않았는데, 그가 신었던 구두는 거의 온전한 상태였다. 마침내 2005년 실바노는 그의 실험실 옆 마당에 다섯 개의 구덩이를 파고, 그가 아끼는 50켤레의 구두를 묻은 뒤 4년 만에 꺼내보았다. 기대했던 대로 구두는 온전한 상태였지만 땅속의 박테리아와 습기로 인해, 공장에서는 절대 제조할 수 없는 독특한 색채와 형태를 띠고 있었다. 실바노 라탄지를 세계에 알린 '숙성 구두'는 이렇게 탄생되었다.

발굴된 구두는 밑창을 교체한 후 깨끗하게 세척해 고객에게 판매되는데, 그 판매가격이 무려 일반 명품 구두의 세 배가 넘는다. 실바노 라탄지는 와인과 치즈라는 다른 업종의 아이디어를 가져오는 상상 밖의 결단으로, 시간을 거슬러 가치가 올라가는 숙성 신발의 개발에 성공했다.

실바노 라탄지의 하이엔드 전략은 쉽게 정리할 수 있다. 정형화된 개념을 다시 생각해보고 재정의했으며, 그 안에서 완벽을 향한 디테일로 각을 세웠다. 땅속에 4년 동안 묻어둔 그의 숙성 구두는 창의, 결단, 경영 철학 등을 보여주는 숭고한 결정체라고 할 수 있다.

게랑드 소금의 '이미지 전이轉移 전략'

세계 최고의 천일염은 프랑스 게랑드 지방에서 생산되는 게랑드 Guérande 소금이다. 환경 조건, 염전의 관리, 소금 추출 기술, 마케팅 능력 등 여러 가지 성공 요인이 있지만, 중요한 것 중 하나가 게랑드 소금이 갖고 있는 소금장인 양성센터이다.

게랑드 소금은 소금을 만드는 장인들을 최고 역량을 갖게 만듦으로써 그들이 생산하는 소금까지 명품이 되게 하는 이미지 전이 전략을 쓴다. 게랑드 소금장인 양성센터에서 수강생들은 열 명의 강사로부터 경제학, 생물학, 지리학, 지층학, 농업제도와 농업경영학, 환경학, 생태학, 정보공학, 기상학 등 열 과목의 이론과 실기수업을 8개월간 집중적으로 받는다. 학과수업이 끝난 다음에는 게랑드 지역의 전문 소금상인으로부터 6개월간 실기실습을 받는다. 강습은 해마다 11월에 시작하며 학과수업 80시간, 현장실습 880시간으로 구성된다.[15]

지킬 것은 오직 원칙뿐, '르크루제'

피터 드러커는 기업에 가장 중요한 것은 마케팅과 혁신이라고 이야기했다. 프랑스 주물냄비 '르크루제Le Creuset'는 오랜 전통을 자랑하면서도 이와 같이 마케팅과 혁신을 통한 극적인 변신으로 오늘날 세계 주물냄비 분야의 70퍼센트 이상을 점유하는 튼실한 브랜드다. 르크루제의 단단함은 이름에서부터 드러난다. 크루제creuset는 주물냄비, 르le는 관사이므로 한마디로 '주물냄비는 르크루제가 대표 브랜드'라는 것이다.

르크루제의 CEO 폴 반 쥐당Paul Van Zuydam은 기업의 본질에 대해

보다 직설적으로 이야기한다. 그는 르크루제의 냄비를 만들기 이전에 자신의 사업에 대한 단단한 틀부터 마련했다. 그가 기업을 보는 시각은 냉정하고 정확하다. 그는 30대 시절 회계사로 있으면서 부실기업을 정리하는 일을 맡아 사업에 필요한 자금을 모았다. 또 부실기업을 뜯어보면서 기업들이 왜 부실해지고 결국 망하는지 극명하게 보았다. 그는 파산에 처한 기업들을 처리하면서 기업이 장수하기 위해서는 정해진 성장 속도를 가져야 하며, 농사에서 태풍이 불어닥치는 것과 같이 불가항력적인 리스크에 항상 대비해야 한다는 지론을 세웠다. 반 쥐당이 관찰한 바로는 50년 동안 90퍼센트의 기업이 사라지고 단지 10퍼센트만 남았는데, 이 생존 기업의 조건이 바로 정해진 성장 속도만큼 가는 '정속경영'과 리스크를 예상하고 준비하는 '대비경영'이었던 것이다.[16]

반 쥐당이 생각하는 르크루제의 적정 성장 속도는 10~20퍼센트다. 2008년 이후 경제위기에도 르크루제는 10퍼센트 이상 꾸준히 성장하고 있었는데, 2010년에 르크루제가 20퍼센트 이상 성장하자 그는 칭찬은커녕 오히려 조직 내·외부에 지나치게 성장하는 것은 좋지 않다는 경고 메시지를 강하게 전달했다. 반 쥐당이 '정속경영'을 하는 이유는 필요 이상 성장을 원하면 지나친 성장지상주의로 인해 양질의 직원을 해고하게 되고, 매출 지향주의로 인해 회사 특유의 장점이 희석되면서 마진이 떨어져 결국 최악의 조치로 가격을 낮추는 사태까지 벌어진다는 지론 때문이다. 그는 그의 회사가 50년 안에 사라지는 90퍼센트의 회사가 되기를 원하지 않는다.

폴 반 쥐당이 르크루제를 인수한 스토리도 경영 방침만큼이나 단호하다. 1980년대 중반 르크루제는 영업이 부진해 매물로 나왔다. 미국 생활용품회사 사장으로 재임하면서 오랜 시간 르크루제를 관찰해

온 폴 반 쥐당은 르크루제의 잠재력을 확신하고 윗선에 강하게 인수를 제안했다. 하지만 르크루제를 잘 알지 못하던 경영진이 이를 거절하자, 반 쥐당은 사표를 내고 본인의 확신을 실현하기 위해 르크루제를 인수했다.[17]

인수 후에 폴은 르크루제를 사업 지향적인 조직으로 바꾸었다. 일례로 총 직원 1천 5백 명 중 영업직원이 10명이고 나머지 인원이 생산직이었던 생산 중심 조직을, 영업직원 1천 명에 공장직원 4백 명 규모로 마케팅 중심 조직으로 구조조정했다. 영업직원을 늘렸다고 영업 일변도로 간 것은 아니다. 현대화와 공정 개선을 통해 극단적인 생산 효율화를 꾀했다. 대신 진출 국가를 늘려 현재 24개국에 진출해 있다. 진출 국가를 늘릴 때도 '백 년 있을 것을 가정해서 진출한다'는 원칙에 따라 신중히 결정한다. 진출했다가 철수할 경우에는 이에 따르는 자원과 기회비용이 상당히 크고, 또한 조직에 남는 후유증 역시 크다. 이런 원칙에 따라 이루어진 해외 진출은 현재까지 일단 진출한 지사가 철수한 경우가 전무한 성과로 나타나고 있다.

원칙의 힘은 생산에서도 적용된다. 르크루제의 냄비는 원료의 함량 구성 비율을 철저히 지킨다. 15퍼센트의 순수 선철, 35퍼센트의 재활용 강철, 50퍼센트의 재활용 철을 정확히 측정해 투입한다. 원료의 구성비를 철저히 지키되 르크루제라는 이름의 정관사 le에서 보듯 유일무이한 원칙 또한 지킨다. 바로 모래 거푸집 파괴 원칙이다. 모래 거푸집에 주물을 부어 냄비를 만들면 그 거푸집은 바로 파괴된다. 전 세계에 같은 냄비가 하나도 없다는 말이 바로 여기서 나온다. 또한 제작 공장은 프랑스 공장만을 사용한다. 앱솔루트 보드카가 아후스 지방의 물만 쓰는 것과 비슷하다. 또한 검수 단계에 무결점 원칙을 적용해 30퍼센트 정도를 폐기하는 것으로 유명하다.

르크루제의 매출은 2011년 기준 9천억 원 정도이며, 수익률은 30퍼센트에 육박하는 것으로 추정된다. 르크루제는 폴 반 쥐당 회장이 인수하기 전과 인수 후로 극명히 나뉜다. 인수 전에는 기술력과 전통은 있지만 마케팅과 혁신이 부족한 전형적인 창업오너형 명품 기업이었다면, 이후에는 글로벌하고 적극적인 비즈니스 조직으로 바뀐 것이다. 하지만 그 무엇보다도 르크루제의 미래가 밝은 것은 폴 반 쥐당 회장의 정속경영에 대한 정확한 이해가 아닐까 생각한다. 속도를 잃으면 자신의 운명을 다른 이가 통제하는 법이니 말이다.

70년 동안 무려 2만 5천 시간을 비행해 일본에서 '비행의 신'이라고 불리는 다카하시 준高橋淳은 롱런의 비결로 배분의 법칙을 이야기한다. 비행에는 결단력과 판단력 외에 마음의 여유가 필요하다는 것이다.

자신의 능력을 100퍼센트 발휘하는 것이 아니라, 80퍼센트 정도만 비행에 쓰고 나머지 20퍼센트는 만약을 위해 남겨둬야 한다고 한다. 그렇게 하지 않으면 돌발 상황시 금방 패닉에 빠져 판단력과 결단력을 잃는다. 그에게 80퍼센트의 힘으로 비행에 임하고 20퍼센트의 여유를 갖는 80대 20 법칙은 생존과 오랜 비행을 하는 데 가장 중요한

르크루제의 광고 화보.
르크루제는 원칙을 지키는 브랜드의 힘을 보여준다.

원칙이었다.

다카하시는 배분의 법칙을 잘 쓰는데, 이는 레슨에서도 마찬가지다. 그는 레슨시간 중 60~70퍼센트는 칭찬을 하고 30~40퍼센트는 이론과 기술을 가르친다고 한다. 현실적으로 가르치는 모든 것을 학생들이 100퍼센트 이해할 수는 없기 때문에 이해할 수 있는 만큼만 가르치고, 나머지는 의욕과 즐거움을 위해 남겨두는 것이다. 비행의 법칙과도 같은 이 배분 법칙은 그의 레슨이 재미있는 가장 큰 이유다. 그는 또한 지금도 레슨을 하는데, 학생들이 건네는 말 중에 "오늘도 즐거웠습니다" "수고 많으셨고 감사합니다"라는 말이 가장 기분좋다고 한다. 돈을 받고도 감사하다는 말을 듣는 것이 진정한 프로라고 이야기한다. 그는 진정한 프로가 되기 위해 오늘도 배분의 법칙을 비기祕技로 삼는다. 꽉 찬 것, 빠른 것만이 최선이라는 고정관념은 다시 한번 생각해볼 일이다.

수요보다 한 대 더 적게, 겸손한 '페라리'

명차 페라리가 가지고 있는 여러 원칙 중에서도 르크루제의 정속 경영처럼 자제를 일깨우는 원칙이 있다. 페라리의 CEO 아메데오 펠리사 Amedeo Felisa는 그들의 가장 중요한 원칙은 '수요보다 한 대 더 적게 팔라'는 것이라고 한다. 이 원칙은 희소성을 지키기 위한 노력이기도 하지만 수요를 초과해 생산함으로써, 비즈니스의 매출과 실적이라는 허상이 품질과 철학이라는 진정한 목적을 압도하지 않도록 하는 강제적 장치다.

단기적인 방법을 써서 최고 실적의 숫자를 만들기는 쉽다. 문제는 그것을 어떻게 지키느냐이다. 할 수 있는 역량을 넘어 '만들어진'

실적 숫자는 그 위에 덧씌워질 또다른 실적의 희생을 요구한다. 그러기에 페라리에 포기한다는 한 대의 뜻은 매출보다 더 중요한 철학을 잃지 않겠다는 나름의 다짐이다. 향후로도 페라리가 매출 부진으로 인수될지언정 망하는 일은 없을 것이다.

고객이 답이다, '옐로 테일'

와인 마케팅은 어렵다. 타닌의 함량, 원산지, 재배자의 철학, 숙성의 특별함, 테루아르의 우수함, 빈티지의 특이성 등 마케팅을 할 수 있는 여지는 너무도 많지만 소비자 입장에서 보면 너무 복잡해 하나도 눈에 들어오지 않을 수도 있다. 소비자들은 와인을 좋아하지만 사실 너무 복잡해 그냥 먹어본 와인만 습관적으로 고르거나 품종이나 국가만 보고 고르기 일쑤다. 그것도 아니면 와인 만화 『신의 물방울』에 소개된 것으로 그냥 편하게 고른다. 선물은 그렇게 한다고 쳐도 자신이 먹을 때는 난감해진다. 그런 측면에서 보면 옐로 테일Yellow Tail은 이단아다. 우선 등장부터가 쇼크다. 호주로 이주한 이탈리아 출신의 존 카셀라John Casella 집안에서 만들기 시작한 옐로 테일은 2001년 미국에 처음 수입된다. 그리고 특별한 광고나 이벤트 없이 단 2년 만에 미국 레드 와인 부문에서 자국의 캘로포니아 와인 판매량을 앞지르고 최대 판매량을 기록한다. 와인시장이 침체되어 판매량이 축소하고 있었음에도 불구하고 옐로 테일은 판매가 계속 늘어나는 괴력을 발휘한다. 이유는 간단하다. 소비자 입장에서 와인에 대해 답답하게 느꼈던 부분을 속시원히 풀어줬기 때문이다.

와인은 왜 그렇게 복잡한 것을 따져야 할까? 그리고 와인에 대한 평가는 왜 마시는 사람마다 극과 극이어야 할까? 떫은맛을 좋아하는 사람, 달콤한 것을 좋아하는 사람. 또한 설레면서 막상 코르크를 따면 기대했던 맛이 안 나오는 경우 등 불확실성이 너무 많다. 옐로 테일은 병마개가 트위스트 캡이다. 어디서든 돌리기만 하면 딸 수 있다. 먹다가 다시 닫아둬도 된다. 옐로 테일은 와인들이 싸워온 경쟁의 마당, 예를 들어 타닌 함량, 참나무통, 숙성 기간 등에 아예 들어가지도 않고, 그 모든 것을 무시해버렸다. 오로지 달콤한 맛에 초점을 맞추었다. 한자리에 앉은 사람들이 공통적으로 만족할 수 있는 것에 집중한 것이다.

소비자들은 옐로 테일이 보여주는 극단적인 소비자 지향성에 크게 만족한다. 옐로 테일은 음미하는 것보다 벌컥벌컥 마시는 것이 더 맛있다는 평가지 나온다. 누구도 와인을 고상하게 음미하며 아껴 먹듯 마시라고 강요한 적이 없는데, 와인을 벌컥 마시면 왜 우리는 약간의 죄책감마저 느끼는 걸까? 이런 쓸데없는 허례허식에 의문을 갖는 창조적인 사람이라면 옐로 테일을 한 병 사서 물처럼 벌컥벌컥 마시며 경직된 와인 문화를 비틀어보는 건 어떨까.

롯데그룹은 와인 수입업체를 두 개나 가지고 있다. 가격에 구애받지 않고 와인을 즐길 법한 신동빈 회장이 '회장님 와인'으로 낙점한 것이 바로 옐로 테일 카베르네 소비뇽 리저브다. 롯데의 관계자는 이 와인을 떨어지지 않도록 공급하고 있다는 말까지 덧붙인다. 이쯤 되면 옐로 테일이 저렴한 가격임에도 수준이 높다는 사실을 알 수 있다. 늘 기대하는 만큼 채워주기 때문인데, 품질과 맛이 일관적이라는 말도 된다.

옐로 테일 맛의 비법은 바로 블렌딩에 있다. 옐로 테일은 블렌딩으로 만들어진 와인이라 늘 일정한 품질을 유지할 수 있다. 기대했던 딱 그만큼 해준다는 것은 잘하는 것다 더 중요한 경우가 많다. 피터 드러커는 생전에 가장 나쁜 부하직원은 일을 못하는 직원이 아니라 상사를 놀라게 하는 직원이라고 했다. 1+1이 정확히 2가 나오는 직원은 3도 되고 5도 됐다가 0이 되는 직원보다 더 쓰임이 많은 법이다. 예측이 가능하기 때문이다. 옐로 테일이 딱 이런 경우다. 언제나 그 맛의 수준이 유지된다. 옐로 테일은 자연이 부여하는 불규칙성을 돌파하기 위한 방법으로 블렌딩을 사용했다. 품종과 생산지, 빈티지를 고려한 블렌딩은 단일 품종이나 단일 지역이 가지는 순혈의 단점을 커버하고 맛을 일정하게 유지해준다. 블렌딩의 기술은 편차를 줄이기 위한 세심한 노력이다. 어떠한 경우에도 통제할 수 있는 것이 또한 하이엔드의 중요한 요인임을 또 한번 알려주는 사례다.

시작도 끝도 결국 사람이다

대부분의 하이엔드 브랜드가 품질에 목숨을 걸지만, 다른 것에 목숨을 거는 브랜드도 분명 있다. 경영의 구루 짐 콜린스는 전략보다 사람의 중요성을 지적했다. 짐 콜린스가 기업의 흥망 원인을 다룬 다양한 경제경영서를 저작하면서 14년간의 연구결과와 인터뷰 자료를 통해 찾아내고자 한 것은 역사상 주요한 의사결정에 대한 것이었다. 그에 따르면, 기업의 탁월한 우수성은 전략적 결정이 아니라 사람에 대한 결정에서 비롯됐다는 것이다.

그는 전문 산악인에 맞먹는 등산 실력을 가지고 있었는데, 두 산악인의 인터뷰를 예로 들어 사람의 중요성을 설명했다. 산악인 짐 로건Jim Logan과 머그스 스텀프Mugs Stump가 캐나다 로키산맥의 엠퍼러 페이스 등정에 성공했을 때 사람들은 그 위대한 성공의 비결을 알고 싶어했다.

"많은 사람들이 죽거나 포기했는데, 성공 비결이 뭔가요?"

비결은 준비였을까? 전략이었을까? 로키산맥의 엠퍼러 페이스를 정복하기 위해서는 '죽음의 구역'이라고 불리는 지대를 꼭 지나야 하는데, 이곳의 특성은 들어서면 절대 뒤돌아 후퇴할 수 없고 또한 앞의 진로에서 어떤 날씨와 기후가 펼쳐질지 예측할 수 없다는 것이다. 사람들은 이 불확실하고 변덕스러운 기후에 무너졌다. 그럼 짐 로건은 어떻게 이 고비를 넘어 정상 정복에 성공했을까?

"그건 제가 가장 중요한 의사결정 하나를 제대로 내렸기 때문입니다. 바로 올바른 파트너를 고른 것이죠."[18]

짐 로건의 선택은 바로 파트너 머그스 스텀프였다. 하이엔드 경영의 중요한 포인트도 파트너, 즉 함께 일하는 사람들이다. 모든 일이 결국 사람에서 시작돼 사람에서 끝난다는 사실을 감안할 때, 사람의 가치가 제품과 서비스, 브랜드의 가치라고 봐도 무방할 것이다.

브루넬로 쿠치넬리Brunello Cucinelli는 세계 최고의 캐시미어 전문 브랜드이다. 쿠치넬리는 세계를 겨냥하기에 상품의 퀄리티에 대한 소구점도 명확하다. 원재료인 캐시미어는 몽골산만 쓴다. 이유는 머리카락 두께의 5분의 1인 14마이크로미터를 일정하게 유지할 수 있기 때문이다.[19]

쿠치넬리는 마치 사람처럼 고향이 명확하다. 페루자에 위치한 솔로메오가 고향이다. 쿠치넬리는 1985년 솔로메오 성을 사들여 이곳으로 본사를 옮겼다. 아울러 솔로메오 성은 브루넬로 쿠치넬리라는 브랜드의 '정체성'을 결정하는 중심이다. 브랜드의 로고에 이 성의 이미지가 차용돼 쓰이고, 솔로메오 마을의 거의 모든 주민이 쿠치넬리의

한 명이 그기도 루이비통처럼 팔아라

직원으로 일하고 있다. 쿠치넬리가 만드는 캐시미어는 안과 밖이 똑같고 재봉이 깨끗한 것으로 정평이 나 있다. CEO의 경영 철학 또한 그가 만드는 옷처럼 명확하고 심플하다.

"인간의 노동에 대한 경제적인 존엄과 도덕성을 지키는 것, 이것이 내 인생의 목표다. 회사 입장에서 볼 때 한 축엔 '사업'과 '캐시미어'가 있고, 또다른 축엔 '윤리'와 '도덕'과 '존엄'이 있다. 이것의 총체가 회사의 이익이자 이점이다."[20]

쿠치넬리에는 일반 회사에 있는 출퇴근 카드와 직급이 없다. 오히려 여덟 시간 노동원칙을 철저하게 준수한다. 쿠치넬리의 직원들은 아주 집중적으로 여덟 시간 동안 근무하며 나머지 시간은 가정으로 돌아가 휴식을 취한다. 이것은 쿠치넬리의 휴식에 대한 남다른 철학 때문이다. 그는 '휴식이 가야 할 지점을 끊임없이 생각하게 만든다'는 지론을 갖고 있다. 휴식은 때로 열심히 일하는 것보다 더 큰 성장을 가져온다.

또한 그는 낡고 오래된 성을 개조해 그 안에 사무실과 공장을 만들고 주변에는 교회, 레스토랑, 극장, 갤러리 등을 만들어 직원들이 여가와 휴식을 쉽게 즐길 수 있게 했다. 그는 '몸과 마음이 모두 건강한 직원을 통해 결점 없는 최상의 제품을 생산한다'는 나름의 독특한 철학을 이야기한다.

쿠치넬리는 가난한 집안 형편 때문에 열다섯 살까지 공장에서 짐승 같은 노역에 시달렸다고 한다. 그는 그 노역 지옥을 경험하면서 자신의 기업은 절대 이런 노동 지옥을 만들지 않겠다는 결의를 다졌다. 그의 이런 경영 전략은 열아홉 살 때 읽었던 칸트와 소크라테스, 그리고 도스토옙스키의 책들이 큰 영향을 미쳤다고 한다. 여기서 얻은 깨달음과 자신의 경험이 합쳐져 '몸과 마음이 모두 건강한 직원을 통해 최상의 제품을 생산하는 것이 곧 견실한 기업의 밑바탕이 된다'는 철학으로 이어졌다.

이런 그의 철학을 이루기 위해서는 고수익 아이템이 필요했다. 그리고 그가 꺼내든 카드가 바로 '캐시미어'라는 필살기였다. 그는 스물다섯 살 때 40제곱미터의 작업실에서 처음 컬러 캐시미어 제품을 만들어냈다. 필살기가 든든한 쿠치넬리는 유럽 경제위기에도 2013년 상반기 전년 동기 대비 25퍼센트 이상 성장하는 고성과를 거두었다. 그는 캐시미어로 얻은 고수익의 과실을 직원들의 삶의 질을 높이는 데 재투자함으로써 지속적인 고품질을 담보하는 현명한 경영 전략을 구사한다.

사람이 곧 전략이다

버버리는 디자인은 크리스토퍼 베일리Christopher Bailey가 맡고, 경영은 안젤라 아렌츠Angela Ahrendts가 맡는 투톱 체제로 이루어져 있다. 성공적인 투톱 체제 도입 이후 버버리는 무려 수익이 세 배 이상 개선되는 톡톡한 성과를 거두고 있다. 안젤라 아렌츠는 버버리에서의 성공을 인정받아 2014년에는 애플의 부사장으로 자리를 옮겼다.

조금 더 과거로 가보면, 구찌의 경우에서 사례를 찾을 수 있다. 명품 거대 기업 LVMH의 공세에 구찌가 거의 팔려갈 상황에 처했을 때 흑기사처럼 나타난 투톱이 있었다. 바로 톰 포드와 도메니코 드 솔레Domenico De Sole였다. 톰 포드가 섹시 코드의 매혹적인 디자인으로 소비자들을 홀리는 동안, 도메니코는 탄탄한 매니지먼트로 구찌를 떠받쳤다. 결국 이 두 사람의 활약으로 구찌는 LVMH에 인수되는 사태를 피할 수 있었다.

　루이비통의 경우에도 마크 제이컵스Marc Jacobs와 이브 카르셀Yves Carcelle이라는 쌍두마차를 가지고 있다. 크리스티앙 디오르와 비견될 만큼 혁신적이고 창의적인 CDO 마크 제이컵스와 도요타 생산방식을 적용해 철저하게 생산과 운영을 끌어가는 CEO 이브 카르셀의 조합 역시 루이비통을 글로벌 브랜드로 성장시킨 주역이다. 이브 카르셀은 1990년부터 루이비통 CEO를 맡았고, 마크 제이컵스는 1997년부터 함께했다. 두 사람의 조합은 무려 17년간이나 이어지면서 루이비통을 황금기에 올려놓았다.

　불확실성의 폭풍 앞에 서 있다면 우산을 잡기 전에 옆 동료가 같이 감당할 수 있는 사람인지부터 살펴야 할 일이다.

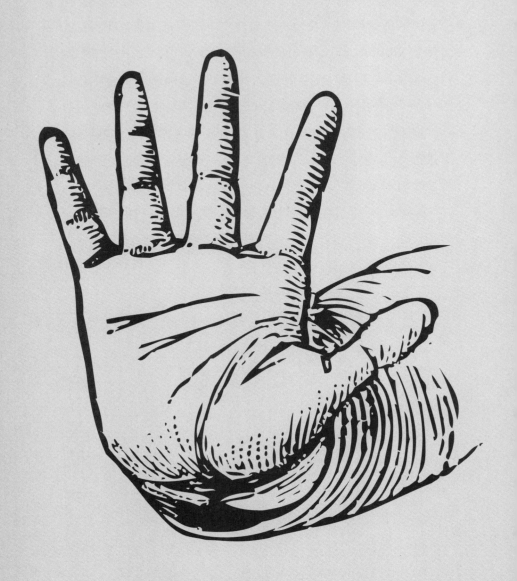

우아함이란
거절이다.

− 다이애나 브릴랜드Diana Vreeland, 패션 에디터

좋은 리더는
숙련도, 열정, 진실성으로
결정된다.

– 스위스 ABB의 경영 철학

고수 앞에서는 기술이 통하지 않는다

진정성이란 하이엔드 제품을 위해서 꼭 필요한 것이다. 이 하이엔드 전략은 일반 제품에서도 큰 영향을 발휘한다. 다음은 진정성을 담은 슬로건의 예다.

에이비스 – 우리는 2위이며, 그래서 더욱 노력하고 있습니다.
리스테린 – 하루 두 번 당신이 싫어하는 그 맛.
닥터페퍼 – 콜라가 아닙니다.
폭스바겐 – VW는 오래도록 못생긴 채로 남을 겁니다.
하인즈 케첩 – 하도 진해서 따르기도 힘듭니다.

보통의 경우 약점을 말하기보다는 강점 뒤에 숨기고자 한다. 하지만 약점을 과감하게 말할 때 사람들은 그 브랜드가 진실하다고 여긴다.

커트 모텐슨Kurt Mortensen은 저서『위대한 잠재력Persuasion IQ』에서 실수와 약점이 우리가 생각하는 것과 오히려 반대로 매출을 향상시킨다고 주장한다. 그에 따르면, 실수와 약점을 인정할 만큼 대범해질 때 오히려 신용은 높아진다. 사람들은 약점은 용서할 수 있지만, 은폐하는 것은 용서하지 못한다. 오히려 설득자가 제품의 약점이나 결점에 대해 솔직하면, 그럼에도 불구하고 대부분 거래를 성사시킬 수 있다. 그가 운영하는 설득연구소에서 수천 건의 제안을 분석해본 결과, 성사되지 않은 다수의 거래들에서 발견되는 공통점은 제안사항이 믿기 어려울 정도로 좋아 보인다는 것이다. 제안이 부실해서가 아니다. 비록 그 제안이 사실이며 정당하다고 할지라도 너무 완벽하고 좋은 조건에 대해 고객들은 본능적으로 방어막을 치고 그것을 믿지 않았다. 반면 약점을 솔직히 고백하면서 그러한 제안을 약화시켰을 때는 오히려 매출이 향상되었다.[21]

하이엔드 브랜딩에서 중요한 것은 진정성이다. 그리고 이런 진정성은 이익에 우선하는 가치를 추구하는 경영 철학에서 꽃피곤 한다.

'벌거벗은 셰프'의 세상을 향한 돌직구, '피프틴'

기술이 뛰어난 셰프는 세상에 많다. 하지만 '벌거벗은 셰프'는 단 한 명이다. 바로 영국에서 여왕만큼이나 유명한 네이키드Naked 셰프, 제이미 올리버다. 네이키드 셰프는 그가 요리 프로그램에서 벌거벗었다고 할 정도로 솔직하게 이야기하기 때문에 붙은 별명이다. 하지만 이 네이키드 셰프의 돌직구는 어떤 화려한 기술보다 더 강하게 세상을 삼진아웃시킨다.

신은 아름다운 경관으로 빚었지만 사람들이 버린 영국의 서쪽 땅 끝 콘월에 제이미 올리버가 세운 레스토랑이 있다. 21세기가 열린 지 얼마 되지 않았을 때, 영국에서 가장 가난하고 척박한 지역으로 손꼽히는 곳, 희망조차 실종된 듯 보인 콘월에서도 음산한 바람만 가득한 15번가 거리에 스산한 바람을 뚫고 제이미 올리버가 찾아왔다. 지나가는 사람들조차 드문 골목을 몇 번이나 찾아온 제이미는 기어코 이곳에 터를 잡고 레스토랑을 열었다. 망할 것이 뻔해 보이는 레스토랑을 열자 사람들은 물정 모르는 가게주인이라며 혀를 끌끌 찼다. 그들은 이 레스토랑이 척박한 콘월을 옥토로 바꿀 작은 씨앗임을 알지 못했다.

훗날 이 작은 레스토랑을 찾는 손님들과 여행객 덕분에 콘월은 세계에 알려졌으며, 관광객을 비롯해 사람들이 오가면서 거리에는 활기가 돌기 시작했다. 황량한 골목에 호텔과 식료품가게가 생기면서 역사상 처음으로 흥청거리는 거리로 거듭났다. 정부도, 시도 살리지 못한 곳을 작은 레스토랑 하나가 살린 것이다. 이 레스토랑의 이름은 '피프틴Fifteen'이다. 피프틴은 제이미 올리버가 문제아 출신인 열다섯 명의 셰프와 함께 열었다고 해서 붙인 이름이다. 피프틴의 구인광고 역시 독특했다.

"무엇보다 직업이 없어야 합니다. 집이 없거나 가난한 환경에서 사는 청소년은 더욱 환영합니다. 학교를 중퇴한 사람일수록 좋습니다. 경찰서에 잡혀간 경험이 있거나 교도소에 다녀온 청소년도 물론 환영합니다."

이 구인광고는 바로 제이미의 꿈이다. 그는 소외되고 버려진 지역, 깜깜한 절망 속에 사는 청소년들에게 희망을 주는 가로등이 되고 싶었던 것이다. 열다섯 살 조던은 학교 친구들과 패싸움 끝에 정학 처분을 받고 집에서 뒹구는 한심한 문제아였다. 보다못한 아버지는 어느 날 조던에게 "동네에 멋진 레스토랑이 생겼는데 구경 가자"며 손을 내밀었다. 아버지의 손에 끌려 조던이 간 곳이 바로 피프틴이었다. 조던에게 피프틴은 너무도 황홀한 신세계였다. 그는 가슴이 쿵쿵 뛰어주체할 수 없는 지경이었다. 처음으로 하고 싶은 일이 생긴 조던은 레스토랑 매니저를 찾아가 견습생으로 받아달라고 무작정 매달렸다. 조던은 누구보다 '완벽한 조건'을 갖추고 있었지만 매니저는 미소를 지으며 거절했다.

"그 열정을 몇 년만 더 간직할 수 있겠니? 고등학교를 졸업하고 다시 오렴. 그땐 꼭 받아줄 테니."[22]

가슴 뛰는 목표가 생긴 조던은 남은 고등학교 생활을 누구보다 열심히 했고, 300대 1의 경쟁률을 뚫고 드디어 피프틴의 요리 실습생이 되었다. 피프틴은 열다섯 살 문제 청소년의 삶을 바꾸었다.

절망만이 가득한 듯 보였던 콘월에, 피프틴은 희망 그 자체다. 조던처럼 매년 15명씩 훈련받은 아이들은 호텔이나 식당에서 셰프로 일할 기회를 얻으며 새로운 인생을 출발한다. 손님들은 제이미의 피프틴에서 희망이 드레싱된 최고의 디너를 먹는다. 지금까지 약 220명의 청소년이 피프틴을 출구로 삼아 새로운 삶의 길로 나아갔다.

사람들은 식사를 하면서 그들이 낸 식사비가 사회에 기여하고 있다는 보람도 아울러 가진다. 이것은 피프틴에 대한 신뢰로 이어지며 모두가 피프틴에 대해 고개를 끄덕이며 지원하게 하는 명분을 주었다. 제이미가 대영제국훈장을 받았을 때, 이런 사회적인 기여가 큰 역할을 했음은 물론이다.

피프틴이 사회봉사 단체는 아니다. 레스토랑은 레스토랑 그 자체로 강한 경쟁력을 가지고 있다. 예약이 필수인 것에서 보듯, 모든 음식이 맛있다. 정크푸드와의 전쟁을 벌이는 제이미인지라 원료 자체가 유기농인 것은 부가적인 신뢰다.

피프틴은 레스토랑의 위치도, 셰프의 자격도 모두 버렸다. 하지만 그 버림이 가장 강력한 전략이었다. 위치도 사람도 신경쓰지 않고, 오로지 희망과 부활에만 집중한 꼬장꼬장 하이엔드 정신이 바로 피프틴을 최고의 레스토랑 반열에 올려놓는 사다리가 된 것이다.

더본코리아의 백종원 대표의 말에 따르면, 외식업이란 동네 손님을 상대로 하는 로엔드에서 시작한 다음, 인근 고객이라는 미들엔드, 그리고 외국 고객이라는 하이엔드까지 가야 살아남을 수 있는 험난한 게임이다. 일반적인 법칙에 의하면 망하는 것이 당연한 제이미의 레스토랑 피프틴은 오히려 번성하고 있다. 장소를 버렸기에 더욱 진정성 있게, 더욱 맛있게 만들어야 했다. 덕분에 영국을 찾는 관광객들은 여행 전에 미리 예약을 하고 피프틴을 찾는다. 점심 풀코스가 50파운드, 한화로 8만 원이 넘으니 피프틴의 가격은 결코 싸지 않지만 예약은 필수다. 제이미는 지리적인 열세를 사회에 대한 더욱 진정성 있는 접근과 맛과 서비스라는 본원적인 경쟁력 강화의 기회로 삼아 쉽게 극복할 수 있었던 것이다.

제이미는 자유라는 것이 무엇인지 알고 행동한다. 자유란 바로 옳은 것을 말하고 행동하는 용기다. 자유로운 창의력을 추구했던 제이미는 잘못된 것을 분명히 잘못됐다고 이야기하고 그것을 바꾸는 일을 시작했다. 학교급식 개혁과 'The big fish fight' 프로젝트다. 가공식품 사용으로 심각한 건강상의 문제를 야기할 수 있는 학교급식의 현실과 싸우는 정공법을 택한 것이다. 그는 햄버거 등을 만들 때 쓰는 패티가 실은 살코기를 제외하고 남은 찌꺼기에 물과 암모니아수를 섞어서 만든 쓰레기 같은 '핑크 슬라임(분홍색 곤죽)'임을 폭로하면서 학교급식 개혁을 촉구했다. 영국을 넘어 미국 학교급식까지 논란이 되자, 미국 소고기 가공업체 비프 프로덕츠Beef Products는 무려 1조 4천억 원에 달하는 손해배상청구소송까지 제기할 정도로 저항이 격렬했다. 하지만 제이미는 멈추지 않고 오히려 한발 더 나갔다. 영국에서는 선호하는 대구와 같은 큰 물고기를 제외하고, 가시가 많은 가자미와 꽁치, 고등어 등 작은 물고기들은 선상에서 그냥 죽은 채 바다에 버려진다. 큰 물고기만 선호하는 이런 행태가 해양 생태계를 파괴하고 바다가 오염되자 제이미는 이에 문제를 제기하는 운동을 벌이고 있다.

제이미 올리버는 열한 살 때 결성한 영국 록밴드 스칼릿 디비전 Scarlet Division의 멤버로 드럼을 담당하고 있다. 그는 청소년 문제, 지역 낙후 문제, 학교급식, 큰 물고기 맹목적 선호와 같은 부조리한 것들을 바꾸어야 한다며 세상을 두드리고 있다. 그가 하는 달걀로 바위 치기식의 이런 행동들이 사실 제이미와 피프틴을 다른 셰프나 레스토랑과 다르게 만드는 가장 특별한 양념 아닐까.

"우리는 개를 세상에서 가장 소중한 존재로 만드는 데 사업의 전부를 바친다", '페디그리'

'사랑하는 개들에게 도저히 못 먹이겠어요.' '이런 기업은 없어져야 돼요.'

애견 사료업체 페디그리Pedigree는 2004년까지 부동의 1위를 달리는 사료 분야의 세계적인 글로벌 기업이었다. 세계 시장의 30퍼센트를 점유하면서 독보적인 1위를 달리던 페디그리의 질주는 계속되는 듯 보였다. 하지만 회사 사료를 먹은 애견들에 대한 제보가 이어지면서 페디그리의 명성에 금이 가기 시작했다. 소비자들은 웹사이트에 페디그리에 대한 비난을 쏟아냈고, 시장점유율은 끝없이 하락했다. 고객은 등을 돌렸으며 협력업체들조차 냉랭한 태도로 페디그리를 외면할 정도였다. 페디그리는 한마디로 꽁지 빠진 강아지였고, 몸 둘 곳이 없는 위기에 빠졌다. 잘나가던 페디그리는 회사 설립 이후 초유의 사태 앞에 크게 당황했고, 깊은 자성의 시간을 가졌다. 그리고 그들이 했던 과거의 행동들에 대해 냉정하게 평가를 내렸다.[23]

'우리가 그간 했던 것은 단지 수익을 얻으려고 습식 사료를 캔에 담고, 건식 사료를 봉투에 담는 것일 뿐이었다.'

가슴 아프지만 통렬한 반성 뒤에 그들에게는 새로운 물음이 남았다.

'우리가 추구하는 목적은 무엇인가? 우리는 도대체 왜 이 일을 하는가?'

오로지 사료를 비즈니스로만 보고 달려온 그들에게 사료가 아닌 사업의 존재 목적을 찾는 것은 정말 막막했다. 수백 차례의 회의와 외부 조사 끝에, 그동안 그들이 추구했던 것과 전혀 다른 정의를 내렸다.

'개는 돈벌이 수단이 아니다. 개는 세상에서 가장 소중한 존재다. 우리는 이제 이 개를 세상에서 가장 소중한 존재로 만드는 데 사업의 전부를 바칠 것이다.'

그들은 이러한 생각을 바탕으로 완전히 새로운 신조의 선언문을 발표했다.[24]

277

우리는 개를 소중히 한다. 어떤 사람은 고래를 소중히 하고, 어떤 사람은 나무를 소중히 하지만, 우리는 개를 소중히 한다. 큰 개, 작은 개, 경비견, 애완견, 순종, 잡종.
우리는 걷기, 달리기, 뛰어놀기, 땅파기, 긁기, 킁킁대기, 공 물어오기 같은 애견들이 하는 활동을 소중히 한다.
우리 삶에 기여한 공로로 모든 개가 어디서나 인정받는 세계적인 기념

일이 있다면 우리는 그 기념일 또한 소중히 할 것이다. 우리는 개를 소중히 하기 때문이다. 개는 정말 멋진 동물이다.

　사료의 재료를 바꾸고 새로운 제조법을 개발하고, 전혀 다른 마케팅 캠페인을 하기는 쉽다. 하지만 페디그리는 그들의 문제를 뿌리부터 뽑기로 하고 개를 위해 존재하는 회사가 되기 위한 노력을 시작했다.

　페디그리는 홍보 방향을 제품 광고에서 유기견 입양, 애견 복지 등으로 일대 전환하고 사업을 대하는 직원들의 의식과 경영진의 생각까지 완전히 바꾸었다. 페디그리가 애견을 중심에 놓은 캠페인은 그동안의 냉소를 넘어 폭발적인 반응을 불러일으키며 페디그리에 대한 인식을 바꾸어놓았다. 그들이 벌인 대표적인 캠페인은 다음과 같다.

　먼저, 밀리언 도그 모자이크Million Dog Mosaic가 있다. 2008년 페디그리는 입양 프로그램의 일환으로 심벌인 강아지 올리버의 모자이크를 소비자들이 완성하는 프로그램을 기획했다. 페디그리는 입양보호소에 버려진 유기견 올리버의 사진을 완성할 수 있도록 자신들의 애견 사진을 보내달라고 호소했다. 페이스북 등의 채널을 이용해 캠페인은 급속도로 퍼져나갔고, 불과 한 달 만에 모자이크에 대한 1백만 뷰의

개를 위해 존재하는 기업이라고 강조하는
페디그리의 광고 화보.

조회를 기록할 정도였다. 또한 올리버의 모자이크를 완성하기 위한 5만 5천 장 넘는 사진이 업로드되었다. 올리버에 대한 애틋한 마음과 애견들의 사랑스러운 사진이 어우러져 세계 최대 규모의 애견 모자이크 사진이 탄생했다.

다음으로 슈퍼스타와 함께하는 페이스북 캠페인이 있다. 페디그리는 컨트리 뮤직의 슈퍼스타 캐리 언더우드Carrie Underwood와 함께 유기견 입양 캠페인을 벌였다. 페디그리는 매년 4백만 마리 이상의 개들이 버려져 보호소에 들어온다는 사실을 접하고 뭔가 대책이 필요하다고 느꼈다.

2010년 그래미상을 수상한 캐리 언더우드는 자타가 공인하는 애견가다. 그녀는 사랑스러운 강아지 '에이스'와 함께 이 캠페인에 동참했다. 소비자들이 페디그리 페이스북에 '좋아요'를 누를 때마다 보호소의 개들에게 사료 한 그릇씩이 주어지는 캠페인이었다. 1년 만에 페이스북 팬이 5만 5천 명에서 120만 명으로 폭발적으로 증가했고, 역사상 전례 없는 기부가 이루어졌다.[25]

뭉치지 않으면 모두 죽는다는 절박한 생존정신, '제스프리'

에베레스트를 최초로 정복한 산악인은 에드먼드 힐러리Edmund Hillary 경이다. 힐러리는 뉴질랜드 국기를 정상에 묻었고, 네팔인인 텐징 노르게이Tenzing Norgay는 딸아이의 부탁으로 가져온 색연필을 정상에 묻었다. 당시 영국은 제2차세계대전 이후 패권이 미국으로 급격히 옮겨가면서 저물어가는 대영제국의 영광을 되살리기 위해 특별한 계기가 필요했고, 그것이 바로 세계 최고봉 에베레스트 정복이었다. 하지만 이 역사적 이벤트에 아이러니하게도 영국인은 빠지고 뉴질랜드 인과 네팔인이 주인공이 된 것이다.

2008년 1월 11일, 88세의 힐러리가 세상을 떠나자, 뉴질랜드 언론은 일제히 힐러리를 애도하며 헤드라인을 다음과 같이 뽑았다. '뉴질랜드가 낳은 가장 위대한 키위가 우리 곁을 떠났다.' 이렇게 키위는 뉴질랜드를 상징하는 가장 대표적인 키워드 중 하나다.

우리가 키위로 알고 있는 제품은 사실 'Chinese gooseberry'라고 불리는 중국산 참다래가 원조다. 뉴질랜드인들은 1904년에 들여온 중국산 참다래 종자를 고이 키워 1952년 드디어 영국에 수출하기에 이르렀다. 그런데 관세 문제로 인해 중국산 참다래의 이름으로는 미국 수출이 어렵게 됐다. 이때 개발한 이름이 바로 뉴질랜드 국조國鳥의 이름 'Kiwi'를 활용한 'kiwi fruit'다. 이후 뉴질랜드는 '제스프리Zespri'라는 독자 브랜드를 만들어 뉴질랜드 키위를 정상의 자리에 올려놓았다. 제스프리는 농산물 하이엔드의 대표적인 사례다. 그 성공비결은 뭘까?

첫째, 비싸게 팔아야 한다는 대의에 모두 공감했다.

제스프리의 최고경영자 레인 재거Lain Jager는 말한다.

"뉴질랜드는 땅값도 비싸고, 인건비도 비싸다. 값싼 칠레와 경쟁해서는 이길 수 없다. 그래서 우리는 함께 마케팅을 하고, 함께 품질 표준화를 하고, 함께 연구개발을 하고, 함께 키위 제품을 혁신했다."

그들은 여러 가지 비싼 제반 생산여건 때문에 비싸게 팔아야 살 수 있었고, 그렇게 팔아야 한다는 것이 그들 모두를 하나 되게 만든 것이다. 즉 저가 경쟁 제품의 출현과 뭉치지 않으면 모두 죽는다는 절박한 생존정신이 하이엔드 전략 추진을 성공으로 이끌었다.

둘째, 마케팅과 혁신을 씨줄과 날줄로 강하게 엮었다.

재거는 "제스프리의 전략은 제품혁신과 마케팅이 결혼한 것"이라고 공공연하게 이야기한다. 브랜드 마케팅 전략은 품질과 연결되고, 품질이 브랜드와 마케팅을 강화하는 바탕이 되는 것이어서 두 가지는 결국 제스프리의 판매증대라는 목표와 연결된다. 제스프리는 순이익의 20퍼센트를 연구개발 비용으로 투입하는데, 이렇게 탄생한 것이 골드키위다. 이것은 비싼 뉴질랜드산 그린키위보다 20퍼센트 더 비싸다. 하지만 2010년부터 두 배 이상 생산량이 늘고 있다. 제대로 된 품질의 키위라면 시장은 얼마든지 있다는 얘기다. 또한 매출의 7퍼센트를 마케팅 비용에 투자하는 것도 지속적으로 제스프리 브랜드를 강화시켜 고수익 창출에 최고의 응원군이 되었다.

셋째, 보조금을 철폐했다.

뉴질랜드 정부는 1980년대 중반 농업에 대한 보조금을 대부분 철폐했다. 1984년 집권한 노동당이 농업보조금 철폐를 통한 농업개혁을 단행하자, 뉴질랜드 농민의 3분의 1이 국회로 몰려들어 항의행진을 벌일 정도였다. 하지만 정부는 의지를 가지고 끝까지 밀어붙였고, 11억 8천만 달러였던 농업보조금을 2억 9천만 달러까지 줄여버렸다. 당시 뉴질랜드의 농업이 붕괴할 것이라는 우려가 팽배했지만, 오늘날 뉴질랜드의 농업은 오히려 번성하고 있다. 현재 뉴질랜드 전체 수출액의 64.7퍼센트를 농·축산물이 차지하고 있다. 뉴질랜드의 농림식품 수출액은 143억 달러로, 우리나라(25억 달러)의 다섯 배가 넘는다. 이러한 보조금 철폐의 회오리 속에서 키위 농가 농민들은 비즈니스 마인드로 무장하게 되었고, 이것이 뉴질랜드 키위 부흥의 정신적 원동력이 되었다.

1. 규모화 : 제스프리라는 마케팅 회사를 만들어 뭉쳤다.
2. 품질관리 : 농민이 이사를 선임하게 하고, 제스프리 소식지로 모든 것을 공개해 신뢰를 얻었다. 즉 자발적으로 농민들이 협조할 수 있게 했다.
3. 브랜드 마케팅 투자 : 제스프리는 1997년에 뉴질랜드 키위의 수출 마케팅을 전담하는 제스프리 인터내셔널을 설립해 일관되고 파괴력 있는 마케팅을 진행했다.
4. 지속적인 연구개발 : 현재 제스프리의 키위 매출은 연간 15억 뉴질랜드달러(약 1조 3100억 원, 2009년 기준)에 이른다. 칠레산에 비해 40퍼센트 이상 비싼 가격을 딛고 일궈낸 성과이기에 더욱 대단하다.

지프를 타고 벨기에서 온 치즈, 임실치즈

"신부님, 신부님, 양이 없어졌어요."

아침에 눈을 뜬 지정환(본명 디디에 세스테벤스) 신부는 정성스레 키우던 산양이 없어졌다는 말에 깜짝 놀랐다. 처음에는 산속 어딘가에 있으려니 하고 이곳저곳 찾아다녔다. 하지만 어디에도 양의 흔적이 없었다. 사라진 양의 행방을 묻고 다니던 신부는 한 주민의 말에서 이유를 알 수 있었다. 동네 사람들이 양을 가져다 팔아버렸다는 것이었다. 그 산양이 어떤 양이던가? 개인 자가용 하나 없는 곳, 가진 것이라고는 산과 풀밖에 없는 곳, 한마디로 찢어지게 가난한 임실을 어떻게든 잘살게 하려고 키우던 희망 아닌가?

망연자실해하던 푸른 눈의 벨기에 신부는 자신이 처음 왔을 때를 떠올렸다. 포교를 위해 이 먼 이역 타국까지 왔지만, 그들에게는 정작 하느님의 말씀보다 하루하루 먹고사는 게 더 급했다. 어떤 대책이라도 마련하고 싶었지만 웬만한 아이템으로는 이 낙후된 시골을 끌어올릴 수 없겠다는 생각에 막막했다. 시장이 가깝고 지형이 유리한 지역이라면 논작물과 밭작물도 괜찮겠지만 산간오지인 임실에는 남다른 고수익 아이템이 아니면 가망이 없다고 생각했다. 몇 날 며칠 고민하던 신부는 자신의 고향에서 먹던 치즈를 떠올렸고, 주민들에게 치즈를 한번 만들어보자고 했다. 이 초라한 시작이 바로 지금의 치즈마을 임실을 만든 감동 스토리이다. 현재 임실은 치즈로 완전히 특화되는 데 성공했으며, 매년 임실군 전체 인구 3만 7백여 명의 두 배가 넘는 7만여 명의 사람들이 임실치즈마을을 다녀갈 정도로 큰 성공을 거두었다.[26]

지정환 신부에 대한 마을사람들의 숭앙은 그가 타고 온 지프차에서 시작된다.

"신부님이 40여 년 전 처음 이 마을에 오실 때는 지프차를 타고 오셨습니다. 그러더니 지프차를 버리고 오토바이를 타고 다니셨고, 그다음에는 자전거를 타고 다니셨습니다. 결국에는 휠체어를 타고 이 마을을 나가셨습니다. 지신부님은 바로 이런 섬김의 리더십을 가지고 계셨습니다."

지정환 신부는 이곳에 와서 임실에 널려 있는 풀에 주목했다. 지신부는 임실이 가장 강한 것과 아이템을 연계시켜야 한다고 생각했다. 그는 1967년, 고향에서 산양 두 마리를 가지고 들어왔다. 산이 많고 풀이 많으니 산양이 딱이라고 생각한 것이다. 하지만 마을 주민들이 듣도 보도 못한 치즈라는 것을 만들자는 노랑머리 신부의 뜻을 알아주기를 기대하는 것은 무리였다. 심지어 산양을 팔아버리는 사람도 있었으니, 주민들의 이해가 얼마나 부족했는지 짐작할 수 있다.[27]

하지만 지정환 신부는 치즈만이 지긋지긋한 가난을 이기는 길이
라고 확신했다. 그는 포기하지 않고, 고국인 벨기에와 이탈리아 등 유
럽 각국의 치즈 제조비법을 찾아 수십 번 왕래하며 헤매고 다닌 끝에
임실치즈를 탄생시켰다. 임실치즈는 외국산 치즈와의 경쟁에서도 살
아남을 정도로 품질을 인정받았다. 임실치즈마을에서 올리는 소득은
무려 18억 4천만 원에 이른다. 이 같은 성과는 치즈라는 하이엔드 아
이템이 아니라 1차 농수산물이라는 로엔드 아이템으로는 결코 이룰
수 없는 성과임에 분명하다.

하지만 임실치즈의 마케팅에 대해서는 아쉬운 점이 많다. 임실치
즈가 더욱 명성을 높이려면 하이엔드 코드에 집중해야 한다. 임실치
즈의 하이엔드 코드는 바로 지정환 신부라는 헌신적인 창업자의 존재
다. 50년 전 산도 물도 낯선 한국의 임실이라는 곳에 와서 갖은 고초
끝에 유럽의 치즈를 심어놓은 스토리는 누가 들어도 감동이다. 하지
만 하이엔드 제품들이 피해야 하는 TV 탤런트를 써서 오히려 임실치
즈의 브랜드가 가려지는 역효과를 낳았다고 광고 전문가들은 지적한
다. 하이엔드 제품화의 초기에는 가장 강화해야 할 것이 온갖 난관을
헤치고 제품을 만든 창업주의 존재와 감동적인 스토리다. 지정환이라
는 탁월한 창업주의 존재가 빠지고 임실치즈의 얼굴로 등장했던 군수
들은 사실상 모두 불명예 퇴진하면서 오히려 임실치즈의 마케팅에 독
이 됐다. 민선 초대 이형로 전 군수가 재선에 성공했으나 2000년 뇌물
수수 의혹을 받아 사직했고, 이철규 전 군수는 2003년 승진 후보자로
부터 돈을 받은 혐의로 구속됐다. 뒤를 이은 군수들이 줄줄이 구속 또
는 불명예 퇴진하면서 '군수들의 무덤'으로, '임실군수 잔혹사 10년'으
로 더욱 알려지게 되었다. 그러나 자연이 그대로 살아 있는 청정 고장

이라는 점과 '메이드 인 코리아'라는 점을 적극적으로 마케팅에 이용한다면 임실치즈는 한국이 낳은 새로운 하이엔드 성공 사례로 분명히 거듭날 수 있다.

지금 임실치즈가 가지고 있는 골칫거리는 상표권이 등록되어 있지 않다는 것이다. 지정환 신부는 본인의 사욕을 위해 사업을 일으킨 것이 아니기 때문에 상표권을 등록하지도 않았고, 사업이 안착되자 모두 주민에게 넘기고 마을을 떠났다. 임실군은 뒤늦게 임실N치즈라는 상표를 등록해 임실에서 난 치즈에 대해서만 쓸 수 있게 했다. 이는 장인정신과 기술은 있지만 사업적인 노하우가 부족할 때 흔히 벌어질 수 있는 한계다.

하이엔드 상품은 화초와도 같다. 처음에 싹을 틔우기도 무척 힘들지만, 키우는 것도 다른 제품에서는 볼 수 없는 헌신적이고 타협 없는 품질관리와 운영이 필요하다. 그러한 것이 담보된다면 하이엔드로 구축된 브랜드는 그 어떤 제도적 장치보다 든든한 바람막이가 될 수 있다.

애정 앞에선 선거도 무너진다, '새빌로'

2010년 영국의 총선은 노동당과 보수당의 두 거물인 고든 브라운Gordon Brown과 데이비드 캐머런David Cameron이 불꽃튀는 승부를 벌여 큰 관심을 끌었다. 흥미를 자극하는 강력한 라이벌 구도 덕분에 당시 선거는 전국적인 관심을 끌었다. 선진국일수록 보통 정치에 무관심하기 마련인데 이때 선거는 64.5퍼센트라는 기록적인 투표율을 보였다. 두 후보는 선거유세 기간중 거리와 TV에서 한 치의 양보도 없이 으르렁거려 호사가들의 눈을 즐겁게 했는데, 이 라이벌이 놀랍게도 나란히 간 곳이 있다. 바로 영국 슈트의 메카인 새빌로Savile Row이다.

정치적인 입장과 정책은 두 사람이 흑과 백처럼 완전히 달랐지만, 슈트만큼은 새빌로에 위치한 슈트 매장 '기브스 앤드 호크스Gieves&Hawkes'의 정장을 똑같이 맞춰입고 선거전을 치렀던 것. 사실 영국의 정치인에게 새빌로는 단순한 슈트 이상의 의미를 지닌다. 영국역대 왕들, 전쟁영웅들, 탐험가들처럼 영국의 정신을 대표하는 사람들이 의복을 맞춘 곳이기 때문에, 새빌로는 영국인들에게 자신의 입장과 무관하게 경의를 표하는 또하나의 조국이 아닐까 하는 생각이 들정도다. 영화 〈월스트리트〉에서 마이클 더글러스는 성공을 갈망하는 젊은 샤이아 라보프에게 새빌로로 가서 슈트부터 맞추라고 하는데, 이는 새빌로의 정신과 스타일을 입고, 명성도 부도 최고가 되라는 의미였다.

슈트는 보통 세 가지로 분류된다. 크게 기성복과 맞춤복으로 구분되고, 맞춤복은 다시 MTMmade-to-measure과 비스포크bespoke로 나뉜다. MTM은 표준 패턴을 마련해두고 이를 고객의 사이즈에 따라 일부 수정해 공장에서 옷을 제작하는 방식이다. 비스포크는 'be spoken of'라는 말에서 유래했다. 그 뜻처럼 고객 개인에게 맞는 패턴을 만들고 이를 손바느질로 한 명의 재단사가 직접 한땀 한땀 완성한다. 따라서 슈트 브랜드가 가장 상위 라인의 비스포크 라인을 정복하는 것은 탁월한 기술력을 입증하는 것으로, 단순한 사업 이상의 의미를 가진다고 볼 수 있다. 1만 개의 원단 중에서 고객이 원하는 것을 고르고, 고객의 몸을 만지면서 직접 치수를 재고, 고객의 의견과 말하지 않는 숨어 있는 생각까지 집어내어 만드는 비스포크야말로 고객을 가장 잘 이해할 수 있는 방법이기 때문이다. 수준 높은 고객의 안목을 맞추면서 정밀해진 기술과 다양한 패턴은 아래 MTM과 기성복 라인으로 전달되고 이 연구개발의 순환을 통해 전체 브랜드의 아우라가 바뀌는 것이다.

이 비스포크 기술에서 새빌로는 타의 추종을 불허하는 세계 최고다. 한국 비스포크의 대가 장미라사의 이영원 사장에 따르면, 새빌로의 슈트 스타일은 교통과 통신이 불편했던 1900년대 초, 놀라운 속도로 세계를 석권했다고 한다. 패션에서는 변방이라고 할 수 있던 당시 조선도 예외는 아니어서, 1907년 헤이그에 특사로 파견됐던 이상설 선생도 슈트를 입고 참석했다고 한다. 비스포크의 개념은 여러 분야에 응용되고 있다. 예를 들어, 영국 명차 롤스로이스는 새빌로의 시스템을 본떠 '비스포크팀'을 운영해 고객의 큰 만족을 끌어내고 있다. 자동차의 가죽부터 내부 인테리어에 비스포크 개념을 적용하는데, 비스포크의 주문 비율이 2005년에는 전체 판매 중 50퍼센트였고, 2009년에 75퍼센트로, 갈수록 치솟으며 전체 브랜드의 성장을 끌고 가는 모양새이니 그 강한 영향력을 알 수 있다.

새빌로는 역대 왕들의 대관 의상을 만들면서 명성을 얻기 시작했다. 하지만 이걸로는 설명이 좀 부족하다. 사실 새빌로를 지금의 기술 수준으로 끌어올린 것은 목숨을 바쳐 대영제국의 초석을 다진 영웅들, 즉 군인, 탐험가, 정치인 들이다. 넬슨 제독은 새빌로에서 맞춘 군복을 입고 트라팔가르 해전에 임했으며, 영국 극지방 원정대 역시 새빌로에서 제작한 탐험복을 입고 탐험에 나섰다. 오늘날에는 찰스 왕세자, 데이비드 베컴과 〈007〉의 제임스 본드까지 영국 정신의 상징이라고 할 수 있는 새빌로의 슈트를 입는다. 새빌로는 초기 전장으로 나가는 군인들의 군복을 만들어주며 성장했다. 슈트를 현대판 갑옷이라고 부르는 이유도 여기에서 연유한다. 그래서 오늘날에도 새빌로는 장교의 군복 주문이 들어오면 단 한 벌이라도 정성스럽게 만들어주는 것으로 유명하다. 각 양복점에는 멋진 군복을 입은 사진과 극지 탐험대의 사진과 유품을 벽과 벽장에 가득 걸어놓고 역사를 보여준다. 단순한 옷이 아니라 대영제국의 역사를 재단해왔다고 생각하며 이를 가장 큰 자긍심으로 여기는 곳이 바로 새빌로이다.

새빌로의 의미는 전통에만 머물러 있는 것이 아니라, 디자이너들의 기본기 캠프 역할을 수행하면서 영국 패션의 현대까지 만들어내고 있다.

영국을 대표하는 디자이너 알렉산더 매퀸은 초등학교 때부터 디자이너가 되기를 갈망했지만 섬에서 택시기사를 하는 아버지의 수입으로는 언감생심이었다. 열여섯 살 무렵 이대로 있을 수 없다고 생각한 매퀸은 무작정 섬을 나와 새빌로로 들어갔다. 앤더슨&셰퍼드 Anderson&Sheppard에 들어간 알렉산더는 온갖 먼지를 들이마시면서도 잡일을 마다하지 않고 그곳에서 수년간 완벽한 테일러링tailoring 기술을 익혔다. 새빌로에서의 경험을 발판 삼아 패션업계에 뛰어든 매퀸은 곧 최고 디자이너의 꿈을 이루었다.

또하나의 사례는 폴 매카트니의 딸인 영국의 정상급 디자이너 스텔라 매카트니Stella McCartney다. 그녀가 24세의 나이로 클로에Chloé의 디자이너로 임명되자, 여론이 좋지 못했다. 대학을 갓 졸업한 애송이 디자이너인데, 아버지의 후광을 입었다는 것이었다. 하지만 사람들이 알지 못하는 것이 있었다. 스텔라는 슈퍼스타의 딸답지 않게 소녀 시절부터 자진해서 새빌로로 들어가 옷 먼지를 마시며 재킷, 바지 정장에 대한 테일러링 기술을 연마했다. 한마디로 바닥부터 기본기를 다

한 명이 고기를 잡아 통째로 팔아라

진 것이다.

샤넬의 디자이너 카를 라거펠트는 스텔라는 결코 성공하지 못할 것이라며 혹평했지만 새빌로에서 익힌 기본의 힘은 강했다. 스텔라 매카트니의 여성 정장은 매니시한 매력을 풍기면서도 빈틈없고 자연스러운 테일러링으로 소비자들의 호평을 받을 정도여서 응석받이 슈퍼스타의 딸에 불과하다고 그녀를 평가절하했던 사람들을 놀라게 했다. 결국 스텔라 매카트니는 그녀의 재능과 함께 새빌로의 테일러링 기술을 든든한 무기로 성장했고, 2012 런던올림픽에서 영국 대표팀의 유니폼을 디자인함으로써 영국을 대표하는 디자이너로 공인받았다.

새빌로는 세계 슈트계의 발원지이다. 늘 솟는 샘물처럼 항상 한결같이 청정한 모습과 철학을 지키고, 최고의 기술을 바탕으로 인재를 키워내는 곳, 그 고향 같고 인큐베이터와 같은 새빌로는 가치 있는 전통이란 과거뿐만 아니라 현재도 살아 숨쉬는 큰 재산이라는 것을 말해주고 있다.

의식 없는 옷은
의미가 없다.

옷은 시대를
나타내고,
나는 이것을
표현할 뿐이다.

–스텔라 매카트니

하이엔드,
약점과 위기에
휘둘리지 않는 정신

조지 소로스^{George Soros}는 지지자들 앞에서 그의 아버지가 내린 결단에 대해 이야기한 적이 있다. 아버지 티바다르 소로스^{Tivadar Soros}는 제1차세계대전에 참가하면 많은 경험을 쌓을 것 같다는 막연한 기대로 입대를 자원했다. 하지만 티바다르는 러시아의 포로가 되어 극동지역인 하바롭스크 근처의 포로수용소에서 거의 2년 동안 견뎌야 했다. 그는 어설프고 달콤한 이상론이 얼마나 냉혹한 현실로 끝날 수 있는지를 어린 조지 소로스에게 자주 이야기했다고 한다. 사실 티바다르는 평생 이상을 좇으며 살았지만 고비 때마다 냉혹한 현실에 대한 과감한 결단으로 이를 헤쳐나갔다. 그는 수용소의 이야기를 조지 소로스에게 해주는 것을 즐겼는데, 피도 눈물도 없는 환투기꾼으로 비치는 소로스의 냉정함이 이에 영향을 받은 바가 크지 않을까 싶다.

티바다르가 나치에게 잡혀 포로수용소에 있었을 때의 이야기다. 그는 포로들 사이에서 신망이 높아 유대인 수용소의 대표가 되었다. 그런데 이웃 수용소에서 포로 몇 명이 허술한 방비를 틈타 탈출에 성공하자, 화가 난 나치가 분풀이로 해당 수용소의 대표를 총살해버렸다. 그는 자신의 운명에 대해 고민했다. 그냥 머무르면서 그런 일이 일어나지 않기를 기도할 것인가? 그는 스스로 자신의 운명을 결정하기로 하고 직접 탈출을 주도해 조직을 짰다. 결국 그는 뗏목을 타고 수용소 탈출에 성공했고, 북극해를 거쳐 가족에게로 돌아왔다.

우리는 항상 불확실한 리스크와 확실한 안정성 사이의 크기나 무게를 놓고 고민한다. 하지만 결정은 리스크와 안정의 덩어리에 따라 이루어질 수 없다.

결국 하이엔드는 약점과 위기에 휘둘리지 않는 정신이다. 우리 앞에 놓인 장애물을 뛰어넘게 하는 힘이다. 이를 뒷받침할 몇 가지 사례가 더 있다.

1. 영국의 저명한 백화점에 한국의 화장품이 입점을 원하며 수년째 노크하고 있었다. 하지만 백화점은 동양의 브랜드에 눈길 한 번 주지 않았다. 그러던 어느 날 기적처럼 그 백화점에서 입점 연락이 왔다. 어떻게 된 일일까?

2. GM 쉐보레가 한국에서 철수할 움직임이다. 정부와 노조가 이를 막고 싶어하지만 떠나는 발목을 잡을 수 있을 것 같지는 않다. 반면에 영국은 자국인이 보유한 자동차 브랜드가 하나도 없다. 하지만 최근 영국 자동차산업은 30년 내 최고의 전성기를 맞이하고 있다. 무슨 일일까?

3. 삼성전자는 제조업 시대의 피처폰업계에서 거의 유일하게 살아남았다. 나머지는 사멸했거나 아주 극심한 부진에 빠져 있다. 하지

만 진정한 승리자는 주지하다시피 애플이다. 삼성전자는 승리했지만, 애플을 마지막 벼랑 끝까지는 밀어붙이지 못하고 있다. 오히려 삼성 전자가 최근 계속 떨어지는 수익률과 경쟁자들의 공세 속에 벼랑 끝으로 몰리는 것 아닌가 하며 불안해하고 있다. 강한 일관생산체제를 가진 삼성전자가 어떻게 폭스콘에 제조 외주를 쓰는 애플에 밀리는 것일까?

이 책을 끝까지 읽은 독자라면 위의 질문들에 대한 답을 쉽게 떠올릴 수 있을 것이다.

1. 영국의 백화점이 입점을 허락한 이유는 바로 한 평의 차밭 때문이었다. 그 화장품업체의 창업주는 제품에 들어갈 최고의 녹찻잎을 구하기 위해 수십 년 전 제주에 내려가 손수 차밭을 일구었는데, 최고를 향한 노회장의 집념에 감복한 백화점 고위간부가 직접 입점 결정을 내렸던 것이다.

2. 롤스로이스, 재규어Jaguar, 미니 등은 유명하지만 이미 외국인이 주인이다. 하지만 전 세계 소비자들이 원하는 것은 영국의 롤스로이스, 영국의 재규어, 영국의 미니다. 소비자들은 메이드 인 잉글랜드가 찍힌 제품에 기꺼이 더 비싼 가격을 지불한다. 이제 롤스로이스를 비롯한 위의 브랜드들은 더 높은 부가가치를 위해 임금이 비싼 영국에 앞다투어 공장을 건설하고 있다.

3. 답을 애플 스토어에서 찾아보자. 1999년 애플이 리테일 비즈니스에 진입하며 애플 스토어를 내겠다고 했을 때, 시장의 반응은 황

당함 그 자체였다. 리테일 비즈니스를 진행해본 경험이 없는 회사가 소비자에게 직접 팔겠다니, 이해할 수 없다는 것이었다. 그것은 애플 이외의 사람들은 절대 이해할 수 없는 것이었지만, 마치 잡스의 점으로 연결되는 어떤 미래와 같이 피할 수 없는 전략이었다. 적어도 잡스에게 리테일 숍은 필수였고, 이것이 없었다면 애플의 프리미엄화는 실현되지 못했을 것이다.

이 세 가지 질문과 답을 꿰뚫고 있는 키워드가 바로 하이엔드다. 철옹성의 영국 백화점을 감동시킨 것은 하이엔드가 갖고 있는 고집과 진정성이었고, 영국의 자동차산업이 부활한 것도 제품의 포지셔닝이 아니라 영국이라는 국가의 하이엔드 포지셔닝 덕분이었다. 애플 역시 그들이 추구한 하이엔드 전략 덕분에 기존 업체들과 차별화된 독보적인 존재가 될 수 있었다. 결국 하이엔드는 열리지 않는 문을 여는 열쇠이자, 죽어가는 산업을 살리는 우황청심환, 세상을 나와 나 이외의 것으로 이분하는 룰세터rule-setter였던 것이다.

하이엔드에 대해 고민하면서 사람들과 이야기할 때마다 사람들이 물었던 것은 "하이엔드가 명품인가요?"였다. 그 질문은 하이엔드를 시작할 때 내가 처음 던졌던 질문이기도 했다. 결론부터 말하자면 명품은 하이엔드가 맞지만, 하이엔드는 명품보다 큰 개념이라는 것이다.

명품이란 콘셉트는 사실 그렇게 매력적이지 않다. 일단 고가라는 인식, 부유한 일부만이 즐길 수 있다는 생각 때문이다. 하지만 사실 명품이라는 것, 사치품이라는 콘셉트는 결코 고정된 것이 아니다. 평범한 사람들이 즐기는 거의 모든 것이 이전에는 사치품이라고 불리는 것들이었기 때문이다. 항공기, 기차여행, 과즙음료, 케이크, 슈트. 지금은 너무나 평범한 것들이 이전에는 모두 사치품이라는 이름으로 불렸다. 오늘날 모두가 타고 있는 승용차는 불과 20~30년 전만 해도 엄청난 사치품이었다. 그러나 이제는 값싼 자동차들의 옵션 사양이 이전 고급차의 것들을 능가할 정도다. 이것은 모든 제품과 서비스에 하이엔드화가 진행되고 있다는 작은 증거 중 하나다. 결국 하이엔드는 명품이라는 결과물이 아니라, 모든 것들이 보다 고기능화되고, 보다 인간중심적이 되고, 보다 심미적이 되는 '과정'이다. 곧 하이엔드는 이미 존재하지만 일반인들에게는 오지 않은 '오래된 미래'인 것이다. 나이를 먹는 것이 당연한 것처럼 모든 것들은 결국 시간이 가면서 하이엔드화하며 그 과정에 적응하지 못하면 도태된다.

지금 내 주위에 있고 내가 비교당하는 모든 것들보다 한 발짝 더 나아가고, 그래서 그들과 구별된다면 그것이 바로 하이엔드다. 따라서 하이엔드는 고정되어 있지 않으며 늘 그렇게 걷고 있는 길 위에 존재한다. 어렵고 험난하지만 정상에 오른다면 다른 브랜드가 상상하지 못하는 과실이 주어지기에 꼭 한 번 도전해볼 가치가 있는 것이 바로 하이엔드라는 정상이다. 이제 막 하이엔드의 세계에 첫발을 내디딘 당신에게, 건투를 빈다.

참고문헌

―― 프롤로그. 살아남고 싶다면…… 이제 하이엔드, 하라!

1. '흑두부·야채두부…… 대형마트서 못 본 제품, 주부 마음 훔치다', 한국경제, 2013. 12. 14.
2. 홍하상, 『유럽 명품 기업의 정신』, 을유문화사, 2013.

―― Part I. '귀하신 몸'이 대접받는다

1. 스키모토 가나, 이수미 옮김, 『샤넬 전략』, 랜덤하우스, 2011.
2. 이기중, 『유럽 맥주 견문록』, 즐거운상상, 2009.
3. '흑맥주 세계 1위 기네스 머리 마스터 브루어', 매일경제, 2011. 10. 7.
4. [글로벌 1등 상품─오리온 초코파이] 케이크처럼 촉촉하게…… 수분 함량 13퍼센트의 마력', 조선 비즈, 2010. 10. 26.
5. 김기홍, 『명품브랜드 전략』, 대왕사, 2013.
6. '기아자동차 디자인 아이덴티티 구축한 피터 슈라이어', 『월간디자인』, 2010.10.
7. 조혜덕, 『명품의 조건』, 아트북스, 2011.
8. 미야모토 무사시, 안수경 옮김, 『미야모토 무사시의 오륜서』, 사과나무, 2004.
9. 앨런 시걸·아이린 에츠콘, '이제는 '심플함'이 답이다', 월스트리트저널, 2013. 3. 13.
10. 임원철, 『당신의 향수, 찾으셨나요?』, 아트북스, 2009.
11. 도쿠마서점 취재팀, 양영철 옮김, 『평생 일할 수 있는 즐거움』, 상상너머, 2012.
12. 임원철, 같은 책.
13. '럭셔리 자동차의 또다른 브랜드&BMW 미니', 『이코노미조선』, 2005. 7.
14. 임원철, 같은 책.
15. 잔 루이지 파라키니, 김현주 옮김, 『프라다 이야기』, 명진출판, 2010.

16. 장 노엘 카페레·벵상 바스티엥, 손주연 옮김, 『럭셔리 비즈니스 전략』, 미래의창, 2010.
17. 토조 대첸커리·캐롤 메츠커, 이승은 옮김, 『안목의 힘』, 하늘눈, 2007.

___ Part II. 알리지 않는다, 알게 한다

1. '다미아니의 다이아몬드엔 '아주 특별한 사치'가 숨쉰다', 동아일보, 2010. 7. 16.
2. 조셉 미첼리, 이미숙 옮김, 『리츠칼튼 꿈의 서비스』, 비전과리더십, 2009.
3. 조셉 미첼리, 같은 책.
4. 김형남·한광식, 『농업 4.0시대의 지역브랜드 성공 전략』, 백산출판사, 2012.
5. 손재권, 『파괴자들』, 한스미디어, 2013.
6. '[초대석]대전선병원 선승훈 원장', 동아일보, 2013. 8. 5.
7. 오니쓰카 기하치로, 이홍재 옮김, 『혼의 경영』, 청림출판, 2001.
8. 오니쓰카 기하치로, 같은 책.
9. '[두산백과] 하드록카페', 네이버 지식백과.
10. 제임스 H. 길모어·B. 조지프 파인 2세, 윤영호 옮김, 『진정성의 힘』, 세종서적, 2010.
11. '송하경 모나미 대표이사 | 모나미 50년, 신발끈 다시 조이고 뜁니다', 매일경제 『Luxmen』, 2014. 3.
12. '[글로벌 위크엔드] 러시아 / "수백억 원짜리 달걀 팝니다"', 동아일보, 2004. 1. 29.
13. '"크루그의 비밀은 120여 가지 와인 섞는 멀티 빈티지"', 중앙일보, 2011. 11. 3.
14. '[Shopping] 브라이틀링 알파벳 이니셜 'B'⋯⋯ 명품시계 마니아 '아이콘'으로', 동아일보, 2010. 8. 20.
15. '똑같은 5000원 차이라구?', 〈브랜드 행동경제학〉, SERI PRO, 2014. 3. 18.
16. 장 노엘 카페레·벵상 바스티엥, 같은 책.

17. 장 노엘 카페레·벵상 바스티엥, 같은 책.
18. '불황을 모르는 폴란드 명품 시장', 코트라 글로벌윈도우, 2013. 3. 11.
19. 마크 턴게이트, 김희상 옮김, 『명품, 영원한 가치를 꿈꾸다』, 컬처그라퍼, 2013.
20. 윌리엄 B. 어빈, 박여진 옮김, 『직언』, 토네이도, 2012.

____ Part III. 우린 '노는 물'이 달라!

1. 짐 콜린스, 김명철 옮김, 『위대한 기업은 다 어디로 갔을까』, 김영사, 2010.
2. 명수진, 『최고의 명품, 최고의 디자이너』, 삼양미디어, 2012.
3. '레모 루피니 몽클레르 CEO, 파산위기 패딩점퍼 회사 인수…… 최고 디자이너·소재 '집중'', 한국
    경제, 2014. 2. 14.
4. 존 매케인·마크 솔터, 윤미나 옮김, 『존 매케인 사람의 품격』, 21세기북스, 2008.
5. 명수진, 같은 책.
6. 명수진, 같은 책.
7. 스티브 포브스·존 프레바스, 하윤숙 옮김, 『권력자들』, 에코의서재, 2011.
8. '[일본의 괴짜들 2] 소니 전 명예회장 오가 노리오, 혼다 창업주 혼다 소이치로', 『신동아』, 2008. 6.
9. ''부산판 꿈의 직장' 리노공업, 내년 수출 5000만 불 도전', 국제신문, 2013. 12. 18.
10. 민석기, 『호암 이병철과 독일 기업에게서 배우는 경영의 정도』, 리더스북, 2012.
11. 민석기, 같은 책.
12. 명수진, 같은 책.
13. 윤종록, 『호모디지쿠스로 진화하라』, 생각의나무, 2009.
14. 장 노엘 카페레·벵상 바스티엥, 같은 책.

15. 최진호, 『우리나라의 천일염 이야기』, 시그마북스, 2011.

16. '[j Insight] 세계적 명품 냄비 '르크루제'의 폴 밴주이담 회장', 중앙일보, 2011. 2. 19.

17. '3대가 물려쓰는 명품 냄비, 르크루제', 『키친저널』, 2011. 9.

18. 빌 게이츠·워런 버핏·리처드 브랜슨, 구세희 옮김, 『위대함의 법칙』, 랜덤하우스코리아, 2009.

19. '평범한 캐시미어에 '급'이 다른 예술을 불어넣다', 한국경제, 2014. 2. 8.

20. '피곤하면 명품 못 만든다 하루 딱 8시간만 근무…… 직급·출퇴근 카드도 없애', 중앙일보, 2014. 3. 22.

21. 커트 W. 모텐슨, 안진환 옮김, 『위대한 잠재력』, 더난출판사, 2009.

22. blog.chosun.com/wjongnet/5402291

23. blog.naver.com/ksc12545

24. www.marinecityah.com/board/bbs/board.php?bo_table=story&wr_id=84

25. 데이비드 헤스키엘·필립 코틀러·낸시 R. 리, 김정혜 옮김, 『필립 코틀러의 굿워크 전략』, 와이즈베리, 2013.

26. '산양 2마리가 연매출 17억으로…… 비법은 '사람'', 오마이뉴스, 2013. 12. 7.

27. 김형남·한광식, 같은 책.

한 덩이 고기도 루이비통처럼 팔아라
ⓒ 이동철 2014

1판 1쇄 2014년 8월 28일
1판 8쇄 2018년 12월 14일

지은이 이동철
펴낸이 염현숙

기획·책임편집 고아라 | 편집 이현미 이연실 | 모니터링 이희연
디자인 이효진 | 마케팅 정민호 박보람 나해진 우상욱
홍보 김희숙 김상만 이천희
제작 강신은 김동욱 임현식 | 제작처 한영문화사
공동기획 출판기획전문 ㈜엔터스코리아

펴낸곳 (주)문학동네
출판등록 1993년 10월 22일 제406-2003-000045호
임프린트 응오아
주소 10881 경기도 파주시 회동길 210
전자우편 editor@munhak.com | 대표전화 031)955-8888 | 팩스 031)955-8855
문의전화 031)955-8895(마케팅) 031)955-2651(편집)
문학동네카페 http://cafe.naver.com/mhdn | 트위터 @munhakdongne
북클럽문학동네 http://bookclubmunhak.com

ISBN 978-89-546-2563-0 03320
* 이 책의 판권은 지은이와 문학동네에 있습니다.
  이 책 내용의 전부 또는 일부를 재사용하려면 반드시 양측의 서면 동의를 받아야 합니다.
* 이 도서의 국립중앙도서관 출판예정도서목록(CIP)은 서지정보유통지원시스템 홈페이지(http://seoji.nl.go.kr)와
  국가자료공동목록시스템(http://www.nl.go.kr/kolisnet)에서 이용하실 수 있습니다.
  (CIP제어번호: CIP2014023985)

www.munhak.com